本书由
中共海南省委党校（省行政学院、省社会主义学院）
资助出版

刑法中的赔偿制度研究

XINGFA ZHONG DE PEICHANG ZHIDU YANJIU

刘蕊◎著

中国政法大学出版社

2018・北京

目 录

导 论

刑事被害人是遭受犯罪侵害的直接对象，近些年来随着刑事理念的转变、被害人学研究的不断深入，被害人损害的权利恢复受到了更多的关注，在这样的背景下，从刑事法领域对被害人的损害赔偿进行研究就具有重要的意义了。不仅如此，以赔偿损失为内容之一的非刑罚处罚方法在刑事制裁体系中具有重要作用，但在司法实践中却长期处于低效运作状态，在理论研究中也处于真空地带，因而该选题具有重要的理论和实践价值。

我国刑法以赔偿损失为内容的规定主要体现在《刑法》第 36 条、第 37 条、第 64 条之中，即现行法律对被害人的人身损害、财产损害进行救济的途径包括判处赔偿经济损失、责令赔偿损失、追缴和责令退赔，那么对赔偿这一概念的含义、性质，以及其与追缴、责令退赔等制度的异同等问题的澄清，对于在司法实务中准确适用赔偿损失具有重要的意义。特别是赔偿制度的性质、定位鲜少受到关注，这不仅仅是赔偿制度在刑事法领域中的研究缺失，更是由于非刑罚处罚方法在刑法中的地位和价值并没有得到应有的重视所致。受传统的刑法理论的影响，对于犯罪的惩治过于倚重刑罚手段进行，刑罚以外的包括非刑罚处罚方法、保安处分等措施长期以来都被我国刑事立法以及理论研究所忘却。我国现行刑事立法，将第 36 条、第 37 条的赔偿经济损失、赔偿损失等非刑罚处罚方法规定于“刑罚种类”一节中，这样的体系安排则对“非刑罚处罚方法”与“刑罚方法”的关系定位造成了一定困扰，也导致了赔偿等非刑罚处罚方法作为一项制度在一定程度上丧失了独立性和完整性。立法的粗疏直接影响到了理论研究和司法实践中的操作性，因而有必要对赔偿作为一项制度的性质和地位予以重新审视。

赔偿损失不仅是被害人救济的重要手段之一，同时也有着重要的刑法价值。赔偿损失能否影响定罪，目前司法实践中存在的大量赔偿损失影响量刑这一现象是否正当、依据如何、适用范围、具体应当如何适用等问题都具有重要的研究价值。特别是 2012 年《刑事诉讼法》的修订增加了当事人和解的公诉案件程序，正式将刑事和解纳入到刑事司法体系，成为一项法律制度。然而刑事和解并不仅仅是一项诉讼程序，它因会对犯罪人刑事责任产生相当的影响而首先应当是一个实体问题，刑法规定的缺位使得刑事和解依然缺乏法律依据。不仅如此，《刑事诉讼法》对当事人和解的公诉案件的适案范围规定得非常狭窄，然而，司法实践中将犯罪人的赔偿情况与其刑事责任大小相关联的做法却非常普遍，其几乎不受案件事由以及法定刑轻重的影响，那么刑事诉讼法规定与司法实践中做法的显著差异应当如何协调，究竟犯罪人赔偿能够在怎样的范围内多大程度对其刑事责任产生影响，这些问题应当进一步地明确。

目前我国刑事立法和司法实践中对损害赔偿所依据的法律究竟是刑法、刑事诉讼法抑或是民法并没有一个清晰的结论，相应地直接影响了损害赔偿的实体规则，使其成了不同于一般的民事损害赔偿的、性质模糊的责任，因而有必要对刑法中的赔偿损失的“损失”性质、赔偿范围、赔偿标准等实体规则进行明确和完善。此外，责令赔偿损失作为非刑罚处罚方法的途径之一，在司法实践中却基本处于虚置状态，这一现象与立法粗疏和程序缺漏有极大的关系，因而明确责令赔偿损失的适用程序有重要意义。判处赔偿损失则是通过附带民事诉讼制度实现的，但这一制度并没有有效地保障被害人的权益，相反在一定程度上阻碍了被害人民事权利的救济，对此在司法实践中自生自发地采取了先民后刑的措施，并通过多年的实践经验促成了刑事和解制度的确立，但这种缓和矛盾的做法并不能彻底使附带民事诉讼制度摆脱重重困境，有必要对这一制度进行理论上的梳理和重构。作为一个较为边缘化的研究课题，对于附带民事诉讼制度主要是在诉讼法领域内进行研究，较少被纳入到刑法理论的关注范畴中，本书将附带民事诉讼制度中的实体问题进行单独研究，从而对刑法中的赔偿损失加以体系化、整体化地明确，以利于被害人保护体系的推进。

针对上述问题，本书通过对刑法领域的赔偿进行整合研究，试图或从研究视角，或从结论上有所突破：

第一，纵观目前现有资料，理论界对于因犯罪行为产生的赔偿责任的研究或侧重于对附带民事诉讼制度的批判，或侧重于被害人的权利以及救济，鲜少就赔偿制度本身之于刑事法治的意义进行研究。事实上，赔偿制度在刑法中的规定具有两个层面的意义：首先，刑法中的赔偿为犯罪的法律后果的一种；其次，赔偿也是一种刑罚的具体运用措施。即刑法中的赔偿既是刑事责任的实现方式，同时也是影响刑事责任的情节，这两种性质的赔偿彼此区别，但同时又难以分开。本书即以刑法学的视角对赔偿所涉及的理论问题以及适用问题进行系统的、体系性的探析。

第二，对赔偿制度的性质进行明确。首先明确了刑法中赔偿制度兼具民事责任与刑事责任的复合属性。其次，对赔偿制度在刑事责任体系中的定位提出了见解。刑法中的赔偿制度，无论是《刑法》第36条规定的赔偿损失，还是第37条规定的赔偿经济损失都是非刑罚处罚方法的一种，是犯罪的法律后果，属于刑事责任的实现方式。虽然我国《刑法》中第36条、第37条是规定于第三章“刑罚”的第一节“刑罚的种类”之中，但是非刑罚处罚方法在质与量上都与刑罚具有显著的区别，并且考察刑法其他条文可以得知，我国《刑法》其他条文均是在传统的刑罚意义上使用“刑罚”一词，因而第36条、第37条在刑法典体系中的定位是混乱的。对此，本书主张将非刑罚处罚方法设专节规定，与刑罚相并列。

第三，就赔偿在量刑中的价值展开详细论证。采用案例样本分析的方法，对千余案例进行逐一查看和梳理，选出有代表性的案例进行分析，并且在中国裁判文书网以“《中华人民共和国刑事诉讼法》第二百七十九条”为索引检索，对所得18 986份判决书所涉案件类型进行分析，总结得出司法实践中赔偿影响刑事责任的案件类型远远超过《刑事诉讼法》所规定的适用范围的结论。笔者主张不应在案件类型、法定刑轻重上设置过多限制条件，原则上具有直接被害人的案件，犯罪人积极赔偿的都可以在量刑上予以考虑。

第四，本书以被害人的损失为视角，对现行《刑法》《刑事诉讼法》涉及对被害人损害赔偿的判处赔偿损失、责令赔偿经济损失、责令退赔、刑事和解、附带民事诉讼调解等制度进行分析，厘清各种制度、程序之间的关系，试图从最大化地保护被害人权利的角度，对上述制度之间的矛盾予以协调和整合。

第一章

刑法中的赔偿制度概述

启蒙思想家孟德斯鸠指出："惩罚犯罪应该总是以恢复秩序为目的。"[1] 从严格的刑民分离的角度来看，赔偿损失通常是民法领域所关注的问题，基于犯罪行为而产生的侵权损害赔偿也只是国家追究犯罪人刑事责任的一个"附带性"的结果，对被害人权益恢复的保护并不充分。随着被害人地位的复归以及恢复性司法的实践，刑事法学越来越重视对被害人的赔偿问题。那么如何界定刑事法视野中的赔偿制度，它与法律中的其他赔偿制度的关系如何，以及刑法中的赔偿应当如何定位是本章所要探讨的主要问题。

第一节　刑法中的赔偿制度的界定

一、法律中的赔偿制度

作为一门社会科学，"社会学者的第一步是将所研究的事物加以明确的定义，以便确定自己所研究的到底是什么事物，同时也让别人能够明白，这是科学证明的第一步，也是最重要的条件"。[2] 本书将从赔偿制度入手，首先对"赔偿"作为一个法律概念的内容

〔1〕［法］孟德斯鸠：《论法的精神（上册）》，张雁深译，商务印书馆1982年版，第200页。

〔2〕［法］埃米尔·迪尔凯姆：《社会学方法的规则》，胡伟译，华夏出版社1999年版，第28页。

进行明确，进而对本书的研究对象——刑法中的赔偿予以界定。

赔偿，作为最为古老的冲突解决方式之一，它是基于权利受到侵害产生的。由于赔偿制度根源于民事领域，也更广泛地适用于民事侵权、违约领域，因而通常所称的损害赔偿多指民事损害赔偿。然而，事实上并不局限于此，由于人类社会生活的丰富、法律部门的不断细化、独立，对权利人的合法权利造成侵害且需要通过金钱才能够弥补的场合，早已超出了普通的民事侵权行为的范畴，并且行为性质、赔偿主体所具有的特殊性，直接影响到了赔偿的适用范围、适用标准、适用程序等问题，法律中的赔偿制度也得以进一步的发展和分化。具体而言，根据侵权行为的性质和赔偿主体的不同，法律中的赔偿制度可以分为刑事赔偿、民事赔偿、行政赔偿这三类。

（一）刑事赔偿

刑事赔偿，即犯罪人、国家等作为赔偿义务主体，对被害人因犯罪行为所遭受的物质损失以及精神损失的赔付。被害人合法权利的损害是犯罪行为所直接引发的“原生灾害”，刑事损害后果直接产生了被害人和犯罪人之间的权利义务关系，这决定了犯罪人对被害人的赔偿是被害人权利恢复的最主要实现方式。犯罪人是过错方，因而其赔偿责任具有直接性和原生性，相应地，其赔偿的范围和额度具有全面性，即根据损害填补目的的要求，被害人权利损失多少，犯罪人就应当赔偿多少。而国家对于被害人的补偿和救济，是由于国家作为社会管理的主体，因管理上的过失并未有效地阻止犯罪行为的发生，没有保护好公民的利益，因而在犯罪发生对公民合法权利造成侵害，且犯罪人的能力不足以弥补全部受损的权利时，国家基于公法上的考量，为了协调和维护社会整体利益而对被害人进行一定的补偿，这种补偿责任的产生是衍生性、替偿性的，且居于次要地位。本书所称的刑法中的赔偿，专指犯罪人因其犯罪行为造成被害人人身权利、财产权利等合法权利的损害而产生的赔偿责任，国家赔偿和国家补偿则不在讨论之列。

根据赔偿权利主体以及义务主体的不同，刑事赔偿可分为以下三类：

第一，犯罪人对被害人的损害赔偿。犯罪行为不仅仅侵犯了公共利益，更直接地作用于具体的被害人，使其合法权益因犯罪行为受到财产上以及精神上的损害。但是，在传统的刑事法体系之中，被害人只是作为诉讼法中的一个概念加以使用，并且在诉讼法的发展历程中，由被害人独享起诉权的弹劾式诉讼制度被由国家专享追诉权力的纠问式诉讼制度所取代之后，在刑事诉讼中被害人甚至也不再享有当事人地位。被害人诉讼地位的降低加剧了国家对被害人权益的欠保护状态。实质上，刑事被害人在刑事诉讼以及附带民事诉讼程序结构中的缺位，根源于刑事立法对被害人权益的忽视。被害人本身以及其权利并不受刑法的重视和保护，被犯罪行为所侵犯的被害人通常会受到人身权和财产权、物质上和精神上的双重损害，并且与国家利益和社会公共利益相比，个人往往处于弱势地位，在缺乏国家公权力保障的情况下，个人所受到犯罪的实质侵害和心理伤害难以仅凭自身的力量恢复，显然刑事犯罪的被害人需要受到国家公权力、刑事立法和刑事司法系统的重点关注。然而，一直以来，犯罪人处于刑法关注的中心，一方面，如何更好地惩罚犯罪和如何有效地预防犯罪一直是刑法理论研究和刑事立法发展的重中之重；而另一方面，保障犯罪人的权利也是刑事司法的核心问题之一，为此确立了罪刑法定原则以避免罪刑擅断、滥施刑罚，在立法上不断完善法律对犯罪人权利的保障，赋予了沉默权、及时委托辩护律师的权利等诉讼权利，在刑罚执行中围绕着如何强化对犯罪人的改造效果和如何改善犯罪人处遇等中心内容开展工作。[1] 被害人的受偿权利和犯罪人的赔偿责任则始终处于刑事立法和司法

〔1〕 赵可主编：《犯罪被害人及其补偿立法》，群众出版社2009年版，第191页。

的次要地位，也不为研究者所重视，在部分国家的立法中犯罪人的赔偿责任甚至不是刑事法律所规定的对象，而仅仅交由民法来解决。

在我国的刑法规范层面，立法者将赔偿明文规定于《刑法》条文中，即第36条规定："由于犯罪行为而使被害人遭受经济损失的，对犯罪分子除依法给予刑事处罚外，并应根据情况判处赔偿经济损失。"第37条规定："对于犯罪情节轻微不需要判处刑罚的，可以免予刑事处罚，但是可以根据案件的不同情况，予以训诫或者责令具结悔过、赔礼道歉、赔偿损失，或者由主管部门予以行政处罚或者行政处分。"这两条规定即为我国刑法所规定的赔偿制度的依据。由于法条规定的内容较为概括，对被害人的赔偿问题长期以来没有得到应有的重视，赔偿制度的理论研究也相对匮乏。不仅对这两条规定的"赔偿"的性质如何仍然没有定论，甚至对其称谓也并不统一。在有限的研究中，学者们采用了"刑事损害赔偿""犯罪赔偿""赔偿损失""民事赔偿""刑事赔偿"等多种称谓，术语的混乱直接反映了相关概念的内涵和外延的混乱，同时也影响了对赔偿主体、赔偿义务来源、赔偿范围、赔偿原则、赔偿制度的法律地位等问题的界定。所以，基于理论研究的严密性，在构建我国刑法中赔偿制度的理论体系时，应当确定相关制度的称谓，避免制度之间产生用语上的混乱情况。"刑事损害赔偿"这一称谓是与民事损害赔偿相对应的概念，体现出其不同于民法上的损害赔偿责任的特性，这是本书所赞同的，但是"刑事损害赔偿"与"刑事赔偿"的含义相同，"赔偿"的原本含义就是对损害的填补，赔偿损害就是赔偿。而根据2010年通过的《国家赔偿法》，刑事赔偿是指国家对司法机关的合法行使职权以及非法行使职权的行为造成公民的人身权、财产权损害的结果予以赔偿，它是与行政赔偿相并列的国家赔偿的内容，也就是与"国家赔偿""司法赔偿"的含义相同。那么，"刑事损害赔偿"这一称谓就难以与刑事赔偿、国家赔偿区分开来。“犯罪赔偿”这一概念，突出了赔偿责任是由于犯罪行为所产生的，但是使用该概念的观点并不统一，不仅单指犯罪人的赔偿，而且有的观点是在广义的角度使用这一称谓，包括犯罪人、国家及其他负有赔偿义务的主体对犯罪被害人损失的偿付，[1] 所以该称谓也为本书所不取。还有一种观点认为刑法上的赔偿就是民事赔偿，从而称之为民事赔偿。本书认为，刑法中的赔偿缘于犯罪行为，责任主体是犯罪人，犯罪后果除了赔偿责任以外，更重要的是刑罚处罚。赔偿与刑罚这两种责任承担方式具有不容忽视的联系，否认赔偿的刑事性就完全割裂了赔偿与刑罚的关系，也难以保障被害人的损害赔偿请求得以更好地落实，因而将因犯罪行为引起的赔偿责任依然称作为“民事赔偿”的观点为本书所不取。

本书认为，直接使用《刑法》第 36 条、第 37 条中的“赔偿”一词即可，作为赔偿责任的法律依据，刑法所规定的赔偿的情形仅指犯罪人对犯罪行为所造成的损害进行的赔偿，那么“刑法中的赔偿制度”就具有特定性和唯一性，不会与国家赔偿制度、国家救助制度等概念混淆。综上，刑法中的赔偿是指，犯罪人就其犯罪行为对刑事被害人所造成的物质损害和精神损害的赔付。

第二，国家对犯罪人的赔偿。在对刑事犯罪进行追诉的过程中，犯罪人不仅是某一犯罪行为的实施者和加害人，在特殊情况下，被告人、犯罪嫌疑人本身也可能成为被犯罪和被侵权的对象，即司法赔偿所适用的情形。与司法机关行使职权相联系，由于司法机关违法行使职权或一定情况下合法行使职权会对犯罪嫌疑人、被告人造成损害，就我国的法律体系而言，司法赔偿既包括刑事赔偿，也包括民事、行政诉讼中的赔偿，那么与犯罪和犯罪人相关联的显然即为刑事赔偿。所谓刑事赔偿，是指行使侦查、检察、审判

---

〔1〕 唐文胜：《犯罪损害赔偿研究》，中国人民公安大学出版社 2010 年版，第 13 页。

职权的机关以及看守所、监狱管理机关及其工作人员在行使职权时侵犯犯罪嫌疑人、被告人的人身权利以及财产权利的，国家应当承担的赔偿责任。

根据我国《国家赔偿法》第17条、第18条的规定，刑事赔偿针对的是犯罪嫌疑人、被告人人身权利和财产权利的侵犯。侵犯人身权利的赔偿包括以下几种情形：①错误拘留，即违反刑事诉讼法的规定对公民采取拘留措施的，或者依照刑事诉讼法规定的条件和程序对公民采取拘留措施，但是拘留时间超过刑事诉讼法规定的时限，其后决定撤销案件、不起诉或者判决宣告无罪，终止追究刑事责任的。②错误逮捕，即对公民采取逮捕措施后，决定撤销案件、不起诉或者判决宣告无罪，终止追究刑事责任的。对于错误逮捕实行的是无过错原则，不以违法逮捕为必要。③无罪错判，即依照审判监督程序再审改判无罪，原判刑罚已经执行的。无罪错判不要求查明检察机关以及审判机关在主观上具有过错。④刑讯逼供或者以殴打、虐待等行为或者唆使、放纵他人以殴打、虐待等行为造成公民身体伤害或者死亡的。⑤违法使用武器、警械造成公民身体伤害或者死亡的。侵犯财产权利的赔偿包括以下两种情形：①违法对财产采取查封、扣押、冻结、追缴等措施的。②再审改判无罪，原判罚金、没收财产已经执行的。

司法机关行使职权的行为对犯罪嫌疑人、被告人造成的人身权、财产权的损害，受害人有取得赔偿的权利，国家有履行赔偿责任的义务，应当根据“谁加害谁负责”的原则确定具体的赔偿义务机关，并且在赔偿义务机关赔偿后，在一定情形下赔偿义务机关具有向违法行使职权的工作人员，也就是向具体的加害人追偿部分或者全部赔偿费用的权利。显然，司法赔偿中的刑事赔偿与犯罪人对被害人的赔偿，在赔偿范围、赔偿标准、赔偿主体以及赔偿程序等方面存在显著的差异，但是二者仍然存在竞合的情形。

从刑事赔偿的范围可以看出，刑讯逼供、虐待、殴打犯罪嫌疑人、被告人，或者故意对不符合拘留、逮捕条件的人实施拘留、逮捕等行为，具有构成故意伤害罪、故意杀人罪、非法拘禁罪、刑讯逼供罪、暴力取证罪、虐待被监管人员罪、徇私枉法罪等的可能性，即构成犯罪在需要追究司法机关工作人员刑事责任的同时，也对犯罪嫌疑人、被告人等人身权利财产权利造成损害，需要承担赔偿责任的情况下，产生了刑事赔偿和犯罪人的损害赔偿责任的竞合。即在司法工作人员行使职权的行为构成犯罪，且造成损害后果的情况下，权利遭受侵犯的其他案件的犯罪人应当向国家抑或侵权人追究赔偿责任。对此，司法解释以及司法实践的态度为应当适用国家赔偿责任。例如，2002 年《最高人民法院关于行政机关工作人员执行职务致人伤亡构成犯罪的赔偿诉讼程序问题的批复》指出，“行政机关工作人员在执行职务中致人伤、亡已构成犯罪，受害人或其亲属提起刑事附带民事赔偿诉讼的，人民法院对民事赔偿诉讼请求不予受理。但应当告知其可以依据《中华人民共和国国家赔偿法》的有关规定向人民法院提起行政赔偿诉讼”，“本批复公布以前发生的此类案件，人民法院已作刑事附带民事赔偿处理，受害人或其亲属再提起行政赔偿诉讼的，人民法院不予受理”。对此，本书认为，出于最大化保护被害人的目的，应当赋予被害人以选择权，使其获得最为充分的权利救济。[1] 根据我国现行《国家赔偿法》《刑事诉讼法》的规定，从赔偿范围上来看，国家赔偿的范围要大于附带民事诉讼的受案范围，国家赔偿责任包含了造成伤亡结果的死亡赔偿金、残疾赔偿金，以及精神损害抚慰金等内容，而这些赔偿内容在现行《刑事诉讼法》所规定的附带民事诉讼中是不予支持的。[2] 但是就便利性而言，国家赔偿对赔偿程序的严格要求

---

〔1〕 江必新：“国家赔偿与民事侵权赔偿关系之再认识——兼论国家赔偿中侵权责任法的适用”，载《法制与社会发展》2013 年第 1 期。

〔2〕 附带民事诉讼受案范围的限制显然严重妨碍了对被害人合法权利的保护，应当予以扩大。

显然较之于附带民事诉讼更为复杂。根据《国家赔偿法》的规定，赔偿请求人要求，赔偿应当先向赔偿义务机关提出，赔偿义务机关在规定期限内未作出是否赔偿的决定的情况下，可以向上一级机关申请复议，而对复议决定不服的，才能够向同级人民法院赔偿委员会申请作出赔偿决定。即国家赔偿适用的是非诉讼程序，由于作为前置程序的司法赔偿确认程序缺乏监督、救济途径，赔偿义务机关不履行赔偿义务的法律责任、能否强制执行等问题也并不明确，使得国家赔偿的履行、救济途径对于赔偿请求人来说，并不如附带民事诉讼程序般便捷、明晰。在现行法没有变动的情况下，可以认为国家赔偿和通过附带民事诉讼程序追求赔偿责任对于被害人来说各有利弊，那么根据责任竞合时的适用原则，应当赋予被害人以选择权，〔1〕并且在被害人选择的程序不能够完全弥补损失时，也可以启动另一程序予以救济，当然只能就未赔偿的部分提出主张，对已经受偿的部分不能够再次要求赔偿，即不允许因同一损害事实获得双重赔偿。

第三，犯罪被害人国家补偿。犯罪被害人国家补偿制度，是指对那些因犯罪行为侵害而遭受重大损害的被害人，通过刑事附带民事诉讼等制度无法获得损害赔偿，国家通过一定的法律程序给予其损害补偿的一种法律制度。〔2〕犯罪被害人国家补偿也是属于广义的国家赔偿的范畴，但是这种补偿并不是由于行政机关、司法机关工作人员代表国家实施管理活动所造成的损害，而是具有福利性和公益性，即附带民事诉讼被告人在客观上难以弥补被害人的损失或者是难以完全弥补损失时，被害人权利受损甚至生活困难，影响社会秩序的和谐与公共安全，因而国家代替犯罪人在一定程度上对被

〔1〕如《合同法》对违约责任和侵权责任竞合时所规定的：“因当事人一方的违约行为，侵害对方人身、财产权益的，受损害方有权选择依照本法要求其承担违约责任或者依照其他法律要求其承担侵权责任。”

〔2〕赵可主编：《被害者学》，中国矿业大学出版社1989年版，第211页。

害人进行补偿和救济。也正因为犯罪被害人国家补偿具有福利性和替偿性，因而它在补偿范围、补偿额度上就不能够对被害人的全部损失进行赔付，这一点与犯罪人的赔偿责任和刑事赔偿具有显著的区别。对此，各国立法中一般是按照损害的种类和程度相对应的固定标准对被害人进行补偿，并且根据各国自身的经济情况对补偿金额规定一个最高限额。如新西兰的补偿法规定，金钱损失及费用开支的补偿不得超过1000英镑，精神痛苦的补偿不得超过500英镑。[1]

在刑事司法活动中，被害人总是处于弱势地位，这种弱势不仅是由于其在刑事司法活动中当事人地位的缺失和附带民事诉讼制度设计的弊病所致，而且犯罪人客观上的经济困境往往直接影响到赔偿权利的实现，而这一现象，却是无法通过刑法、刑事诉讼法等各种制度的完善加以解决的。这是因为，在国家的法律救济体系中，无论是刑事诉讼还是刑事附带民事诉讼、民事诉讼都只能发挥有限的功能。“倘若削足适履地将其功能扩张至满足刑事被害人救济的全部需求，不仅会降低刑事诉讼以及刑事附带民事诉讼、民事诉讼的程序效率，而且也会妨碍国家救济体系的完善。”[2] 遗憾的是，我国尚未构建起统一的犯罪被害人国家救助体系，而这一需要却是现实并且迫切的。《最高人民检察院2007年刑事申诉检查工作要点》提出“有条件的地方可以试点建立刑事被害人补偿机制”，同年全国人大将刑事被害人国家救助法列入预备立法项目；中央政法委2008年《关于深化司法体制和工作机制改革若干问题的意见》中提出：“建立刑事被害人救助制度，对因犯罪侵害而陷入生活困境的受害群众，实行国家救助。”2009年五部委联合下发了《关于开展刑事被害人救助工作的若干意见》，此后，全国多地制定了刑事被害人救助的地方立法或实施办法，此项工作得以逐步展开。

---

〔1〕 赵可主编：《犯罪被害人及其补偿立法》，群众出版社2009年版，第167页。

〔2〕 陈彬等：《刑事被害人救济制度研究》，法律出版社2009年版，第6页。

2014年五部委印发的《关于建立完善国家司法救助制度的意见（试行）》将"刑事被害人救助"改为"国家司法救助"。社会发展的需求已经将对被害人权利的保护和国家救济提上议事日程，十年来，被害人国家救助工作在各地的试点也已经积累了一定的实践经验。但是无论是对这一制度的理论研究还是实践展开仍然处于初步阶段。从长远来看，国家对于刑事被害人的补偿和救济作为一项制度安排，最终必然要纳入法治轨道，通过立法建立起统一、全面、系统、规范的国家救助体系。只有这样，才能够辅助、配合附带民事诉讼等制度，以弥补犯罪人及其他赔偿义务人没有赔偿能力或是没有全部赔偿能力的情况下对被害人的有效救助，进而充分地化解矛盾，避免恶性报复事件，维护社会秩序的安定和谐。

（二）民事赔偿

损害赔偿是民事责任最主要的一种承担方式。关于民事损害赔偿，《现代实用民法词典》是这样定义的："以赔偿损害为标的之债，债权人有请求赔偿其损害的权利，债务人有赔偿损害的义务。损害赔偿之债发生的原因，可分为两类：①基于法律的规定，即法定损害赔偿之债，侵权行为及债务不履行均属之。②基于保险合同而发生的损害赔偿之债，即约定损害赔偿之债。"[1]《中国大百科全书·法学》将其界定为："当事人一方因侵权行为或不履行债务而对他方造成损害时应承担补偿对方损失的民事责任。对权利人来说，损害赔偿是一种重要的保护民事权利的手段；对于义务人来说，损害赔偿是一种重要的承担民事责任的方式。"[2] 作为最传统的民事责任的实现方式，损害赔偿产生于对两类义务的违反，一是因违反合同义务而产生的违约损害赔偿，二是违反法定义务而产生

---

〔1〕江平、巫昌祯主编：《现代实用民法词典》，北京出版社1988年版，第315页。

〔2〕《中国大百科全书·法学》，中国大百科全书出版社1984年版，第571页。

的侵权损害赔偿。即损害赔偿责任产生于因侵权行为或者违约行为使受害人受到损害，因而损害赔偿既是侵权责任的承担方式，也是违约责任的承担方式。

因违约行为而发生损害赔偿，是指因契约债务不履行而发生损害赔偿的权利义务。债务不履行，包括债务人不为给付、不为完全给付以及迟延给付的情形。我国《合同法》第107条规定："当事人一方不履行合同义务或者履行合同义务不符合约定的，应当承担继续履行、采取补救措施或者赔偿损失等违约责任。"因侵权行为而发生损害赔偿，是指当事人间原无法律关系的联系，因一方的故意或过失行为，不法侵害他方权利。[1] 与违约损害赔偿不同，侵权损害赔偿的产生只能够源于侵权行为，即侵害他人的人身权、物权、债权、知识产权等民事权益的行为，使他人受到了人身损害或者财产损害，由此侵权损害赔偿得以产生。根据损害的不同，侵权损害赔偿可以分为人身损害赔偿、财产损害赔偿以及精神损害赔偿这三类。这也是侵权损害赔偿与违约损害赔偿的重要区别之一，违约损害赔偿仅限于对财产损害的赔偿，而由于违约行为对他人造成人身损害以及精神损害的，则不能依据合同关系予以补救。

损害赔偿是民事责任的重要承担方式之一，损害赔偿是因违约行为或侵权行为而产生的，是违约行为、侵权行为的法律后果，不仅是国家运用强制力使不法行为人承担民事责任的方法，同时也是不法行为人应当向受害人履行的义务，是不法行为人与受害人之间的债的关系的体现。根据我国《民法总则》《侵权责任法》的规定，民事责任的承担方式有：①停止侵害；②排除妨碍；③消除危险；④返还财产；⑤恢复原状；⑥修理、重作、更换；⑦赔偿损失；⑧赔礼道歉；⑨消除影响、恢复名誉；⑩支付违约金；等等。上述责任形式是根据民法所调整的对象，即平等主体之间的财产关系和

---

[1] 参见曾世雄：《损害赔偿法原理》，中国政法大学出版社2001年版，第13页。

人身关系的特殊性而定的，在具体适用某种责任形式时，应当与违法行为实施的状况和所造成的损害事实的状况相适应，损害赔偿即为侵权行为、违约行为所造成的人身损害或财产损害后果不可能恢复原状时所采用的补救性的责任形式。

（三）行政赔偿

就行政赔偿而言，其定义是与各国具体的立法相关联的，由于各国对于行政行为、行政赔偿的前提、归责原则、责任主体以及赔偿范围的规定都不尽相同，所以与民事损害赔偿不同，行政赔偿并不存在一个普遍适用的一般概念。我国《国家赔偿法》第 2 条规定："国家机关和国家机关工作人员行使职权，有本法规定的侵犯公民、法人和其他组织合法权益的情形，造成损害的，受害人有依照本法取得国家赔偿的权利。"以及根据第 3 条、第 4 条所规定的行政机关及其工作人员在行使行政职权时侵犯人身权、财产权的情形，可以将我国行政赔偿定义为，国家行政机关及其工作人员违法行使职权，侵犯公民、法人或者其他组织的人身权、财产权等合法权益并造成损害，由国家承担的赔偿责任。它包含以下三层含义：

第一，行政赔偿是对行政侵权行为所造成的损害进行的赔偿。行政侵权行为是指行政机关及其工作人员、法律法规授权的组织及其工作人员、受行政机关委托的组织或个人在管理行政事务的过程中，违法行使职权或者不依法履行职责进而侵犯公民、法人以及其他组织的人身权、财产权等合法权益的行为。行政侵权行为是行政赔偿的前提，只有行政行为才能够引起行政赔偿，而行政机关及其工作人员的民事行为侵犯他人合法权益的，只能够产生民事责任。根据现行《国家赔偿法》的规定，行政指导行为、行政规划行为、共有公共设施因设置或管理欠缺而产生的损害、国家行政机关对其工作人员的违法的惩戒行为，均不属于行政赔偿的范畴。

第二，我国行政损害赔偿规则原则上为法定的损害结果归责。关于行政赔偿归责原则经历了由违法原则到损害结果原则的发展过程。原《国家赔偿法》第 2 条以"违法行使职权"的表述确立了违法原则，只有违法的行政行为造成侵害的，才会引发国家赔偿责任，但是单一的违法原则的弊病是十分明显的，大量的违法行政行为以外的行政行为引起的损害无法通过国家赔偿予以救济，并且在多个行政主体共同侵权，以及受害人也具有过错的情形下，各个侵权主体的责任分担也无法通过单一的违法原则予以明确。[1] 而现行的《国家赔偿法》第 2 条将"违法行使职权"修改为"行使职权"，以"造成损害"作为赔偿责任的核心要件，由单一的违法原则转向以违法原则为主，以无过错原则、结果原则为补充的多元归责原则，扩大了国家赔偿的范围。但是违法原则仍然应当是行政赔偿的最主要的原则，根据行政法的一般原理，只有违法行为造成的损害才适用赔偿，而合法行为引发的损害只能予以补偿。现行《国家赔偿法》第 2 条的规定，虽然已不再强调违法行使职权，但是以"本法规定的侵犯公民、法人和其他组织合法权益的情形"为限定，则排斥了合法行政行为造成损害的情况，所以这样的"结果原则"也只是在违法原则基础上的"法定损害结果原则"。

第三，我国行政赔偿的责任主体为国家，以行政机关作为赔偿义务机关进行具体的赔偿事务。行政机关及其工作人员行使行政职权管理行政事务，是以国家的名义代表国家进行的，其后果理当由国家承担。但是由于国家行政机关数量众多、部门林立、职权交叉分散，当行政侵权损害发生后，受害人难以确定应当向哪个机关提出赔偿请求，同时也为了避免行政机关相互推诿、导致受害人求偿无门，[2]《国家赔偿法》因而将致害的行政机关以及法律法规授权的组织作为行政赔偿义务机关，实行具体的赔偿事项。例如，出庭

---

〔1〕 杨寅："我国行政赔偿制度的演变与新近发展"，载《法学评论》2013 年第 1 期。

〔2〕 马怀德主编：《国家赔偿问题研究》，法律出版社 2006 年版，第 14 页。

应诉、与受害人和解以及支付赔偿费用等赔偿义务，而国家作为赔偿的责任主体，则体现为违法行政行为所造成的损害最终是由国库支出进行赔付，列入各级财政预算，即“国家责任，机关赔偿”。

二、刑法中的赔偿制度与相近制度的区别

（一）刑法中的赔偿与侵权损害赔偿

侵权损害赔偿与违约损害赔偿同为民事损害赔偿的内容，但是在与刑法中的赔偿进行比较时单指侵权损害赔偿。在我国，犯罪与一般违法，其区别主要不是行为类型的不同，而是行为程度的不同，在刑事违法与一般违法行为之间，存在着行为类型上的交叉或重合。[1] 犯罪行为与民事侵权行为就是非常典型的代表，当行为的社会危害性超越了普通侵权行为，达到值得科处刑罚的程度，此时就产生了刑法中的赔偿与侵权损害赔偿的密切关联。

第一，在赔偿责任的产生根据上，犯罪行为与侵权行为具有紧密相关的联系。侵犯受害人的人身权、财产权的犯罪行为，既符合犯罪的构成要件，同时也符合侵权损害赔偿的构成要件，其侵权程度已达到了侵犯刑法所保护的法益的程度，这种程度上的升格，一种情形是侵权行为本身并不具备对犯罪结果的指向性或明确的目的性，而是实施了侵权行为之后，出现了刑法所特别规定的情节或者结果，进而被规定为犯罪，例如交通肇事罪，行为人起初仅实行了违反交通管理运输法规的行为，在闯红灯行驶过程中将被害人撞倒，被害人在送医治疗多日后死亡，这种情形下，在死亡结果发生之前，肇事者并未构成交通肇事罪，而应承担的是民事侵权责任，侵权行为只有在出现特定的结果和情节时才为犯罪行为所吸收，行为的违法程度升格；另一种情形就是犯罪行为与侵权行为在违法程度上具有包容关系，侵权行为与犯罪行为自始就是同一个行为，在

---

〔1〕 李洁：《论罪刑法定的实现》，清华大学出版社2006年版，第160页。

侵权行为开始实施时就指向刑法所保护的法益，如故意伤害罪中伤害行为是以对被害人造成轻伤以上伤害为目标实施的，其违法程度较普通的对他人人身权的侵害要重，行为的侵权性被行为的犯罪性所包含。

第二，犯罪行为本身也是侵权行为，由此而产生了规范上的竞合，犯罪行为引起的损害赔偿与侵权行为引起的损害赔偿在构成要件上是一致的。我国关于侵权责任的一般构成要件的通说观点为四要件说，即侵权行为及其违法性、损害事实、侵权行为与损害事实间的因果关系、行为人的主观过错这四个要件。[1] 犯罪行为引起受害人人身上、财产上的损害，除了行为的违法性有质的区别以外，其他要件即损害事实、因果关系、主观过错并无二致，侵犯受害人民事权利的犯罪的构成要件必然满足民事侵权责任的全部构成。亦即，侵犯民事权利的行为不仅包括民事侵权行为，也包括犯罪行为，当犯罪行为侵犯受害人民事权益时，犯罪行为同时具备了“侵权”和“犯罪”双重属性，同时受到民事法律和刑事法律的规制，产生了规范上的竞合。

尽管刑法中的赔偿与侵权损害赔偿密切相关，但二者仍有较大的差别。

第一，刑法中的赔偿与侵权损害赔偿的产生根据，即行为的违法程度有质的区别。民法调整平等主体之间的财产关系和人身关系，通过对权利的设置与保护而达到维护市民社会关系的顺畅有序的目的，民法调整的社会关系以权利为出发点和归宿。[2] 民事侵权行为就是违反、不履行民事义务，对民法所保护的他人的人身权利、财产权利的侵害。就犯罪行为而言，我国《刑法》第 13 条规

---

〔1〕 彭俊良：《侵权责任法论：制度诠释与理论探索》，北京大学出版社 2013 年版，第 75 页。

〔2〕 刘凯湘：“论民法的性质与理念”，载《法学论坛》2000 年第 1 期。

定："……但是情节显著轻微危害不大的，不认为是犯罪。"这是我国刑法总则关于犯罪的量的限制，与此相应，刑法分则中大量条款规定了犯罪的情节、数额、后果等体现"情节严重"的要素，因此，我国的犯罪概念一般认为是在社会危害性的概念基础上建立起来的，学者们多认为犯罪是具有应受刑罚处罚程度的社会危害性的行为，这种社会危害性与一般的违法行为相比在程度上更加严重。这种相对的违法性的观点认为，刑法对社会危害性的质和量都做出了要求，侵权行为一旦从行为性质上可以被评价为严重的违法行为，并且达到了较为严重的危害程度，那么行为的性质就会发生质的变化。在民事制裁手段不足以制止该行为，进而无法保护行为所侵犯的社会关系时，刑法作为保障法对民事主体的权利加以保护，行为由违反民事法的侵权行为发展成为违反刑法的犯罪行为，受到刑罚这一最严厉的制裁手段的规制。总之，由于在民事法律与刑事法律中存在大量的行为方式一致的情形，对同样的行为以行为程度为标准划分刑事违法和一般违法的界限，侵权行为和犯罪行为的重要的区别就体现在了违法性程度上。

第二，刑法中的赔偿与侵权损害赔偿的机能不尽相同。民事责任的落脚点在于保护权利人的利益和纠正不合法行为的非法利益，达到利益的平衡和秩序的恢复。[1] 侵权损害赔偿通过事后在经济上的利益补偿，来弥补侵权行为所造成的损害，这种填补损害、使损害恢复原状的功能，是侵权法的基本功能，也是最重要的、最基础的功能和目标。当然，法律责任作为行为模式的后果，第一类是肯定性后果，即法承认这种行为合法有效，第二类是否定性后果，即法不承认这种行为或者禁止这种行为，并对于这种行为予以撤销

---

〔1〕 郭宁：《现代刑法的生存空间：以民法为参照》，知识产权出版社 2013 年版，第 84 页。

或者制裁。[1] 否定性后果的情形，对于违法者来说无疑是一种不利的后果，这种不利后果在一定程度上也具有遏制和惩罚的作用，但是这种惩罚只是损害赔偿责任次要的、附随性的效果，行为人填补损害的赔偿行为并没有使其承受额外的负担和惩治，也并不具有面向未来、面向公众的预防效应。但是，刑法中的赔偿责任，既然产生于犯罪行为，那么就不可能与一般的侵权责任无异，以刑事责任为背景，刑法中的赔偿就须兼顾刑事责任报应与预防的目的。使犯罪人作出补偿、赔偿，剥夺其犯罪行为所带来的收益，除此之外，还需承担犯罪行为带来的刑法上的后果——剥夺一定时间的自由，这种风险有利于阻止、预防犯罪。正如刑事人类学派代表加罗法洛指出的："强制赔偿比短期监禁具有更为强大的预防作用。如果能使罪犯们确信：一旦被发现，他们不能逃避弥补引起犯罪所造成的损害，这将对罪犯，特别是职业扒手和骗子产生阻力，这种阻力比当代剥夺自由的刑罚所产生的对于犯罪的阻力要大得多。"[2] 犯罪行为的赔偿具有的惩罚、预防作用也远远超出了纯粹的民事赔偿的填补损害的作用，能够在一定程度上实现刑罚的部分功能。

（二）赔偿与追缴、责令退赔、没收

我国《刑法》第64条规定："犯罪分子违法所得的一切财物，应当予以追缴或者责令退赔；对被害人的合法财产，应当及时返还；违禁品和供犯罪所用的本人财物，应当予以没收。没收的财物和罚金，一律上缴国库，不得挪用和自行处理。"该条规定是关于犯罪分子违法所得、被害人合法财产、违禁品和供犯罪所用的财物的处理原则的规定，其中有关被害人的合法财产、犯罪人违法所得的财物均与被害人的财产权利的恢复密切相关，那么追缴、没收、

---

〔1〕 周旺生：《法理学》，北京大学出版社2006年版，第60页。

〔2〕［意］加罗法洛：《犯罪学》，耿伟、王新译，中国大百科全书出版社1996年版，第376页。

责令退赔与赔偿如何区分和适用，其间逻辑关系如何，有必要进行研究。

针对犯罪相关的财物，《刑法》第64条规定了追缴、责令退赔和没收三种处理措施，但对其各自的含义、对象、性质由于立法规定较为粗疏，也缺乏相应的司法解释予以明确，在理论上学者们观点各异，实践中的做法也并不统一。第一种观点未对追缴、没收、责令退赔作出区分，而是将违禁品、犯罪所生之物、犯罪工具、犯罪对象、犯罪所得之物均作为“刑事司法没收”的对象，认为刑事司法没收是刑事诉讼过程中的司法行为，它依附于审判，又有自身的特点，是一种实体权利。在功能上既有保安功能，又有相对意义上的惩罚功能。[1] 第二种观点认为追缴、责令退赔是一种程序上的强制措施，而没收是基于保安、预防犯罪的需要而采取的非刑罚处置措施，是刑事诉讼中的强制措施。[2] 第三种观点认为，追缴和责令退赔的对象包含两种，一种是被害人的合法财产，应当及时返还；另一种是没有被害人或者不需要返还被害人的违法所得财物，应当予以没收。没收供犯罪所用的本人财物、违禁品以及违法所得的财物应作为保安处分或者行政措施。[3] 第四种观点认为，追缴原物后发还被害人的恢复原状的意义较强，没收违禁品以保安处分的意义为主，没收违法所得及其孳息的刑罚意义更重。[4] 第五种观点认为《刑法》第64条的规定是对犯罪分子违法所得、供犯罪所用的本人财物以及违禁品的处理方法，不是一种刑罚。没

---

〔1〕参见徐安住：“论刑事司法没收”，载《学海》1998年第4期。

〔2〕谢望原、肖怡：“中国刑法中的‘没收’及其缺憾与完善”，载《法学论坛》2006年第4期。

〔3〕张明楷：“论刑法中的没收”，载《法学家》2012年第3期。

〔4〕李长坤：“刑事涉案财物处理制度研究”，华东政法大学2010年博士学位论文。

收、追缴、责令退赔都是刑法规定的强制处理方法。[1]

以上观点本书均不完全赞同。就法条的语义表述而言，追缴、责令退赔、返还以及没收是在以分号间隔开的分句中所规定的不同处理方式，那么从通常语句关系上看，这三个句子应当是并列关系，追缴、责令退赔、返还、没收应与其所针对的对象一并构成互相并列的、没有包含、交错关系的措施，然而，无论是其对象，还是这几项措施本身的含义，都存在与其他措施的交叉关系，彼此间的区别并不明晰。《中华人民共和国刑法修正案（八）释义》在解释第 64 条的规定时指出，追缴是指将犯罪分子的违法所得强制收归国有；责令退赔是指犯罪分子已将违法所得使用、挥霍或者毁坏的，也要责令其按违法所得财物的价值退赔。没收是对犯罪分子违法所得、供犯罪所用的本人财物以及违禁品的强制处理方法。[2] 根据上述概念，追缴、责令退赔、没收都是对犯罪相关的财物的最终确权处理，是实体上的处分，但是第 64 条规定对于追缴和退赔的违法所得，如果是属于被害人的合法财物，应当及时返还，那么"追缴"应当只是程序意义上的行为，追缴的财物，属于被害人的合法财物返还被害人，不属于被害人的合法财物应当予以没收。

本书认为，法条所规定的"犯罪分子违法所得的一切财物，应当予以追缴或者责令退赔"中，犯罪分子违法所得的一切财物应当包括被害人的合法财产、违禁品和犯罪所用的本人财物，那么该规定应当是一个概括性、统领性的规定，明确对犯罪分子违法所得的一切财物应当采取何种司法上的措施，以便于对这些财物确定最终的权属并进行实体上的处分，如果做这样的理解，那么第一个分句和后两个分句的关系就非常清楚了，即首先在程序上对犯罪人的违

〔1〕 参见郎胜主编：《中华人民共和国刑法修正案（八）释义》，法律出版社 2011 年版，第 66 页、第 72 页。

〔2〕 参见郎胜主编：《中华人民共和国刑法修正案（八）释义》，法律出版社 2011 年版，第 66 页、第 72 页。

法所得予以追缴，然后再根据追缴财物的属性，或返还被害人或上缴国库。但令人费解的是，责令退赔是针对已被挥霍、毁坏、转让的被害人合法财物，按其价值赔偿，这种措施并不是发还或没收的前置程序，而是与返还被害人并列的恢复被害人财产权的措施。我国《侵权责任法》第 15 条规定承担侵权责任的方式有：停止侵害、排除妨碍、消除危险、返还财产、恢复原状、赔偿损失、赔礼道歉、消除影响、恢复名誉九种。显然，与责令退赔和返还相对应的侵权责任承担方式中的恢复原状、赔偿损害，都是达到“若损害未发生时被害人的财产状态”的措施，因而将追缴与责令退赔并列规定是不合适的，一方面使得追缴、责令退赔、返还、没收这几项措施之间的关系混乱，另一方面责令退赔的性质易受到误解，将该实体处分措施作为程序行为加以理解，导致司法实践中责令退赔空判现象严重，缺乏强制执行力和救济手段，不利于被害人财产权利的保障。综上，本书认为，《刑法》第 64 条的规定应当作如下理解：①犯罪分子违法所得的一切财物，应当予以追缴。②对于追缴的违法所得，如果是属于被害人的合法财物，应当及时返还被害人；如果原物已被挥霍、损毁、灭失等使原物已客观上不存在的，应当责令以等价赔偿被害人，即返还原物和责令退赔都是对被害人违法所得的实体处分措施。③对于追缴的违法所得中的违禁品和供犯罪所用的本人财物，应当没收。

《刑法》第 64 条中与被害人权利恢复有关的责令退赔、返还措施，和刑法中的赔偿的关系，理论上研究的较少。有限的论述中指出：“‘责令退赔’是司法机关主动实施的行政性行为，同于‘责令赔偿损失’，有别于‘判处赔偿经济损失’（属于‘司法行为’）；‘责令退赔’着眼于‘财物’，而‘判处赔偿经济损失’与‘责令赔偿损失'着眼于损失。"[1] 本书认为单纯从"财物"和"损失"的角度很难厘清《刑法》第 64 条的责令退赔和第 36 条、第 37 条的赔偿损失的关系。

关于损失的范围界定，根据第 36 条的规定，判处赔偿经济损失的对象是"由于犯罪行为而使被害人遭受经济损失的"，仅从该条的语义表述上来看，只要是犯罪行为所造成的经济损失，都应当是赔偿范围之内的。《刑事诉讼法》第 99 条也并没有对被害人的损失作出区分，而是和《刑法》第 64 条规定一致："被害人由于被告人的犯罪行为而遭受的物质损失的，在刑事诉讼过程中，有权提起附带民事诉讼……"显然赔偿损失的对象就包含了《刑法》第 64 条责令退赔的情形，犯罪人所占有、处置、挥霍、灭失的被害人的合法财产，当然属于由于犯罪行为使被害人遭受的经济损失。但司法解释对赔偿范围进行了细化，1999 年最高人民法院发布的《全国法院维护农村稳定刑事审判工作座谈会纪要》中规定："人民法院审理附带民事诉讼案件的受理范围，应仅限于被害人因人身权利受到犯罪行为侵犯和财物被犯罪行为损毁而遭受的物质损失，不包括因犯罪分子非法占有、处置被害人财产而使其遭受的物质损失。对因犯罪分子非法占有、处置被害人财产而使其遭受的物质损失，应当根据刑法第 64 条的规定处理……"2000 年《最高人民法院关于刑事附带民事诉讼范围的规定》（已失效）第 1 条规定："因人身权利受到犯罪侵犯而遭受物质损失或者财物被犯罪分子毁坏而遭受物质损失的，可以提起附带民事诉讼。"第 5 条规定："犯罪分子非法占有、处置被害人财产而使其遭受物质损失的，人民法院应当依法予以追缴或者责令退赔。被追缴、退赔的情况，人民法院可以作为量刑情节予以考虑。经过追缴或者退赔仍不能弥补损失，被害

---

〔1〕刘志德、刘树德："'判处赔偿经济损失'、'责令赔偿损失'及'责令退赔'辨析"，载《法律适用》2005 年第 4 期。

人向人民法院民事审判庭另行提起民事诉讼的，人民法院可以受理。”而2013年颁布的《最高人民法院关于适用〈中华人民共和国刑事诉讼法〉的解释》第139条更加明确地规定了：“被告人非法占有、处置被害人财产的，应当依法予以追缴或者责令退赔。被害人提起附带民事诉讼的，人民法院不予受理。……”

根据司法解释的精神，赔偿损失的范围为两类，一类是因人身权利受到犯罪侵犯而遭受的物质损失，另一类是财物被犯罪分子毁坏而遭受的物质损失，责令退赔的范围是被非法占有、处置的被害人财产。但本书认为司法解释的规定是值得商榷的。

第一，将被害人的合法财产分割为被犯罪人占有处置的，以及被害人毁坏的，这种做法与《刑法》第64条的精神相悖。被害人毁坏的财物既包括实施犯罪行为时毁损的财物，也包括被犯罪人占有后毁损、挥霍、灭失的财物，所以《刑法》第64条所规定的“犯罪分子的违法所得”应当包括犯罪分子占有的被害人财物，占有后发生财物使用价值的减损甚至灭失的情形，显然这也属于不能返还原物的需要折价赔偿的情形。将被犯罪人毁坏的财物完全排除出责令退赔的范围是与“责令退赔”本身的含义相矛盾，“退赔”是指在不能实现返还原物时，通过对原有财物的折价赔偿来恢复受损的财产权利，“退”意味着退还被害人，“赔”是指对损坏的财物进行赔偿，那么无论财物的损毁是由犯罪行为造成的，还是在犯罪分子非法占有之后损毁的，无论财物是被犯罪人占有、处置，还是被犯罪人毁损了，对于被害人来说并无区别，原物仍然存在的返还原物，原物被处置或是客观上不存在的赔偿损失即可，返还原物、赔偿损失甚至恢复原状都是侵权责任的承担方式，不应当采取不同的救济方式，将毁损一分为二的观点缺乏合理依据。

第二，当前司法解释对责令退赔和赔偿损失的界定，并不利于对被害人财产权利的保护。《最高人民法院关于执行〈中华人民共和国刑事诉讼法〉若干问题的解释》（已失效）规定，因犯罪行为遭受物质损失，依照刑法有关规定已经得到退赔而仍不能弥补损失的被害人，也可以提起附带民事诉讼。根据这一规定，被害人可以就财产犯罪遭受的物质损失提起附带民事诉讼，但是由于受案范围广，附带民事诉讼案件较多，经过调研和征集意见，《最高人民法院关于刑事附带民事诉讼范围问题的规定》被制定出来，它将犯罪分子非法占有、处置的被害人财产作为追缴、责令退赔的对象，排除在附带民事诉讼受案范围之外。[1] 可以说，这种规定是以提高审判效率、便于刑事案件及时审结为基点作出的，事实上也的确大大缩小了附带民事诉讼的受案范围。司法解释虽然也将被犯罪分子毁坏的财物纳入赔偿损失的范围内，但根据上文所述，责令退赔与赔偿损失中的被毁坏的财物难以严格区分，在司法实践中受理的附带民事诉讼案件基本上都是因人身权利受到犯罪侵害而造成的物质损失，而鲜见以毁坏的财物为内容的附带民事诉讼案件，被害人的财物损失则主要通过“责令退赔”予以保障。以盗窃、抢劫、抢夺、侵占、诈骗、挪用、故意毁坏财物等犯罪为代表的侵犯财产类犯罪在对公民个人法益侵害的犯罪中占有极为重要的地位，对人身权利造成损害的救济采用附带民事诉讼的方式予以保障，而对被害人财产权利的救济却只能适用责令退赔这一性质仍然存在争议的措施。由于责令退赔的性质存在争议，对能否将其写入判决书主文、能否作为强制执行的依据理论上和司法实践中的做法也并不统一，导致了实践中被害人即使手持责令退赔的判决也难以落实应有的赔

〔1〕 参见熊选国：《刑法刑事诉讼法实施中的疑难问题》，中国人民公安大学出版社2005年版，第390页。

偿，“空判”现象严重。[1] 不得不承认，现有规定难以周全、有效地保障被害人财产权利的恢复，因而有必要对责令退赔和赔偿损失进行审视，通过内容和程序上的重新设计，以切实保障被害人的权利救济。

（三）赔偿损失与惩罚性赔偿

“禁止得利”是传统损害赔偿法的基本原则，即侵权行为的受害人不能获得高于其损害的利益，在刑民严格分立的背景下，这种补偿性是民事法最主要甚至是唯一的功能和目的。惩罚性赔偿的出现，则打破了民事责任与刑事责任的界限，突破了传统民事责任补偿性的限制，将惩罚与遏制不法行为的目的纳入民事责任的视野。那么这种带有制裁色彩的惩罚性赔偿与刑法中的赔偿的关系如何，惩罚性赔偿的发展对刑法中赔偿制度的完善是否具有借鉴意义，有必要对这些问题进行探讨。

惩罚性赔偿是指，“在补偿性赔偿或名义上的赔偿之外、为惩罚该赔偿交付方的恶劣行为并阻碍他与相似者在将来实施类似行为而给予赔偿。惩罚性赔偿可以针对因被告的邪恶动机或莽撞地无视他人的权利而具有恶劣性质的行为做出”[2]。现代意义上的惩罚性赔偿制度源起于英国，1763 年 *Wilks v. Wood* 及 1763 年的 *Huckle v. Money* 两案件被认为是现代惩罚性赔偿金制度的起源，自此惩罚性赔偿被广泛应用于各类侵权案件中。到了 20 世纪 60 年代，惩罚性赔偿制度的适用受到了严格的限制，英国上议院在 1964 年 *Rooks v.*

---

〔1〕 参见师伟、汤金钟：“追缴或责令退赔不应是刑事判决内容”，载《人民法院报》2005 年 8 月 24 日，第 B04 版；林振通：“刑事判决中‘责令退赔’内容可作执行依据”，载《人民法院报》2009 年 4 月 17 日，第 006 版；何芳：“刑事追缴判决不能申请强制执行”，载《人民法院报》2011 年 6 月 16 日，第 007 版；袁辉：“责令退赔空判现象实证研究——以 L 市两级法院刑事判决为中心的考察”，载《法律适用》2015 年第 1 期。

〔2〕 ［美］肯尼斯·S. 亚伯拉罕、阿尔伯特·C. 泰特选编：《侵权法重述——纲要》，许传玺、石宏等译，法律出版社 2006 年版，第 270 页。

Barnard 案的判决中，以惩罚性赔偿金混淆了民事、刑事之区别为由，将惩罚性赔偿金的适用限制为以下三种情况：一是政府官员强迫性、肆意性或（实质意义上的）违宪行为的侵权；二是被告的行为是以获取利益为目的，并且实际取得的利益高于原告所受损失的场合；三是成文法上有特别规定的。[1] 并将加重赔偿（aggravated damages）与惩罚性赔偿（punitive awards）区别开来，加重赔偿是对受害人精神损害的补偿，而惩罚性赔偿主要在于惩罚和遏制不法行为，惩罚性赔偿“在逻辑上应属于刑事法”。[2] 美国法将惩罚性赔偿金制度视为普通法予以继受，广泛应用于各类侵权案件中，特别是产品责任、消费者权利保护等案件。根据 Dorsey Ellis 的研究，惩罚性赔偿的主要理由在于：①惩罚被告；②特别阻吓，即防止被告再为相同不法行为；③一般阻吓，即防止其他人实施类似行为；④保障和平，即禁止私人间之报复行为；⑤诱导私人执行法律；⑥对受害人无法填补之损害予以赔偿；⑦支付原告律师之诉讼费。[3] 可以看出，惩罚性赔偿基于惩罚行为人以及威慑潜在的不法行为人的目的，对被告人科以超出受害人实际损害的赔偿数额，以示惩罚。我国也借鉴并引入了惩罚性赔偿制度，规定在相关的单行法之中，[4] 从最初的《消费者权益保护法》《合同法》到《食

---

〔1〕 *Rookes v. Barnard*, (1964) A. C. 1129.

〔2〕 参见金福海：《惩罚性赔偿制度研究》，法律出版社 2008 年版，第 21 页。

〔3〕 D. Dorsey, J. Ellis, “Fairness and Efficiency in the Law of Punitive Damages”, 56 *S. CAL. L. REV.* 1, 3 (1982), 转引自陈聪富：《侵权归责原则与损害赔偿》，北京大学出版社 2005 年版，第 250 页。

〔4〕 如《消费者权益保护法》第 55 条规定：“经营者提供商品或者服务有欺诈行为的，应当按照消费者的要求增加赔偿其受到的损失，增加赔偿的金额为消费者购买商品的价款或者接受服务的费用的 3 倍；……”《食品安全法》第 148 条第 2 款规定：“生产不符合食品安全标准的食品或者经营明知是不符合食品安全标准的食品，消费者除要求赔偿损失外，还可以向生产者或者经营者要求支付价款 10 倍或者损失 3 倍的赔偿金；……”《侵权责任法》第 47 条规定：“明知产品存在缺陷仍然生产、销售，造成他人死亡或者健康严重损害的，被侵权人有权请求相应的惩罚性赔偿。”

品安全法》《侵权责任法》，我国的惩罚性赔偿从合同领域发展到侵权领域，从最初仅针对财产损害的赔偿，逐渐扩展到对人身损害的赔偿，适用范围不断扩大，赔偿数额不断增加。尽管自该项制度产生以来就纷争不断，批评与诘责颇多，我国同样如此，反对将惩罚性赔偿引入我国民法领域的声音不绝于耳，但不可否认，数百年的实践中惩罚性赔偿在抑制不法行为，特别是在大企业的不法行为上所起到的积极作用，也因此，惩罚性赔偿被认为具有“准刑罚”的性质。[1]

惩罚性赔偿的核心特质突破了民事法补偿性的本质特征，刑法中的赔偿也因其犯罪行为的特性使其有别于一般的侵权损害赔偿，二者都介于刑事法与侵权法之间，同时具有公法与私法之属性，但惩罚性赔偿与刑法中的赔偿区别也十分明显。

第一，赔偿的目的不同。惩罚性赔偿自产生伊始就是以惩罚为目的，在被认为是现代意义上的惩罚性赔偿制度的 *Wilks v. Wood* 一案中，法院判决认为：“损害赔偿不仅在于满足被害人，并对于犯罪作为一种惩罚，以吓阻未来相同事件发生，并作为陪审团对该行为本身表示厌恶的证明。”[2] 与刑法中的报应和预防的思想类似，惩罚性赔偿一方面通过剥夺加害人所取得的不法利益，对加害人反社会的不法行为予以否定；另一方面，惩罚性赔偿金提高不法行为的“代价”，以警示加害人不再犯同样的过错，同时使潜在的行为人不敢从事相类似的不法行为，这种私的制裁性、民事罚款性质是惩罚性赔偿的本质属性和主要目的。与此不同的是，刑法中的赔偿以补偿为主要目的。作为特殊的侵权损害赔偿，刑法中的赔偿

〔1〕 Kimberly A. Pace, “Recalibrating the Scales of Justice through National Punitive Damages Reform”, 46 *U. L. Rev.* 1573, 1580 (1997). 转引自郭宁：《现代刑法的生存空间：以民法为参照》，知识产权出版社 2013 年版，第 130 页。

〔2〕 陈聪富：《侵权归责原则与损害赔偿》，北京大学出版社 2005 年版，第 218 页。

也是以填补损害、使损害得以恢复为目的，惩罚性并不是刑法中的赔偿制度本身所直接指向的目的，而是由于犯罪行为这一特殊的侵权行为所致，除了赔偿责任以外，还涉及犯罪评价和刑罚处罚，且赔偿与刑罚密切相关，因而附带了一定的惩罚和预防效果。如果说惩罚性赔偿是私法外壳下的公法责任，那么刑法中的赔偿则是公法外壳下的私法责任。

第二，赔偿原则和计算标准不同。惩罚性赔偿以惩罚加害人和遏制、预防不法行为的再次发生为目的，所以其赔偿原则不受受害人的损失的限制，可以超出受害人实际损失的额度，甚至惩罚性赔偿金的确定可以不考虑受害人的损失。基于其惩罚性目的，评估惩罚性赔偿金时通常考虑的因素包括被告行为的性质、被告所造成或意欲造成的原告所受损害的性质与范围、被告的财产数额，〔1〕被告人因不法行为所获取的利益，被告人不法行为持续期间及被告人是否故意隐匿其不法行为，被告人发现不法行为后的态度与行为，被告人因该不法行为所受其他惩罚及其效果等。〔2〕即惩罚性赔偿金的确定，需对加害人的主观过错、事后行为等一切能够反映其“人身危险性”以及行为的客观危害性的所有要素予以综合考量。而刑法中的赔偿以填补损害为原则，同样受到“禁止得利”原则的限制，受害人的实际财产损失是确定赔偿额度的最主要的标准，通常情况下，受害人所遭受的财产损失就是犯罪人所应当承担的赔偿责任的范围。

虽然惩罚性赔偿和刑法中的赔偿是两种截然不同的制度，但二者仍然具有一定的相似之处和密切联系。无论是惩罚性赔偿还是刑法中的赔偿，都是刑民责任竞合所带来的问题，司法实践中刑民交

---

〔1〕［美］肯尼斯·S. 亚伯拉罕、阿尔伯特·C. 泰特选编：《侵权法重述——纲要》，许传玺、石宏等译，法律出版社 2006 年版，第 270 页。

〔2〕陈聪富：“美国法上之惩罚性赔偿金制度”，载《台大法学论丛》2002 年第 5 期。

叉案件、刑民界分模糊的案件均不在少数，在特定情况下，要严格地将惩罚性与补偿性区分开来也是难以做到的。惩罚性赔偿所针对的通常是主观上恶劣、行为通常造成较为严重后果的，甚至对社会公众具有危险性的行为，与犯罪行为同为性质上、程度上较为严重的侵权行为。只不过惩罚性赔偿的惩罚和预防功能是通过超过损失的金钱额度来实现的，而刑法中的赔偿更多的是通过赔偿的态度和效果所反映的人身危险性，间接地影响刑罚的惩罚性。惩罚性赔偿是国家对私人生活的干预，是对民事责任单一性的有益补充，兼具刑事责任与民事责任的色彩，而刑法中的赔偿也同样是刑民责任交融的体现，二者都是刑事与民事领域中所存在的灰色地带，如庞德所说：“在现代法律科学中，最重要的推进也许就是以分析性态度转向以功能性态度对待法律……重点已从戒律转向实践中戒律的效力。从救济是否存在转向为该戒律的设计目的而设立的救济能否获得以及是否有效。”〔1〕 正是出于功利性、经济性的考量，也有学者提出了将惩罚性赔偿纳入非刑罚处罚体系，对犯罪行为造成被害人损失且不需刑罚处罚的，可适用惩罚性赔偿。〔2〕 惩罚性赔偿制度的产生和发展让我们更多地从实际效果的角度考察问题，而非拘泥于民事责任与刑事责任的严格区分，无论是公的制裁还是私的制裁，都具有实现社会公平正义的效果，与其教条地划分公私法，不如从整体上对这些制度进行理解和衔接，以实现制裁方式的多样化和合理化。

〔1〕［美］本杰明·N. 卡多佐：“司法过程中历史、传统和社会学方法的作用”，苏力译，载《中外法学》1997 年第 6 期。

〔2〕周永年、杨兴培、谢杰：“非刑罚处罚方法的现实化路径”，载《法学》2010 年第 2 期。

第二节　刑法中的赔偿制度的性质

刑法中的赔偿，以是否具有刑法规范为标准可以分为两类，一类是《刑法》第 36 条、第 37 条所规定的赔偿（经济）损失，另一类是在刑法规范以外的，犯罪人主动赔偿与被害人达成和解的情形。这两种赔偿制度是具有明显的区别的：刑法中所规定的赔偿，无论是第 36 条还是第 37 条的规定，都是法院依职权对犯罪的处置，于犯罪人而言这种赔偿具有强制性和被动性；而基于和解的赔偿，则是在犯罪人的赔偿责任被法院最终确定之前，犯罪人所主动为之的或者是尚未完全赔付、但是已经就赔偿事项与被害人方达成一致的情况，这种赔偿无疑是具有自愿性和主动性的。即便赔偿存在强制性赔偿与主动性赔偿之分，但是在适用中这二者却具有紧密的联系，因为同为对刑事犯罪被害人受损权利的补偿和恢复，强制性赔偿和主动性赔偿的适用一定是互补的。刑事和解在司法实践中所展现出来的强大生机，与明显缺乏活力的非刑罚处罚方法形成了巨大的反差，后文的实证数据也印证了这一点，特别是在免除处罚的场合，由法院适用“责令赔偿损失”这一非刑罚处罚方法是很罕见的，绝大多数的赔偿在刑事诉讼过程中就已经得到完全支付或者是与被害人达成和解。那么，能否认为包括和解过程中的赔偿在内的赔偿制度属于刑事责任的实现方式？对此本书持肯定态度。

一、刑法中的赔偿之复合责任属性

（一）赔偿性质的理论争议

关于刑法中赔偿的性质，理论界颇具争议，尚未形成统一的认识，概括起来主要有以下几种观点：

观点一——刑法中的赔偿是刑事责任，同时也有民事赔偿的性质。如有学者认为非刑罚处理方法虽然不是刑罚，但仍是因犯罪而产生的一种刑事实体义务，表明了国家对犯罪行为的否定评价，因而是刑事责任的一种实现方式，在论述刑法中的赔偿损失时，又指出："刑事损害赔偿是根据刑法产生的民事赔偿，立法者虽然将赔偿损失规定在刑法中，但其性质属于民事赔偿，……将两个性质不同的诉讼合并，不应当因合并审理而改变其民事诉讼的性质。"[1]上述观点应当理解为赔偿既是刑事责任的实现方式，也属于民事责任的范畴，兼具刑、民责任的属性。

观点二——刑法中的赔偿是民事责任的一种。这种观点认为无论是判处还是责令赔偿（经济）损失都是民事责任，在责令赔偿损失的场合，刑事责任由"定罪"所体现，在判处赔偿经济损失的场合，所判处的刑罚处罚是刑事责任的表现，刑事责任、民事责任、行政责任可以发生规范的竞合，但由于其责任内容的不同，而不可能认为同一种处罚既是刑事责任，也是民事责任，这在逻辑上难以说通。[2]

观点三——判处赔偿经济损失是民事责任，责令赔偿损失是刑事责任。责令赔偿损失以免除刑罚为前提，由于没有判处刑罚，责令赔偿损失就不只是民事责任的实现方式，同时也是犯罪的法律后果；而判处赔偿经济损失以判处刑罚为前提，是刑事附带民事诉讼的结果，只是实现民事赔偿责任的方式。[3]判处赔偿经济损失必须存在当事人的民事请求，而责令赔偿损失不要求当事人提出民事请求，"法院判处赔偿经济损失是被动的司法行为，而责令赔偿损失是主动的行政性行为"[4]。

---

〔1〕马克昌主编：《刑罚通论》，武汉大学出版社2002年版，第731～733页、第740页。

〔2〕王文华、刘宏武："'赔偿损失'对刑事责任的影响——兼论我国《刑法》中'赔偿损失'的类型化研究"，载《法学杂志》2014年第1期。

〔3〕张明楷：《刑法学》，法律出版社2011年版，第561～562页。

〔4〕刘志德、刘树德："'判处赔偿经济损失'、'责令赔偿损失'及'责令退赔'辨析"，载《法律适用》2005年第4期。

观点四——犯罪的损害赔偿应当是一种“修复的责任”。刑事责任是加害人对国家所承担的责任，民事责任是加害人对被害人所承担的责任，而修复责任是加害人对被害人乃至社区所承担的责任，是能动的责任。论者认为由于通常将被害人的赔偿作为民事责任问题，因而在刑事诉讼中被害人处于边缘地位，所以提倡将犯罪人的赔偿责任理解为“修复的责任”，通过对被害恢复情况及犯罪人在被害恢复中态度的考察，决定是否科处或者免除刑罚，在刑事责任的框架内平衡刑罚与损害赔偿的方法。[1]

（二）复合责任说之提倡

对于《刑法》第36条、第37条所规定的“赔偿经济损失”和“赔偿损失”的性质，本书认为，复合责任的观点是恰当的，即刑法中的赔偿兼具刑事责任与民事责任的双重属性。

第一，赔偿经济损失与责令赔偿损失同为对被害人的损害赔偿，应为同一性质的责任实现方式。将二者加以区分的理由在于，责令赔偿损失以免除刑罚为前提，而因为并没有判处刑罚，责令赔偿损失就不仅是民事责任的实现方式，同时也是犯罪的法律后果；而判处赔偿经济损失以判处刑罚为前提，是刑事附带民事诉讼的结果，只是实现民事赔偿责任的方式。本书认为这一理由并不成立，虽然责令赔偿损失以免除刑罚为前提，但是不能以此而认为没有判处刑罚故而犯罪的法律后果由赔偿损失来承担。我国刑法理论所讨论的刑事责任具有结果性和义务性的特点，就刑事责任的实现方式而言，通说认为有三种实现方式：第一种通过刑罚的方式来实现刑事责任，这是刑事责任的基本方式；第二种通过非刑罚处理方法来实现刑事责任，这是刑事责任的辅助方式；第三种通过宣布行为是

〔1〕程红：“刑罚与损害赔偿之关系新探”，载《法学》2005年第3期。

犯罪来实现刑事责任。[1] 赔偿经济损失的犯罪人所要承担的责任为“定罪+处刑+赔偿”，而责令赔偿损失的犯罪人的责任为“定罪+赔偿”，区分说以是否判处刑罚处罚来对赔偿的性质进行界定，忽视了对犯罪人的定罪结论，而国家对犯罪行为的否定评价本身就是犯罪的法律后果，是刑事责任的实现方式。责令赔偿损失没有判处刑罚，因而将犯罪的后果完全交由赔偿损失来承担，这种观点事实上否认了定罪的法律地位，所以，区分说的理由难以成立。实质上，赔偿经济损失和责令赔偿损失都是针对犯罪行为所造成的经济损失予以赔偿，二者因是否判处刑罚而采取了不同的诉讼程序，其他方面并不应当区别对待。

本书认为，对被害人的损害赔偿，无论是否判处刑罚，都不应当在任何程度上影响被害人权利的恢复。当前我国《刑法》第 36 条、第 37 条的不同规定，不仅使损害赔偿的性质产生争议，而且责令赔偿损失的程序规范的缺乏，也在一定程度上影响了实体规范的落实。根据《刑法》第 37 条的规定，人民法院认定被告人的行为构成犯罪，但是免予刑罚处罚的，对已经提起的附带民事诉讼，也不能做出判决，而应当在刑事判决书中“责令”犯罪人进行赔偿，这种做法的合理性和依据何在值得斟酌。2013 年 1 月《最高人民法院关于适用〈中华人民共和国刑事诉讼法〉的解释》第 160 条规定：“人民法院认定公诉案件被告人的行为不构成犯罪，对已经提起的附带民事诉讼，经调解不能达成协议的，应当一并作出刑事附带民事判决。……”被告人不构成犯罪的，赔偿也有刑事附带民事判决予以保障，而被告人定罪免刑的，却只能依据“责令赔偿”这一性质尚有争议、欠缺程序规范、执行难以保障的措施，因而对这种做法有必要予以重新审视。判处赔偿经济损失和责令赔偿

---

〔1〕 马克昌：“刑事责任的若干问题”，载《郑州大学学报（哲学社会科学版）》1999 年第 5 期。

损失不应在性质上有所区别，并且在适用上也应当作出统一的规范，这样才有利于保障被害人的损害得到赔偿。

第二，虽然刑事责任和民事责任在性质上存在根本性的区别，但是作为社会控制手段的刑事制裁措施和民事制裁措施，在目的和功能上并非全无关联，特别是在以赔偿损失为代表的非刑罚处理方法的场合，难以严格区分民事责任与刑事责任。民事责任与刑事责任的根本区别，主要体现在性质和目的上。民事责任的本质是通过弥补受到损害的人的损失，使其恢复到受到损害之前的同等状态，宗旨在于使加害人或加害人和被害人公平分担个人损害；而刑事责任的本质是对犯罪的规范报应，同时也具有保护法益的一般预防和特殊预防的目的。因此，民事责任中损害赔偿范围只能以已经发生的损害的程度为基础，具有回顾性的机能，而作为刑事责任的刑罚尽管也具有报应这种回顾性的特征，但又具有保护法益这种前瞻性的特征。[1] 就责任的内容而言，损害赔偿是对损害的调整，刑罚是对违法行为的非难，所以民事责任的内容是“调整”，刑事责任的内容是“非难”，与民事责任是以发生的“损害”的有无为基础相对，刑事责任以违法行为的有无为基础。前者的“调整与非难”的差异导致结果上民事法以平均的正义为基础，而刑事法以分配的正义为基础。[2]

一方面，刑法中的赔偿的实现是具有民事性的，赔偿的范围、划分、责任构成、原则等实体性问题需要依赖民法原理、民事法律规范，仅根据《刑法》第36条、第37条的规定无法对犯罪人的赔

〔1〕［日］西原春夫：“民事责任和刑事责任”，载有泉亨编：《现代损害赔偿法讲座总论》，日本译论社1976年版，第27页以下。转引自于改之：《刑民分界论》，中国人民公安大学出版社2007年版，第75页。

〔2〕［日］高桥则夫：“刑罚与损害赔偿——刑法、民法中的行为规范与制裁规范”，载《现代刑事法》第6卷第6号，现代法律出版社2004年版，第37页以下。转引自于改之：《刑民分界论》，中国人民公安大学出版社2007年版，第75页。

偿责任作出准确认定。有学者将这一现象总结为法律责任和法律责任实现方式的区别，认为法律责任是客观的，而国家依法采取制裁措施追究法律责任，法律责任才得以实现，民事、行政、刑事责任之间的差异是根本性的，但是这三种责任的实现方式可以存在重叠。作为刑事责任之一的非刑罚处罚方法，赔礼道歉、赔偿损失等方式是具有民事性、行政性的，这就是刑事责任和刑事责任实现方式的区别。[1] 肯定刑事责任与刑事责任的实现方式的区别，实质上就是肯定实现刑事责任目的的手段多元化、复杂化。赔偿损失是民事责任最主要的承担方式，在对犯罪行为造成的损害进行赔偿的场合，其民事责任的属性不容否认，依然以填补损害为目的，并基于这一目的采取完全赔偿原则、禁止得利原则等传统侵权损害赔偿原则。因此，有学者认为，刑法中的赔偿，只是出于一种立法规范形式上的需要，为了实现在一个审判活动中同时解决基于同一犯罪行为所产生的刑事责任和民事责任的问题的目的。[2] 虽然这一观点过于强调刑法中的赔偿的程序性、刑事性意义，但不得不承认，赔偿在本质上仍属于民事责任的一种。

另一方面，刑法中的赔偿具有刑事责任的属性。赔偿损失本身就具有一定的制裁和预防功能，并且这种制裁、预防比其他民事责任承担方式更为突出，这是其能够作为刑事责任实现方式的前提。损害填补是损害赔偿最主要的功能和目的，这是毫无疑问的，但是，“补偿受害人是刑罚的另一个有用的属性，它可以同时实现两个目标——处罚罪犯和补偿罪行”。[3] 损害赔偿的惩罚功能注重对

〔1〕 张旭：“民事责任、行政责任和刑事责任——三者关系的梳理与探究”，载《吉林大学社会科学学报》2012 年第 2 期。

〔2〕 姜涛：“犯罪赔偿：刑法实现的另一条道路”，载《黑龙江省政法管理干部学院学报》2007 年第 1 期。

〔3〕［英］吉米·边沁：《立法理论——刑法典原理》，孙力等译，中国人民公安大学出版社 1993 年版，第 77 页。

被害人的保护，在此基础上通过对加害人违法所得的剥夺，达到防止侵权行为发生、稳定社会公共秩序的目的。损害赔偿的制裁和预防功能主要通过以下三种方式实现：一是道德心理机制，例如通过赔偿责任的承担，使行为人反省自身的行为，加强自律。虽然通常认为侵权行为法不涉及对人们的道德判断，但是购买物品支付对价和破坏物品支付赔偿金，对于行为人来说显然是不同的，它具有宣示破坏行为是错误行为的作用。二是舆论机制，通过损害赔偿判决，形成对行为人的舆论压力，这种舆论压力不仅指向行为人，更对潜在的行为人提出警示。三是利益机制，利益机制的实现是通过剥夺不法利益的后果，促使行为人放弃以侵害他人权益来获取利益的想法。[1] 侵权损害赔偿制度中，以过错责任原则为主的责任原则的实行、精神损害赔偿制度以及惩罚性赔偿制度的实行都体现出了损害赔偿制度对预防效果的追求。

此外，赔偿有利于实现刑罚的目的，它的再社会化效果以及促使行为人认识被害人权益、认识法律规范的作用，引起了法学家对赔偿作用的重视，如加罗法洛指出的："强制赔偿比短期监禁具有更为强大的预防作用。如果使罪犯们确信：一旦被发现，他们不能逃避弥补因其犯罪所造成的损害，这对罪犯，特别是职业扒手和骗子产生阻力，这种阻力比当代剥夺自由的刑罚所产生的对于犯罪的阻力要大得多。"[2] 菲利认为："我们不应当将民事措施与刑事措施截然分开，而应当共同适用这种措施（赔偿措施），甚至需要有专门的法规强制刑事法官确定数额，以避免由民事法官重新审理而

〔1〕 王卫国：《过错责任原则：第三次勃兴》，中国法制出版社2000年版，第235页。

〔2〕［意］加罗法洛：《犯罪学》，耿伟、王新译，中国大百科全书出版社1996年版，第376页。

造成的拖延和不幸。”〔1〕德国刑法学家罗克辛更是提出了将赔偿作为“第三条道路”来减轻刑罚或代替刑罚。〔2〕当然，赔偿有益于刑罚目的的实现，更主要的是体现在赔偿对被害结果的恢复、对社会秩序的安抚中，使被害人以积极的主体身份参与到惩罚犯罪、预防犯罪的过程中，它的惩罚和预防效果与刑罚相比仍然是较弱的，所以赔偿的适用通常与其他刑事责任形式，即宣布行为构成犯罪、刑罚处罚共同适用。

综上，本书认为无论是《刑法》第36条规定的“赔偿经济损失”，还是《刑法》第37条规定的“赔偿损失”，其性质兼具民事责任与刑事责任，是民事责任与刑事责任的结合，其中刑事责任强调赔偿的惩罚、预防与被害修复的作用，民事责任更多地体现出责任承担方式的民事性，强调赔偿的内容、范围是根据损害填补的目的确定的。承认赔偿损失的复合责任的属性，才能更加科学地考察赔偿与定罪、量刑的关系，有利于重新审视并更新刑法观念，为犯罪行为的制裁提供更多元化的手段方式。特别是只有在肯定赔偿所具有的刑事责任性质的基础上，才有可能更进一步地完善刑事责任的结构，发展一些惩罚性较弱的责任形式，甚至将赔偿作为刑罚的替代措施，在惩罚中考虑赔偿，将其发展为“第三条道路”。

和解过程中犯罪人主动进行的赔偿也兼具民事责任与刑事责任的属性。其民事责任属性与前述一致，在此不再赘述，对此类赔偿刑事责任属性的厘清则可以从以下两个方面展开：

第一，在免除处罚的场合，即犯罪情节轻微，不需要判处刑罚的犯罪，依据《刑法》第37条的规定可以免予刑事处罚，并适用赔礼道歉、赔偿损失等非刑罚处罚方法。即罪、责、刑三者之间的

---

〔1〕［意］恩里克·菲利：《犯罪社会学》，郭建安译，中国人民公安大学出版社2004年版，第283页。

〔2〕［意］克劳斯·罗克辛：《德国刑法学总论》（第1卷），王世洲译，法律出版社2005年版，第55页。

关系呈现“有罪有责无刑”的状态，在这种情况下，刑法所规定的“赔礼道歉”“赔偿损失”等非刑罚处罚方法，作为一种犯罪的法律后果实际上已经在和解的过程中得到落实了。如果肯定《刑法》第37条所规定的非刑罚处罚方法是一种承担刑事责任的制裁方法，那么赔偿虽然是达成和解的前提和手段，但同时也是被提前履行了的法律结果。“在罪、责关系呈现为必然的线性联系的理论前提下，只要和解作为犯罪成立后的某种反应方式或法律效果，就不能否认其作为刑事责任之实现方式的特质。”〔1〕否则，对刑事和解案件的犯罪人从轻处罚则是以民事责任替代刑事责任，然而民事责任与刑事责任是双轨进行的不同责任，其责任产生的前提、根据、目的、责任主体等存在质的差异，因而通说认为责任之间不能够相互替代，民事责任承担不能免除其应负的刑事责任。如果否认了赔偿的刑事责任属性，则产生了民事责任的承担抵消了刑事责任的结论，这显然是不妥的。

第二，对于不符合“犯罪情节轻微”“不需要判处刑罚”的犯罪，犯罪人赔偿损失、赔礼道歉、与被害人达成和解，这一类和解过程中的赔偿的刑事责任属性，本书试图从和解协议的刑事契约属性的角度加以说明。在刑事诉讼过程中，被害人与犯罪人就赔偿事项达成合意，是否等同于对民事权益的调解这一结案方式和诉讼行为，本书是持否定态度的。民事调解协议属于私法契约，它是平等的民事权利义务主体双方就民事纠纷进行交涉、沟通、协商，对责任承担达成合意并对双方民事权利义务进行的确认，与此同时产生诉讼上的法律效果。由于民事调解是民事主体对财产权利、人身权利等私权的处置，不涉及社会公众利益以及国家利益，所以依据私权自治原则，国家并不对这一契约的达成过程、协议内容作出限

〔1〕杜宇：《传统刑事责任理论的反思与重构——以刑事和解为切入点的展开》，中国政法大学出版社2012年版，第159页。

制。但是犯罪行为毕竟不同于普通的民事侵权行为，相应地刑事和解显然也不能与民事调解做同一理解，这主要表现为以下几个方面：

其一，犯罪不仅仅侵犯了个人的人身权利、财产权利，同时也对社会公共利益以及法律规范造成了破坏，那么刑事和解的案件中则存在两类冲突：一是犯罪人与被害人之间的冲突，二是犯罪人与社会公共利益的冲突。在一个纠纷解决机制中同时处理上述两个冲突，则不可避免地涉及犯罪人、被害人以及国家三方主体。即便认为犯罪人与被害人之间的赔偿问题属于平等的民事主体对私权的处置，国家不应当加以干涉，犯罪对于公共利益的侵犯、对法秩序的违反也难以脱离国家的参与，不可能完全交由犯罪人与被害人双方确定责任的承担。

其二，刑事和解案件中的自愿性、公平性极易受到影响，需要公权力对其进行一定的审查和限制。刑事和解之所以展现出来强大的生命力，正是由于和解作为一种激励机制，对实践中多方主体的现实需求给予了积极的回应，具有强烈的功利性和实用性。对于被害人而言，他所需要的经济上的赔偿能够得以快速地实现，并且由于现行刑法、刑事诉讼法不支持精神损害赔偿，而这一部分赔偿在和解中是能够通过协商落实的；而对于犯罪人而言，积极主动地进行赔偿、赔礼道歉，通常会得到从轻处罚，甚至免除处罚、不起诉的效果。和解双方之间的利害关系，一方面会带来双赢甚至多赢的局面，另一方面，这把“双刃剑”倘若使用不当，便难以保障和解的自愿性和责任分担的公平性。被害人的参与和谅解是和解达成的关键之一，因而被害人在得到有效的、全面的赔偿的同时，也具有受到犯罪人、犯罪人家属威胁、压迫的危险，丧失中立性的司法机关可能会暗示被害人如不和解则难以得到赔偿，被害人也可能收到犯罪人家属高额“赔偿金”的收买，以确保对犯罪人的从宽处罚；对于犯罪人而言，可以说被害人享有了对犯罪人如何处罚的关键性地位，犯罪人可能不得不接受被害人的“漫天要价”。在自愿、合法前提下，普通的民事案件的调解并不会就调解所确定的赔偿数额作出限制，然而在直接面向刑罚处罚的刑事和解中，不受任何限制的“民事主体”就“民事责任”和解则具有降低刑罚威慑力、惩罚与预防作用的风险，因而有必要对和解协议的达成过程、协议的具体内容进行审查，以保证刑事和解的自愿性和刑罚裁量的合目的性。

其三，和解过程中的赔偿同样具有“惩罚”这一公法目的。赔偿金的支付本身就是对犯罪所得的利益的剥夺，并且在刑事和解的场合，赔偿金的确定略高于被害人所遭受的实际损失也是允许的，超过损害的部分更起到了对犯罪人的惩罚作用。此外，是否赔偿、赔偿的态度积极与否、实际履行的赔偿数额都会对刑罚的启动、刑罚的轻重产生影响，这种影响的存在对犯罪人提供了这样一种利害选择：即如果拒绝履行其所应当负有的赔偿责任，将面临刑罚的启动，或者丧失减免刑罚的机会。这就对犯罪人产生了威慑力，也在很大程度上起到了对犯罪人的特殊预防和对社会潜在犯罪人的一般预防作用。

综上，较之于普通的私法契约、民事调解，刑事和解不仅是平等主体之间的对话、协商、沟通，而且因涉及社会公共利益，需要司法机关代表国家、社会参与其中，以维护社会利益、国家利益以及刑罚的公正性和威慑效力。同时和解中的赔偿本身也具有惩罚这一公法内容，它作为惩罚的“转处”和“替代”方式，在一定程度上具有刑事责任的目的和功能。因此，由犯罪人主动进行的赔偿所具备的刑事责任属性得以体现，这肯定了赔偿所具有的刑事责任属性，也说明了不仅在“犯罪情节轻微”的案件中，赔偿对刑事责任的衡量具有一定的影响，在所有的和解案件中从宽处罚也是正当的，由此也从侧面印证了《刑法》第36条与第37条所规定的赔偿损失，除了前提要件的犯罪行为轻重之别，其他方面都应当是一致的，这一点在后文有所说明。

二、刑法中的赔偿在刑事责任体系中的定位

（一）赔偿属于非刑罚处罚方法

世界刑法史是一部以刑罚改革为基本线索的刑罚史。[1] 刑法发展的历史充分证明了文明的进步、法治的发展，在刑法制度中的集中反映体现于刑罚制度的变革。[2] 随着社会的发展，人们对于生命、自由、权利的认识愈发深入，而刑罚作为对人生命、自由、财产等备受重视的权利的限制和剥夺措施，被认为应当降低到最小的程度，刑罚的轻缓化、非刑罚化成了世界刑罚发展的潮流。现代各国逐渐认识到刑罚既不是防治犯罪的唯一方法，也不是最好的措施，因而多采取二元甚至多元的刑事制裁模式。我国的非刑罚处罚方法作为一种多元的犯罪防治方法，与世界非刑罚化、非监禁刑化等轻刑化思潮不谋而合。《刑法》第 36 条、第 37 条所规定的赔偿制度就属于非刑罚处罚方法的一种。但是，我国刑法虽然规定了非刑罚处罚方法，但是非刑罚处罚方法的概念、内涵并不明晰，通常被认为作为非刑罚处罚方法依据的《刑法》第 37 条规定的非刑罚处罚方法种类有限、性质不明、方法简单，缺乏程序性规定，并没有形成一个系统的法律制度，并且其在刑法典中置于第三章“刑罚”中“刑罚的种类”一节之下，因而其与刑罚的关系如何也存在着逻辑上的困扰。立法上对于非刑罚处罚方法的不重视，导致在司法实践中非刑罚处罚方法并没有发挥其应有的价值，并且适用混乱。而赔偿作为非刑罚处罚方法的重要措施之一，其概念、性质、地位以及具体适用规则的明晰，对于非刑罚处罚方法的制度构建具有重要的价值。

---

〔1〕 陈兴良：“刑罚改革论纲”，载《法学家》2006 年第 1 期。
〔2〕 赵秉志：“当代中国刑罚制度改革论纲”，载《中国法学》2008 年第 3 期。

由于立法规定的概括和粗疏，对于非刑罚处罚方法的概念和内涵理论上并没有达成一致的意见，甚至对其称谓也有“非刑罚处罚方法”“非刑罚处理方法”“非刑罚处罚措施”“非刑罚方法”等。而对于其概念的界定，大致有如下几种观点：

观点一——非刑罚处罚方法是指人民法院根据案件的不同情况，对于犯罪分子直接适用或者建议主管部门适用的刑罚以外的其他处理方法的总称。[1]

观点二——非刑罚处罚方法是指对于实施了违法犯罪行为，根据法律规定，不能或者不需要追究刑事责任的人或者需要在刑罚之外采取某些辅助性措施加以矫正的人适用的不具有刑罚性质的制裁方法的总称。[2]

观点三——非刑罚处罚方法是指对免除刑罚处罚的犯罪人，给予刑罚以外的实体上的处罚，这种处罚方法称为非刑罚处罚方法，如训诫、责令赔偿损失等。[3]

观点四——非刑罚处罚方法是指人民法院对犯罪分子予以刑事附带民事的强制处分，或者对免于刑事处分的犯罪分子采取的教育措施，或者由主管部门予以行政处分的总称。[4]

观点五——非刑罚处罚方法是指司法机关依法对具备一定条件的犯罪嫌疑人、犯罪分子暂缓附条件使用刑罚，直接或间接适用刑罚以外的其他处罚方法的总称，非刑罚方法与刑罚共同构成刑罚体系。[5]

上述对于非刑罚处罚方法的不同定义，直接反映了其对于非刑

---

〔1〕 马克昌主编：《刑罚通论》，武汉大学出版社 1999 年版，第 731 页。

〔2〕 樊凤林主编：《刑罚通论》，中国政法大学出版社 1994 年版，第 257 页。

〔3〕 张明楷：《刑法学》，法律出版社 2007 年版，第 476 页。

〔4〕 高铭暄主编：《中国刑法学》，中国人民大学出版社 1989 年版，第 44 页。

〔5〕 朱俊：“论非刑罚处罚方法”，载《武汉大学（哲学社会科学版）》2005 年第 6 期。

罚处罚方法的内涵的不同认识。从研究范围上来看，这些概念大致可以分为最广义的概念、广义的概念、狭义的概念、最狭义的概念。最广义的概念，如观点五，认为非刑罚处罚方法是除了刑罚以外的所有的处罚方法，根据这一观点，非刑罚方法既包括免予刑事处罚时适用的训诫、具结悔过、赔偿损失、赔礼道歉，也包括第36条规定的给予刑罚处罚外的判处赔偿经济损失，从适用阶段来看，既包括审查起诉阶段的不起诉、公诉案件的诉辩交易，也包括刑罚适用阶段的缓刑制度，总之刑罚之外的所有的处罚方式都属于非刑罚处罚方法。广义的概念，如观点二，认为非刑罚方法包括赔偿经济损失、赔偿损失、训诫、具结悔过、赔礼道歉、行政处罚、收容教养、强制医疗以及没收等措施，从适用根据上来看，既包括依据犯罪行为的社会危害性而予以适用的非刑罚方法，也包括依据犯罪人的人身危险性而适用的保安处分。根据狭义的概念，非刑罚处罚方法包括《刑法》第36条规定的判处赔偿经济损失以及第37条规定的具结悔过、赔礼道歉等方法。而根据最狭义的概念，非刑罚处罚方法仅指《刑法》第37条确定的犯罪情节轻微、不需要判处刑罚情况下的各种非刑罚性质的处罚方法。

本书认为上述定义中狭义的非刑罚处罚方法的定义是恰当的，即非刑罚处罚方法是人民法院对于犯罪分子科以民事赔偿措施，以及对免予刑事处罚的犯罪分子采取的刑罚以外的替代措施，其适用主体为人民法院，适用范围为犯罪行为对被害人造成经济损失的情形，以及情节轻微、不需要判处刑罚的情形，具体的非刑罚方法有《刑法》第36条所规定的赔偿经济损失，第37条所规定的训诫、具结悔过、赔礼道歉、赔偿损失、行政处罚和行政处分。之所以对非刑罚处罚方法作出如此界定，主要基于以下原因：

第一，从功能上看，非刑罚处罚方法应定位为刑罚的辅助措施或替代措施。

其一，非刑罚处罚方法是刑罚的必要补充，它在恢复被害人的合法权利、保护法益方面对刑罚起到了不可替代的辅助作用。犯罪并不仅仅是对国家、社会利益的侵害，更是直接体现在对具体的被害人、社区和双方之间的社会关系的侵犯。在“国家—犯罪人”的二元式对抗模式下，刑罚的适用旨在实现对犯罪的惩罚预防以及社会正义，于被害人权利的恢复毫无益处，以至于在刑事诉讼中缺乏被害人的角色设定，因而传统的以对犯罪分子适用刑罚为目的的刑事司法模式对于被害人权利的恢复并没有实质性意义。而非刑罚处罚方法中的赔偿损失、赔偿经济损失、赔礼道歉等措施是对因犯罪行为而遭受物质损失、精神损失的被害人在经济上、精神上予以补偿的措施，在犯罪分子的行为构成犯罪，需要判处刑罚的场合，此类非刑罚处罚措施的适用对刑罚在法益保护、被害恢复等方面起到了重要的补充和辅助作用。

其二，非刑罚处罚方法作为刑事责任实现的另外一种方式，是对传统的报应观念、泛刑罚化和社会本位的刑罚观的调整。重刑主义在我国传统法律文化中占据了主要地位，传统文化中刑罚观念主要体现为复仇、报应等内容。在这种刑罚观的指导下，重刑对于抑制犯罪的作用备受关注，《周礼·秋官·大司寇》中说道：“刑新国用轻典，刑平国用中典，刑乱国用重典。”在量刑上“以刑止刑，以杀去杀”，通过严刑峻法提高刑罚的威慑效能，使民众不敢于犯罪，因而量刑从重，并且刑罚种类繁多，肉刑以及死刑罪名丰富，不仅如此，属于民事领域的社会关系也通常由刑罚越俎代庖。重刑主义影响下的泛刑罚化在我国现代的刑事责任体系中也有所体现。一方面体现为较重的刑罚结构，我国学者将刑罚结构类型划分为五类，即以死刑为主导地位的刑罚结构，以死刑、监禁为主导的刑罚结构，以监禁刑为主导的刑罚结构，以监禁刑和罚金为共同主导的刑罚结构以及以监禁刑替代措施为主导的刑罚结构。[1] 这五类刑罚结构随着历史的发展由重至轻，显然当前我国以死刑和监禁刑为中心的刑罚结构属于其中的重型结构，尚未发展到当前西方国家以监禁刑和罚金刑为中心的轻刑结构。趋于轻缓是世界刑罚发展的必然趋势，减少使用重刑，提高轻刑特别是罚金刑的适用比重，重视非监禁刑的适用，是轻罚结构趋向合理化、和缓化的必然途径。另一方面，对于具有社会危害性的行为，立法者通常习惯于用刑罚来加以惩罚、遏制，但实际上，并不是所有的具有社会危害性的行为都需要由刑罚调整，很多行为完全可以由民事、行政法规加以规范。[2] 对此应当重视长期以来被忽视的非刑罚观念，注重刑法的保障与保护功能。“非刑罚化是一个立法推向司法的命题。”[3] 在量刑时应当严格把握刑罚的适用条件，对于采用民事措施、行政措施、教育措施等足以达到惩罚与预防犯罪作用的，应当少用、慎用刑罚，多采取刑罚以外的较为轻缓的措施。立法中对非刑罚处罚方法的规定是推进非刑罚化的前提，我国《刑法》第 37 条虽然规定了免予刑事处罚的非刑罚处罚方法，但是《刑法》第 2 条明确提出：“中华人民共和国刑法的任务，是用刑罚同一切犯罪行为作斗争，以保卫国家安全，……”刑罚的作用受到了过度的期待，严重限制了非刑罚处罚方法的适用空间，加之非刑罚处罚方法在刑法典中的地位是附属于刑罚种类的，法律规定也并没有形成完备的制度性、体系性的规定，导致非刑罚处罚方法在司法实践中的适用并未发挥对于非刑罚化、非监禁刑化的效用，对此，我们应当反思，重

---

〔1〕 参见储槐植：“试论刑罚机制”，载杨敦先、曹子丹主编：《改革开放与刑法发展——1992 年刑法学术研讨会论文精选》，中国检察出版社 1993 年版，第 148 页。

〔2〕 参见吴宗宪主编：《中国刑罚改革论》（上册），北京师范大学出版社 2011 年版，第 41 页。

〔3〕 赵贵龙：“论非刑罚化思想在司法中的价值定位”，载《人民司法》2002 年第 7 期。

视非刑罚处罚方法作为刑罚替代措施的价值。

第二，从适用主体上看，非刑罚处罚方法只能由人民法院直接或者间接适用。最广义的概念将非刑罚处罚方法定义为，司法机关依法对具备一定条件的犯罪嫌疑人、犯罪分子暂缓附条件使用刑罚，直接或间接适用刑罚以外的其他处罚方法的总称。[1] 根据这一概念，非刑罚处罚方法的适用主体不仅包括人民法院，也包括人民检察院，2012 年 11 月 22 日最高人民检察院颁布的《人民检察院刑事诉讼规则（试行）》第 409 条规定，人民检察院决定不起诉的案件，可以根据案件的不同情况，对被不起诉人予以训诫或者责令具结悔过、赔礼道歉、赔偿损失，以及建议主管机关给予行政处罚、行政处分。从上述规定来看，人民检察院对决定不起诉的案件采取的措施，在形式上与刑法所规定的非刑罚处罚方法的各类具体措施相同，因而有观点认为人民检察院也是可以适用非刑罚处罚方法的有权机关。本书不赞同这一观点，原因如下：

其一，不起诉决定是人民检察院作为公诉机关所行使的控诉职能的基本范畴，对于不符合提起公诉条件的，人民检察院自然依职权不提起公诉，所谓的不起诉决定，是公诉机关依职权对案件所作出的程序上不予追诉的处分，[2] 而并不是在实体上对犯罪人的行为作出认定，更不等同于无罪处理。

其二，对于不起诉的案件，人民检察院采取的责令具结悔过、赔礼道歉、赔偿损失等措施也同样不属于对犯罪人的实体处理，因为承担公诉职能的人民检察院并不具有定罪量刑这种对于犯罪人人身、财产限制、剥夺的决定权，上述措施只是人民检察院在终止诉讼程序后所采取的一种结案方式。而非刑罚处罚方法是刑事责任的

---

〔1〕 朱俊：“论非刑罚处罚方法”，载《武汉大学（哲学社会科学版）》2005 年第 6 期。

〔2〕 陈卫东、李洪江：“论不起诉制度”，载《中国法学》1997 年第 1 期。

实现方式之一，与刑罚一样都是对犯罪人所作出的实体性的处分，都是审判机关对于犯罪之人给予的刑事法上的法律后果，因而其适用主体只能是具有审判权的人民法院，其他的司法机关不具有这项权力。

第三，保安处分不属于非刑罚处罚方法的范畴。保安处分，是指法院根据刑法规定并按照法定程序，对实施了一定的危险行为并且具有人身危险性的行为人，采取与其人身危险性相适应的矫正、监禁隔离、教育感化等刑罚补充措施或替代措施，以实现预防犯罪和保护社会安全的目的。我国《刑法》第 17 条第 4 款规定的收容教养，第 18 条规定的强制医疗，第 38 条第 2 款、第 72 条第 2 款规定的禁止令，第 64 条规定的刑事没收等措施，在采取刑罚与保安处分二元式立法模式的国家中，都是作为保安处分规定的，而由于我国现行《刑法》并没有规定保安处分这一概念，学界通常将上述措施定位为“非刑事处理方法”“行政强制措施”，[1] 纳入广义的非刑罚处罚方法的研究范畴内。非刑罚处罚方法的最广义以及广义的定义就是持这一立场，将依据刑法规定“不负刑事责任”的特定对象采取的措施作为非刑罚处罚方法的一类。[2] 但是即便非刑罚处罚方法和保安处分的具体措施在实现方式上都具备非刑罚的属性，由于二者在性质上存在根本性的差异，不应仅依据其所共有的非刑罚性质而将二者纳入同一概念的研究范畴。二者最根本的区别在于适用根据和目的不同，由此则产生在适用条件、适用对象、采取的措施等方面的差异。保安处分是以功利主义为根据，以预防犯罪为目的的处置措施，因而行为人的人身危险性是保安处分的依据和前提，行为符合犯罪的构成要件和违法性要件即可，至于其是否

〔1〕 参见高铭暄主编：《中国刑法学》，中国人民大学出版社 1989 年版，第 115 页；高铭暄、马克昌主编：《刑法学》，北京大学出版社、高等教育出版社 2005 年版，第 245 页。

〔2〕 陈灿平：“非刑罚处罚措施新议”，载《刑法论丛》2008 年第 3 期。

符合犯罪的全部构成要件、是否构成犯罪则并不一定。而非刑罚处罚方法作为刑罚的补充或者替代措施，并不是以未然之罪为考量的核心，仍然是以惩罚、预防和恢复为目的，在确定非刑罚处罚方法时依然是以已经发生的犯罪为评价对象。

（二）非刑罚处罚方法属于刑事责任的实现方式

"没有责任就没有犯罪，没有责任就没有刑罚"，与大陆法系在犯罪构成体系内探讨的责任不同，我国刑法理论中占据主导地位的刑事责任观点则主要是从犯罪的法律后果的角度加以界定的。刑事责任的定义众说纷纭，"义务说"将刑事责任界定为犯罪分子因其犯罪行为而承担的国家给予的刑事处罚的特殊义务；〔1〕"后果说"认为，刑事责任是指犯罪人因其所实施的犯罪行为而导致应当承受的不利后果；〔2〕"谴责说"认为，刑事责任是国家根据刑法对犯罪人以及犯罪行为所作出的否定性评价或者谴责；〔3〕"国家强制说"将刑事责任定义为，国家机关依照法律规定，根据犯罪行为以及其他能说明犯罪行为的社会危害性事实，强制犯罪人负担的法律责任。〔4〕无论是"义务说""后果说""谴责说"，还是"国家强制说"，各类刑事责任的定义都是围绕犯罪的法律后果这一核心概念作出的，只是在表述上各有侧重，但是究其根本都彰显出对犯罪行为的否定性评价和犯罪接受国家否定评价的义务性。〔5〕正如马克昌教授所指出的："不论是在刑法的规定上，还是在刑法学的理论

---

〔1〕张京婴："也论刑事责任——兼与张令杰同志商榷"，载《法学研究》1987年第2期。

〔2〕夏红军："刑事责任概念刍议"，载《湖北经济学院学报（社科版）》2008年第2期。

〔3〕参见曲新久："论刑事责任的概念及其本质"，载《政法论坛》1994年第1期。

〔4〕吴宗宪："试论我国刑法学总论的完善"，载《法学与实践》1987年第3期。

〔5〕参见高永明、万国海："刑事责任概念的清理与厘清"，载《中国刑事法杂志》2009年第3期。

上，人们对刑事责任都是作为犯罪的法律后果来理解的。”[1] 这种将刑事责任理解为犯罪的法律后果的观点是由我国刑事立法规定直接影响的，我国《刑法》是在犯罪的法律后果的意义上适用刑事责任这一概念，而不同于大陆法系的“有责性”“责任”概念，《刑法》第二章第一节“犯罪和刑事责任”中，第 14 条第 2 款规定“故意犯罪，应当负刑事责任”，第 15 条第 2 款规定“过失犯罪，法律有规定的才负刑事责任”，第 18 条第 2 款、第 4 款分别规定“间歇性的精神病人在精神正常的时候犯罪，应当负刑事责任”，“醉酒的人犯罪，应当负刑事责任”，等等。该节大量的“应当负刑事责任”“不负刑事责任”的规定都是指犯罪应当负担的法律后果。

事实上，无论是以引起责任的不法行为的性质，还是以违反的部门法的性质作为划分法律责任的标准，将法律责任分为民事责任、行政责任以及刑事责任是不存在争议的。作为种概念的法律责任，如凯尔森所定义的，一个人在法律上对一定行为负责或者承担法律责任，意味着如果做出不法行为他应当受制裁。[2] 通常所说的法律责任就是指由于实施了一定的不法行为而产生规范上的制裁后果，尽管部门法中的“责任”“不法”等概念存在理解上的分歧，用语也并不统一，但是法律责任作为部门法责任上的位概念具有规范性意义，对民事责任、行政责任、刑事责任的理解倘若脱离了法律责任的通常含义，不仅会造成用语上的混乱、复杂，而且远离大众语境中的“责任”概念，导致责任—法律责任—刑事责任等部门法责任逻辑链条的断裂。而随着大陆法系刑法理论以及刑法学著作的不断引入，主观上的责任、有责性概念逐渐进入我国学者的

---

〔1〕 马克昌：《比较法原理》，武汉大学出版社 2002 年版，第 194 页。

〔2〕［奥］凯尔森：《法与国家的一般理论》，沈宗灵译，中国大百科全书出版社 1996 年版，第 65 页。

视野，对于责任理论的研究从刑事责任理论开始向责任主义转向，[1] 如有学者对我国刑法理论中所讨论的作为犯罪的法律后果的刑事责任的概念持批判态度，认为此概念在内容上具有空洞以及形式化的流弊，因而主张引入主观范畴中的可遣责性意义上的刑事责任概念。[2] 本书也赞同在犯罪构成、主观罪过的领域内探讨责任，但是并不认同刑事责任的空洞性弊病，因为根据这一批判，刑事责任仅仅是一个形式化的概念，而并不具有实质性意义，其内容完全可以被刑罚论所取代，如此非刑罚处罚方法在刑法体系中则完全没有容身之所。即便我国现行《刑法》对非刑罚处罚方法规定极为贫弱，仅有第 36 条、第 37 条两条规定，且寄居于第三章“刑罚”的内容之中，但是非刑罚处罚方法本身的地位是不容忽略的，特别是在世界刑罚改革的轻缓化、非刑罚化背景下，否认刑事责任的后果性显然与这一趋势背道而驰。正如将刑事责任完全实质化的王晨教授所指出的：“确立刑事责任理论在刑法学体系中的科学地位，有助于正确认识‘刑法’的性质。……在我国虽然被称作刑法，但是，由于重刑思想长期流行，有犯罪必有刑罚的观念根深蒂固，这就自然而然导致把刑法理解为刑罚法。事实上，在现代国家，犯罪并不必然导致刑罚，刑法中的‘刑’作为罪与刑（广义的）核心概念，其含义应该是指刑事责任。”[3]

在肯定刑事责任作为犯罪的法律后果的实质意义的基础上，罪、责、刑之间的关系应当做如下理解，刑事责任为犯罪所产生的法律责任，刑罚、非刑罚处罚方法均为刑事责任的实现方式，其中刑罚为最主要的刑事责任的实现方式，而非刑罚处罚方法为次要的、起辅助和替代作用的实现方式，即本书赞同罪责平行说。

---

〔1〕 陈兴良：“从刑事责任理论到责任主义——一个学术史的考察”，载《清华法学》2009 年第 2 期。

〔2〕 黎宏：“关于‘刑事责任’的另一种理解”，载《清华法学》2009 年第 2 期。

〔3〕 王晨：《刑事责任的一般理论》，武汉大学出版社 1998 年版，第 115 页。

不可否认的是，与刑罚相比，非刑罚处罚方法在内容、适用范围、严厉程度上都难以与刑罚比肩，因而有学者质疑刑事责任论代替刑罚论的合理性。如马克昌教授认为，罪责体系在逻辑上是正确的，但是与刑法立法不相符，刑法是以刑法—犯罪—刑罚的结构加以规定的，并且刑法理论的内容丰富、篇幅较大，而非刑罚处罚方法较之在内容、篇幅上都少，所以将二者置于等同地位并不合理。〔1〕陈兴良教授也指出，目前犯罪的法律后果主要还是刑罚，以刑事责任论取代刑罚论的理由并不充足。〔2〕应当承认的是，现行刑法的规定中非刑罚处罚方法所占比重的确较小，并且即使经过非刑罚化的充分发展也难以使其与刑罚的篇幅相当。但是，正是由于现行刑法对于非刑罚处罚方法规定得内容简单、程序缺失、不成体系，导致非刑罚处罚方法的适用条件有限，在司法实践中的适用面较窄，难以发挥其应有的价值。可以认为，刑事立法对于非刑罚处罚方法规定得简单粗疏，是立法之时对非刑罚处罚方法独立的法律地位的认识不足所致，这正是应当加以改变、完善之处，以不完备的刑事立法否认非刑罚处罚方法在刑事责任体系中的地位，这在现在看来是不恰当的。过于依赖刑罚、甚至将刑罚作为刑事责任的唯一途径是报应刑论、重刑主义的产物，自 21 世纪中期以来，由于犯罪学研究的长足发展，对于犯罪产生原因的深层研究和犯罪人的实证研究，与报应刑论相对的目的刑论意识到了传统刑罚的单调性、事后性、均一性以及消极性的局限，对以自由刑为核心的传统的刑罚结构进行了反思，主张刑罚一方面应当作为社会防卫的合理手段，另一方面也需要满足防止危害社会的人实施危害社会行为的目的，因而提出将犯罪非刑罚化处理以限制刑罚适用的泛滥化、重

〔1〕马克昌：“刑事责任的若干问题”，载《郑州大学学报（哲学社会科学版）》1999 年第 5 期。

〔2〕参见陈兴良：“从刑事责任理论到责任主义——一个学术史的考察”，载《清华法学》2009 年第 2 期。

刑化，运用保安处分以达到防卫社会的目的。如今非刑罚化、轻刑化已成为世界性刑罚改革的主题和重点，对世界各国的刑事立法产生了巨大的影响，在这样的背景下，非刑罚处罚方法的地位逐渐得到了重视，扭转了传统的刑罚作为犯罪唯一的法律后果的理念，形成了一种多元化的、更具有针对性的犯罪法律后果的模式。肯定非刑罚处罚方法独立的法律地位，承认其作为刑事责任的实现方式之一，是非刑罚化运动在我国刑罚趋重的形势下所带来的轻刑化的要求。

回顾我国刑事立法演进的历程就可以看出，非刑罚处罚方法应是定位于刑事责任体系之中的，并且非刑罚处罚方法在我国刑事法治建设的过程中从未被忽略过。早在 1950 年 7 月 25 日进行的刑法典的起草工作，由中央人民政府法制委员会主持完成的《中华人民共和国刑法大纲草案》中，就写入了赔偿损失的规定，并将其作为刑罚的一种。[1] 虽然该稿并未提上立法程序，但是这一规定对刑法典的正式起草工作具有一定的影响。第 22 稿刑法典草案，规定了对于情节轻微不需要判处刑罚的犯罪分子，可以予以训诫。与《中华人民共和国刑法大纲草案》的规定不同的是，训诫没有作为刑罚的种类加以规定，而是被当作一种强制性的教育方法。在对第 22 稿的修改中，吸收了实践中行之有效的具结悔过、取保、赔礼道歉、赔偿损失的方法，并将其列入第 33 稿的规定。1979 年《刑法》吸收了第 33 稿的规定，并略加修改，一是增加了“免予刑事处分”的表述，使其与“但书”的规定区别开来，并且表明条文中所列举的处理方法不是刑罚；二是删除了“取保”的规定；三是增加了“由主管部门予以行政处分”的规定。而责令赔偿损失，就其性质而言应属于刑事附带民事的强制处分，但是适用于免予刑事

---

〔1〕 参见高铭暄主编：《刑法学原理》（第 3 卷），中国人民大学出版社 1994 年版，第 103 页。

处分的人，那么对于被判处刑罚的犯罪分子能否责令赔偿经济损失？为了解决这一问题，《刑法》就在第32条之前增设一条。[1] 于是，1979年《刑法》对于非刑罚处罚方法的规定则落实于第31条、第32条之中。[2] 1997年刑法典基本沿用了1979年《刑法》关于非刑罚处罚方法的规定，只是在用语上更加科学，将“免予刑事处分”修改为“免予刑事处罚”，并且增加了“行政处罚”这一措施。

（三）非刑罚处罚方法与刑罚体系的关系

刑罚体系是指为了发挥刑罚的功能、实现刑罚目的，由刑法明文规定的各种刑罚种类的有机统一。[3] 更为细致的定义，如有学者所述的刑罚体系是指国家的刑事立法以有利于发挥刑罚的积极功能、实现刑罚目的为指导原则，选择刑种、实行分类并依其轻重程度排成的序列。[4] 即对刑罚体系内涵的理解，至少要从两个层面加以考虑，一是刑罚体系所包含的刑罚方法都有哪些；二是这些刑罚方法是以怎样的逻辑关系相互作用并架构成为一个体系的，即刑罚体系包含了刑罚种类与刑罚结构这两个要素。无论是刑罚的种类还是刑罚结构都不是一成不变的，正如贝卡利亚所指出的：“刑罚的规模应该同本国的状况相适应，……为了打倒一头狂暴地扑向枪弹的狮子，必须使用闪击。但是，随着人的心灵在社会状态中柔化和感觉能力的增长，如果想保持客观与感受之间的稳定关系，就应

---

〔1〕 参见高铭暄：《中华人民共和国刑法的孕育诞生和发展完善》，北京大学出版社2012年版，第40～41页。

〔2〕 第31条规定：“由于犯罪行为而使被害人遭受经济损失的，对犯罪分子除依法给予刑事处分外，并应根据情况判处赔偿经济损失。”第32条规定：“对于犯罪情节轻微不需要判处刑罚的，可以免于刑事处分，但可以根据案件的不同情况，予以训诫或者责令具结悔过，赔礼道歉、赔偿损失，或者由主管部门予以行政处分。”

〔3〕 陈兴良：《本体刑法学》，中国人民大学出版社2011年版，第524页。

〔4〕 张明楷：《刑法学》，法律出版社2011年版，第466页。

该降低刑罚的强度。”[1] 刑种以及刑罚轻重的选择受到特定的时间、地点的社会环境以及犯罪态势的直接影响，犯罪不仅仅是社会现象，也是历史现象，尽管各个国家的刑法所规定的刑罚体系不尽相同，但是与人类社会发展的大趋势相适应，刑罚总体都是在向人道性、轻缓性趋同，轻刑化是历史发展的总趋势。

非刑罚处罚方法与刑罚体系的关系如何，域外的立法例存在两类规定：一类是将非刑罚性质的制裁措施规定在刑罚种类中，例如，《俄罗斯联邦刑法典》第47～51条所规定的剥夺担任一定职务或从事某种活动的权利，剥夺专门称号、军衔或荣誉称号、职衔和国家奖励，强制参加社会公益劳动、劳动改造，限制军职等方法。[2]《苏俄刑法典》第29条、第31～33条将剥夺担任一定职务或从事某种活动的权利、撤职、责令赔偿所造成的损害、公开训诫规定为刑罚种类。[3] 美国刑法中，赔偿、参加社区服务都属于刑罚的种类，其中赔偿具有两种含义，即对社会的赔偿以及对被害人的赔偿。[4] 我国台湾地区“刑法”中将褫夺公权、没收、追征、追缴以及抵偿规定为刑罚方法，属于从刑的范畴。恢复原状、损害赔偿、命令停工或停止营业等附属刑法规定的方法，则属于刑罚与保安处分以外的犯罪的法律后果，但是实践中尽管有责令恢复原状的判决，但因责令恢复原状被认为属于行政机关范围的事项，法官无权加以援用而撤销判决，故而认为此类措施并不属于犯罪的法律

[1] ［意］贝卡利亚：《论犯罪与刑罚》，黄风译，中国大百科全书出版社1993年版，第44页。

[2] 黄道秀译：《俄罗斯联邦刑法典》，北京大学出版社2008年版，第18～21页。

[3] 马克昌主编：《刑罚通论》，武汉大学出版社2002年版，第731页。

[4] 20世纪70年代初，美国有些州如明尼苏达、加利福尼亚、夏威夷、伊利诺伊、纽约、马萨诸塞、马里兰等，建立了赔偿被害人制度，包括犯罪人赔偿、国家与犯罪人共同赔偿以及国家赔偿三种模式。参见储槐植：《美国刑法》，北京大学出版社2005年版，第243～244页。

后果，而采用了“割裂式的司法”模式。[1]

另外一类是将非刑罚处罚措施置于刑罚种类之外，是与刑罚相并列的其他处罚方法。例如，《匈牙利刑法典》将犯罪的法律后果分为刑罚和其他处置措施这两类，其他处置措施包括训诫、缓刑、强制医疗、酗酒强制治疗、没收、没收财产、交缓刑官监管、与法人刑事责任有关的制裁，其中前三项措施可以替代刑罚而独立适用，但是参加公益劳动被规定为刑罚方法且为主刑的一种。《瑞典刑法典》第二十七章将非刑罚性质的制裁方法规定为“附条件之刑”，附条件之条件包括参加社区服务、无偿劳动、责令赔偿犯罪造成的损害、帮助受害方修复或弥补损害等方法。[2]《德国刑法典》采取二元论的模式，刑罚与保安处分并行，收容于精神病院、收容于戒除瘾癖的机构、保安监督、行为监督、吊销驾驶证、职业禁止等措施属于保安处分措施，而损害赔偿、行为人与被害人和解则属于量刑情节。[3]《意大利刑法典》将非刑罚性质的处罚措施规定在民事措施与行政保安处分中，与刑罚并列，其中民事措施包括返还和赔偿损失、通过公布处罚判决弥补损害等。

我国现行《刑法》所规定的刑罚体系，根据《刑法》第 32 条的规定，刑罚分为主刑与附加刑两类，主刑包括管制、拘役、有期徒刑、无期徒刑和死刑，附加刑包括罚金、剥夺政治权利以及没收财产，即第 32 条规定了刑罚的种类分为主刑与附加刑，第 33 条、第 34 条分别规定了主刑和附加刑的种类，那么按照通常的理解，刑罚的种类就仅限于第 33 条、第 34 条所规定的五种主刑和三种附加刑。但是矛盾之处在于，第三章第一节节标题为“刑罚的种类”，包括了第 32 ~ 37 条共 6 条规定，即除了第 32 ~ 34 条规定的刑罚的

---

〔1〕 转引自林山田：《刑罚通论》（下册），北京大学出版社 2012 年版，第 262 页。

〔2〕 陈琴译：《瑞典刑法典》，北京大学出版社 2005 年版，第 53 ~ 54 页。

〔3〕 徐久生、庄敬华译：《德国刑法典》，中国方正出版社 2004 年版，第 17 页、第 27 页。

种类、主刑的种类以及附加刑的种类以外，“刑罚的种类”这一节之中还规定了驱逐出境、赔偿经济损失与民事优先原则、免予刑事处罚与非刑罚处罚措施，显然，第三章第一节的节标题“刑罚的种类”与第32条“刑罚的种类”相抵触，节标题下刑罚种类的要素包含了第32条刑罚种类的要素。由此则带来两个难以解释的问题，即为什么同样使用了“刑罚的种类”这一概括性标题，但其所涵盖的内容却完全不同？驱逐出境、赔偿经济损失以及免予刑事处罚的法律后果是否属于刑罚种类，其与第32条所规定的刑罚的种类是何关系？

对于这些问题，我国通说并没有给以正视，自然而然地以刑罚的种类包括主刑与附加刑的规定作为刑罚体系的内容加以论述。例如，在界定刑罚体系时，学界称我国刑法中的刑罚分为主刑和附加刑，我国刑法中的刑罚体系主刑和附加刑是按照各自的严厉程度由轻到重依次排列的，该教材的结构内容也是与刑法规定类似，一方面否定非刑罚处罚方法属于刑罚种类，另一方面在“刑罚的体系和种类”这一章之中专设一节“非刑罚处理方法”，即非刑罚处罚方法的性质如何仍然没有得以明确。〔1〕另一类著述虽然也肯定了刑罚的种类分为主刑和附加刑，不包含非刑罚处罚方法在内，但是在刑罚论体系的编排上否认了这一观点，将非刑罚处罚方法和保安处分设为一章，原因在于作者认为这二者属于刑罚的补充，但不是刑罚，本来由于两者都是刑罚的补充，基于连类而及的原则，应当在刑罚论中加以论述，但是由于两者不是刑罚，本着内容与论题相一致的原则，将其放在刑罚论正文之后加以论述。〔2〕即在著述的编排体系上也坚持了刑罚与非刑罚方法并列的逻辑关系。

---

〔1〕参见高铭暄、马克昌主编：《刑法学》，北京大学出版社、高等教育出版社2005年版，第246～265页。

〔2〕参见马克昌主编：《刑罚通论》，武汉大学出版社2007年版，第74～75页。

通过考察非刑罚处罚方法的立法沿革，不难看出，就非刑罚处罚方法的法律地位而言，我国的两部刑法典都将非刑罚处罚方法规定于第三章“刑罚”的第一节“刑罚的种类”中，1979 年《刑法》第 27 条和现行《刑法》第 32 条也都规定了刑罚分为主刑和附加刑，显然新旧两部刑法典对于非刑罚处罚方法的定位是一致的，认为其似乎属于刑罚种类又不属于刑罚种类。对于这一逻辑上的混乱关系，有观点认为，立法者之所以将非刑罚处罚方法规定在刑罚种类这一节之中，是由于二者并不是完全对立、不相兼容的矛盾体，而是相辅相成、对立统一的，它是以人权保障为基点、贯彻刑罚轻缓化的方法，是对刑罚的有益补充。[1] 应当说，非刑罚处罚方法是刑罚的有益补充这一观点是应当肯定的，非刑罚处罚方法所具有的刑罚轻缓化和刑罚个别化的价值也是毫无疑问的，但是，立法者将非刑罚处罚方法置于刑罚的种类之中，恐怕原因并不在于贯彻刑罚轻缓化，并且法条间逻辑的矛盾一定程度上也影响了非刑罚处罚方法的适用。

本书认为，之所以存在这一问题，根本原因在于立法者并没有重视非刑罚处罚方法的独立的法律地位。考察当时的立法背景可知，在立法时，犯罪所造成的财产损害是缺乏民法的相关规定的保障的。为了解决这一问题，立法者才在刑法中规定了此类民事措施以及行政措施，至于非刑罚理念、非刑罚方法对于犯罪制裁的多元化、轻缓化价值并没有得到充分的认识和重视。并且非刑罚处罚方法只有两条原则性法条予以规定，适用犯罪范围较窄、可操作性较低，其在内容、篇幅上都难以与刑罚相当，倘若将其与刑罚并列规定，在内容上显得过于单薄，因而将其规定于“刑罚的种类”这一节中。实际上，在多年的司法实践中非刑罚处罚方法使用率不高，并且实施质量较低，除了赔偿损失以外，其他的非刑罚处罚方法基

〔1〕 参见刘志刚：“非刑罚处罚制度研究”，武汉大学 2012 年博士学位论文。

本空置。例如，根据武汉的一项调查，三个基层法院三年中免予刑事处分适用训诫、责令悔过、赔礼道歉和赔偿损失四种非刑罚处罚方法的只有6人，仅占免刑被告人的6.7%，其中一个法院没有适用过非刑罚处罚方法，均一放了之。[1] 非刑罚处罚方法的使用率低、操作性差的特点直接源于立法对非刑罚处罚方法定位不明确、非刑罚处罚方法地位没有得到重视，在刑事政策轻刑化、非刑罚化发展的今天，旧有的立法模式显然严重地阻碍了我国的非刑罚化进程，这不仅仅是由于立法技术的不成熟，更主要是在观念上仍保有传统的重刑化、刑罚至上的理念。

也有学者主张非刑罚处罚方法属于刑罚手段多元化的表现，刑罚不应当理解为对他人人身自由、财产、生命等权益的最严厉的强制性制裁方法，而只是犯罪行为的法律后果，刑罚规定的所有因对犯罪的谴责而对行为人所科处的痛苦和损害，都可以说是刑罚。黎宏教授认为刑罚以对犯罪的报应为本质，以痛苦、恶害为内容，它所强调的是犯罪行为的法律后果的特征，而不在于其本身比其他制裁措施更为严厉，因此，严厉性并不是刑罚的基本特征。刑罚的内容本来就没有什么固定的内涵，完全取决于刑法的规定。特别是在20世纪六七十年代开始风行非刑罚化观念之后，用本来意义上的刑罚以外的制裁措施代替刑罚已经成为一种倾向，例如社会服务、民事赔偿、担保、向受害人赔礼道歉、具结悔过、公开训斥、行政处罚等措施，虽然和民事、行政处罚没有什么区别，但是由于其是犯罪行为的法律后果，以存在犯罪行为为前提，在一开始就包含了道义谴责的内容，带有道义惩罚的性质，因而与刑罚具有同样的属性。因而黎宏教授认为在这样的形势下仍然将“罚”理解成“刑

---

〔1〕 朱俊：“非刑罚处罚方法”，载《法庭内外（武汉市中级人民法院机关刊，内部资料）》2005年第4期。转引自陈灿平：“非刑罚处罚措施新议”，载《刑法论丛》2008年第3期。

罚”是不合时宜的，刑罚是“罚”，但“罚”不是传统意义上的刑罚。[1]

黎宏教授对刑罚概念进行了扩张，将犯罪的法律后果都定义为刑罚，这种观点突破了现有的对刑罚理论研究的范畴，是一种先进的且具有远见的刑罚观念，具有强烈的启发意义。根据这一观点，非刑罚处罚方法作为刑罚方法的一种是毫无疑问的。本书十分赞同黎宏教授对于犯罪制裁措施多元化的主张，也赞同非刑罚处罚方法应当是犯罪的法律后果之一，且在刑罚轻缓化进程中具有重要的地位和作用，但是将非刑罚方法上升为刑罚方法恐怕在现阶段来说走得过快，并且也难以用现行立法规定来肯定非刑罚处罚方法的刑罚性质。非刑罚处罚方法在犯罪治理中所具有的轻缓性、恢复性的作用，使其对于刑罚结构轻重有所影响，而根据各国立法实践不同非刑罚处罚方法成为了犯罪治理的重要方法或者是刑罚体系的重要组成部分。如上文所述，不少国家已经将非刑罚处罚方法刑罚化，刑法如何规定的，刑罚体系就是怎样的，这一点是没有疑问的。但是根据我国现行刑法，并不能明确地界定非刑罚处罚方法是刑罚方法还是其他性质的措施，对此，本书认为将非刑罚处罚方法作为与刑罚并列的刑事责任实现方式是比较合适的，具体理由如下：

第一，以系统方法的视角来看，非刑罚处罚方法是难以纳入现行的刑罚体系中的。肯定刑罚属于刑罚种类所依据的第 36 条、第 37 条规定的非刑罚处罚方法规定于第三章第一节“刑罚的种类”之中，而否定非刑罚处罚方法的依据则为《刑法》第 32 条规定的刑罚分为主刑和附加刑。对于这一问题，可以从系统的视角进行分析。所谓系统，如果从元素之间的相互作用形成的整体性上来看，系统是相互联系、相互作用的诸元素的综合体。系统具有以下特征：多元性，即系统是由至少两个元素所组成的；相关性，同一系

---

〔1〕 参见黎宏：《刑法学》，法律出版社 2012 年版，第 331～332 页。

统的不同元素之间按一定方式相互联系、相互作用，不存在与其他元素毫无联系的孤立元素；整体性，多元性加上相关性，产生了系统的整体性和统一性，“整体大于部分之和”。[1] 系统方法的突出特点是强调整体性，把研究对象作为一个由不同元素相互作用而成的结构整体，来考察元素与系统、部分与整体以及系统与外部环境的关系。就刑法体系而言，刑罚是其中的一个子系统，但是就刑罚自身来说，它也是一个完整、独立的系统。刑罚结构的合理与否，对我国刑法发挥其保护法益、保障人权功能具有重要的影响，因而非刑罚处罚方法地位的确定，对于刑法功能的发挥、刑法目的的实现具有重要意义。

刑罚体系各要素也即刑罚种类之间应当是相互关联的、协调的。如上文所述，非刑罚处罚方法和刑罚方法存在质的差别，并且我国所规定的刑罚方法，在对受刑人造成痛苦程度上存在轻重之分，主刑和附加刑都是按照各自的严厉程度进行由轻至重的排列，各刑种之间形成了轻重有序衔接、梯度较为合理的刑罚体系。[2] 但是非刑罚处罚方法则不能够像刑罚方法形成序列的轻重之别，非刑罚处罚方法内部的各种措施也不具有处罚轻重上的衔接性，也即非刑罚处罚方法的适用并不是按照犯罪行为的严重程度而选择在处罚轻重上与之相适应的措施，刑罚与非刑罚处罚方法在适用标准上并没有形成有序组合的结构。并且，根据“整体大于部分之和”命题，整体需要具有部分及其总和所没有的性质、特征、行为、功能等，以部分的性质或模式难以全面解释整体的性质和模式，倘若以刑罚和非刑罚处罚方法作为元素，相互之间互动进而激发出来的整体，其性质、作用应当包括并且大于刑罚、非刑罚处罚方法的任意

---

〔1〕 参见苗东升：《系统科学精要》，中国人民大学出版社 2010 年版，第 20～22 页。

〔2〕 参见高铭暄、赵秉志主编：《刑罚总论比较研究》，北京大学出版社 2008 年版，第 27 页。

一种元素的性质和作用，那么“刑罚的种类”这一整体包括“刑罚的种类”和“非刑罚处罚方法”这两项元素的命题，显然是不成立的。

第二，法条间的逻辑关系也难以证明非刑罚处罚方法属于刑罚种类。一项法律规范的规范意义不仅仅取决于该项规范的语言表达本身，同时也取决于刑法典的逻辑结构、体系安排，取决于它在刑法体系中的定位。我国现行的刑法典将总则与分则分为两编，另设附则与总则、分则相并列，编下按照法律规范的性质以及内容依次分为章、节、条、款、项，形成了统一的层次性整体。[1] 一般来说，节标题统摄节下所设各条文所表达的刑法规范，条文是刑法规范的基本要素，依其共性而形成节，是对某一节内容的具体表达和阐释。那么应当说，置于第三章第一节下的第 36 条、第 37 条同样属于刑罚种类的构成要素，与主刑、附加刑性质相同、地位相当。但是如前所述，这与第 32 条的规定相矛盾，并且这一矛盾难以协调。根据矛盾律的基本内容，在同一思维过程中，两个互相否定的思想不能同为真，即不能 A 并且非 A。“刑罚的种类分为主刑和附加刑”这句规定意味着“非刑罚处罚方法不属于刑罚种类”，此为 A，与“非刑罚处罚方法属于刑罚种类”（非 A）是矛盾的，两个互相矛盾的命题其中至少一个是假的。“在排除矛盾的方法中，最简单的方法就是去确认这两个互相矛盾的语句里，哪个语句应当排除另一个语句。”[2] 那么究竟是第三章第一节的内容安排为真，还是第 32 条“刑罚的种类分为主刑和附加刑”为真？这需要对非刑罚处罚方法和刑罚的性质作出进一步的分析。

第三，非刑罚处罚方法虽然也表现出一定的惩罚性和谴责性，

---

〔1〕 参见陈兴良：《本体刑法学》，中国人民大学出版社 2011 年版，第 9 页。

〔2〕［德］英格博格·普珀：《法学思维小学堂：法律人的 6 堂思维训练课》，蔡圣伟译，北京大学出版社 2011 年版，第 78 页。

同样也能够使犯罪人感到痛苦、认识到恶害的内容，但是与刑罚在质与量上仍然存在较大的差别：

其一，目的不同。刑罚作为对犯罪人最主要、最严厉的处罚方式，其目的是通过使犯罪人增加新的负担、对犯罪人的某种权利加以剥夺或者限制，表达国家对于犯罪的谴责和否定性评价，维护法律规范的效力和尊严，因而刑罚所表现出来的惩罚程度是最严厉的，刑罚不仅可以剥夺犯罪人的财产、政治权利，还能够剥夺犯罪人的人身自由甚至生命，掌握着生杀予夺大权。而非刑罚处罚方法具体表现为民事制裁措施以及行政制裁措施，以赔偿损失、赔礼道歉为代表的民事制裁措施，其主要目的在于消除民事侵权行为对被害人所造成的损害，即集中于恢复性、补偿性，而通过恢复措施使得犯罪人得到财产上的不利益进而使其产生痛苦，这种惩罚目的是附随于恢复性措施而实现的。而行政制裁措施的主要目的在于对违法行为的纠正，更加着眼于事前的遏制与预防，通常行政处罚或行政处分是针对尚未造成实际损害，或者已经造成了实际损害但是这种损害是可以得到纠正和弥补的行为，如超载运输行为，而刑罚所针对的则是已经造成严重损害，并且这种损害是不可逆的行为，如超载运输造成重大交通事故的行为。

其二，目的不同，因而处罚措施的确定标准也存在差异。“无犯罪则无刑罚”，责任主义是量刑的前提和限度，刑罚的裁量以责任为限，且要以犯罪的主观恶性与犯罪的社会危害性为标准，即刑罚要与犯罪人的应受责难程度与犯罪行为造成的客观危害相适应。而非刑罚处罚方法并不是一个性质统一的制度，其中民事制裁措施以填补损害为目的，因而赔偿额以行为所造成的实际损害为标准，对于犯罪人来说只是丧失其违法所得，并没有对其造成额外的负担。而行政处罚，根据《行政处罚法》的规定，行政处罚要与违法行为的事实、性质、情节及社会危害程度相当，即所谓的“过罚相当”原则，以罚款为例，主要针对有过错或者有损失的情形，定位于事后的处罚，其罚款的性质类似于“赔偿”。[1] 无论是民事制裁还是行政制裁措施都更加侧重于客观行为的性质和所造成的损害后果。

其三，刑罚具有一身专属性，是针对犯罪人个人的惩罚与教育措施，因而无论什么种类的刑罚方法都只能由犯罪人一人负担。以罚金刑为例，罚金刑虽然也是以缴纳财产为内容的刑罚方法，但是应当以犯罪人为适用对象，避免由犯罪人的亲属缴纳罚金，否则犯罪人难以有受刑的观念。并且由于罚金是对个人的惩罚措施，因而罚金的确定应当考虑犯罪人的实际经济状况或潜在的经济能力，甚至在特殊情况下，由于遭遇不能抗拒的灾祸而难以缴纳罚金的，还可以减少甚至免除。但是，非刑罚处罚方法由于具有恢复性的一面，所以赔偿损失金额的确定是以客观上的损害结果为唯一标准的。赔偿金是客观的，且可以由犯罪人亲属代为偿付，当然其他不以财物为内容的处罚方法仍然只能由犯罪人个人承担。即非刑罚处罚方法并没有受到一身专属性的严格限制，这正是因为虽然同为犯罪的法律后果，但是非刑罚处罚方法仍然具有民事制裁措施和刑事制裁措施的性质。

第四，将非刑罚处罚方法纳入刑罚体系，与现行刑法的其他条文难以协调。我国现行《刑法》条文都是在传统的刑罚意义上使用“刑罚”“处罚”等概念。例如，《刑法》第 37 条规定的非刑罚处罚方法是免除处罚的法律后果之一，所谓免除处罚实质上就是指免除刑罚，即对犯罪人不判处任何刑罚，如果将非刑罚处罚方法也理解成为刑罚的种类，那么免除处罚的法律后果就仅仅是单纯宣告有罪，无论是主刑、附加刑等传统刑罚还是刑罚以外的其他处罚方法都得以免除，没有非刑罚处罚方法的适用空间，这显然与非刑罚处

〔1〕 许传玺：“行政罚款的确定标准：寻求一种新的思路”，载《中国法学》2003 年第 4 期。

罚方法的宗旨不相符合。此外，刑法所规定的从轻处罚、从重处罚、减轻处罚，都是在传统“刑罚”的意义上在法定刑的限度内、法定刑以下从轻、从重或者减轻处罚，不涉及非刑罚处罚方法的从轻、从重、减轻。再如，将非刑罚处罚方法纳入刑罚种类，也会导致前科制度适用范围的扩大。我国《刑法》第100条规定：“依法受过刑事处罚的人，在入伍、就业的时候，应当如实向有关单位报告自己曾受过刑事处罚，不得隐瞒。”《刑法》虽然没有明确规定前科制度，但是却规定了前科报告义务，适用的对象为受过刑事处罚的人，那么刑罚种类的扩大则意味着负有前科报告义务的犯罪人的范围也被扩大了。然而，倘若免除处罚、仅判处非刑罚处罚方法也构成前科，则意味着只要人实施了犯罪行为，任何情况下该犯罪人都是不会被原谅的，而受到非刑罚处罚的犯罪人的人身危险性已经得到了充分的评价，不足以对其科处刑罚，在这种情况下仍然构成前科显然是不合适的。并且我国目前尚未建立起前科消灭制度，有前科的犯罪人不仅仅依据刑法的规定具有向有关单位报告前科的义务，同时前科作为量刑情节，具有从重处罚的后果。此外，《教师法》《法官法》《检察官法》等规定，曾因犯罪受过的刑事处罚还会对获取部分职业资格产生不利的影响。因而，将非刑罚处罚方法作为刑罚种类会导致前科制度适用失之过宽，于犯罪人不利。

综上所述，在现阶段我国《刑法》对非刑罚处罚方法规定得种类少、内容单薄、操作性较差，以及刑罚这一概念的适用主要是指主刑和附加刑的现实情况下，不宜将非刑罚处罚方法纳入刑罚的种类中。本书认为，非刑罚处罚方法刑罚化也罢，自成体系也罢，只是各国立法实践的不同规定而已，刑法如何规定的，其刑罚的种类和内涵就是怎样的，是否纳入刑罚体系并不是影响非刑罚处罚方法实施效果的主要原因。对此，本书认为，虽然《刑法》第三章第一节标题为“刑罚的种类”，包含了第32～37条的各类处罚措施，但是根据第32条的规定，以及涉及“处罚”“刑罚”“刑事处罚”的其他条文规定来看，我国《刑法》实质上并没有将非刑罚处罚方法纳入到刑罚体系之中，刑罚仍然是指五种主刑和三种附加刑，第三章第一节的节标题是在立法时立法技术的粗疏所导致的语言使用不准确的结果。“任何系统中都存在反体制的趋势或力量，即存在该系统的否定因素或非系统因素，他们的存在价值就是压迫系统去完善自身。”[1]《刑法》规定的矛盾之处，正是对非刑罚处罚方法予以修订和完善的契机，对此，应当尽快建立起非刑罚处罚体系，将非刑罚处罚方法从刑罚论中分离出来，赋予其独立的法律地位，坚持罪责平行体系，将非刑罚处罚方法予以专节规定，完善其内容与程序规定，使其与刑罚并驾齐驱共同作为刑事责任的实现方式。在这一立场下，刑法典第三章章名相应地应修改为刑事责任或是犯罪的法律后果，将“刑罚的种类”与“非刑罚处罚方法”的种类分别以专节规定，如此才能够保证逻辑的通顺，同时赋予非刑罚处罚方法以独立的法律地位。

---

〔1〕 苗东升：《系统科学精要》，中国人民大学出版社2010年版，第50页。

▶ 第二章

刑法中的赔偿制度的基本理论

第一节　刑法中的赔偿制度的价值取向

一、由惩罚犯罪人向兼顾被害人保护的转变

犯罪和被害是一种正常的社会现象，人与人之间建立起各种社会关系时起就不可避免地产生纠纷与矛盾、侵犯与被侵犯，而人们对于犯罪人和被害人的态度、犯罪人和被害人两者的地位则是与社会生产力水平的发展息息相关的。这种变化过程是社会生产力由落后向发达、国家公权力逐渐取代个人在社会生活中占据主导地位所致。公力救济是与以犯罪人为中心的犯罪观念直接相关的，犯罪被视为侵害国家和社会法益的行为，而并不仅仅是被害人与犯罪人之间的私事，在对犯罪的追诉活动中被害人甚至不再是刑事诉讼的当事人，而只作为一种证据来源，公力救济“偷走”了作为刑事案件双方当事人的被害人与犯罪人之间的冲突，使得冲突隐而不显，销蚀掉被害人的个性，阻止了犯罪人与被害人之间的个人冲突，从而使得被害人不成其为人。[1] 然而犯罪这种社会疾病，“如果仅仅关注病变细胞而不关注被其侵噬的周边良性细胞，终将产生无法挽救

〔1〕 参见［德］汉斯·约阿希姆·施奈德主编：《国际范围内的被害人》，许章润等译，中国人民公安大学出版社 1992 年版，第 419 页。

的恶果”。[1] 可以说，人们对于犯罪的认识经历了以被害人为中心到以犯罪人为中心，再到重新重视被害人、追求被害人人权保障与犯罪人人权保障的平衡的过程。美国犯罪学家斯蒂芬·谢弗（Stephen Schafer）认为可以将这一过程分为三个时期，“第一个时期为被害人的黄金时代（golden age），日耳曼民族的‘血族复仇’、‘赎罪金’以及‘同态复仇思想’（以牙还牙、以眼还眼）在起作用。但是，随着近代法的完善，被害人的地位开始降低，进入了第二期即被害人的衰退期（decline）。现在，正在迎来所谓被害人的复活期（revival）”[2]。

被害人的“黄金时代”是以血族复仇为特点的古代社会，在同态复仇思想的作用下，被害人受到侵害时，其氏族内的其他成员就会进行报仇，对实施加害行为的人施以惩罚，或者以赔偿作为同态复仇的变通，双方同意以一定的数量的家畜或者金钱作为赔偿，订立和解契约后矛盾解除。日耳曼习惯法中也规定，因侵害而产生的被害人及其男性血族的复仇权利，只要加害人的亲属不自动将加害人逐出，就要对加害人承担防卫和保护的义务。[3] 在这一时期，被害人的损害通过或复仇或赔偿的方式填补，但都是被害人一方的自力救济措施，没有得到国家公权力的保障。被害人的“衰退期”出现在刑事责任与民事责任分离之后，刑罚权由国家独占，犯罪不再被认为是对个人权利的侵犯，而是对社会以及国家利益的侵犯，惩治犯罪的职责与刑罚权由国家承担，随着国家权力的逐步扩张，被害人的权利日益减少，更加注重对犯罪人的惩罚与改造，导致被害人的权利救济往往被忽视，另外，公诉制度的出现，也完全排除

〔1〕 兰跃军：《刑事被害人人权保障机制研究》，法律出版社2013年版，第65页。

〔2〕 Stephen Schafer, *The Victim and His Criminal: A Study in Functional Responsibility*, Random House, New York, 1968, p. 68. 转引自［日］大谷实：《刑事政策学（新版）》，黎宏译，中国人民大学出版社2009年版，第330页。

〔3〕 杨立新：《侵权行为法》，复旦大学出版社2005年版，第50页。

了自力救济手段在刑事案件中的运用，于是，进入了被害人权利的衰退期。直到 20 世纪 60 年代，“犯罪被害人是被刑事司法遗忘的人”这一观点逐渐获得共识，开始进入被害人的复活时期。

进入被害人的“复活时期”以来，各国对犯罪人的刑事政策都得到了长足的发展，这是以犯罪学的发展作为基础和前提的。早期的犯罪学单方面仅仅关注犯罪人一方，但随着对犯罪人研究的深入，逐渐遇到了瓶颈，学者们便将目光转向了犯罪的另一方——被害人，试图通过对被害人加以研究，了解并挖掘出潜在的被害人，使其不受犯罪侵害，以更好地与犯罪作斗争。1941 年德国犯罪学家亨蒂希在耶鲁大学发表的论文《被害人与犯罪人之间的互动关系研究》被认为是被害人学这门学科的诞生，在这篇论文中，他指出犯罪包括“被害人”和“罪犯”两个因素，并认为被害人通常是其受害的主要原因。同年，亨蒂希出版了《犯罪人和被害人》一书，从被害人作为犯罪原因的角度出发，对容易遭受犯罪侵害的被害人进行的类型划分和系统的研究，他指出：“越来越多的注意应当被放到被害人对犯罪的激发作用上……施动者和受动者之间关系全面的知识，将作为犯罪研究的新方法得到运用。”〔1〕以色列法学家门德尔松发表的《被害人学——生物、心理、社会学的一门新科学》一文中首次提出了“被害人学”这一概念，随后提出应当将被害人学作为一门犯罪学的平行学科独立出来。在这以后，犯罪学研究迅速在欧美地区发展起来，成为被害人和加害人相互作用理论。〔2〕被害人学这种完全不同于传统的以犯罪人为中心的犯罪学，引起了研究方式和研究重点的重大转变。

20 世纪 60 年代以后，被害人学的研究重点则不再限制于从犯

---

〔1〕参见申柳华：“德国刑法被害人信条学研究初论”，载《刑事法评论》2011 年第 1 期。

〔2〕［日］大谷实：《刑事政策学（新版）》，黎宏译，中国人民大学出版社 2009 年版，第 331 页。

罪原因角度研究被害人，对被害人的研究的目的也不仅仅是从另一个侧面预防犯罪，而是将目光转向对被害人的救济和保护上来，开始重视作为犯罪行为直接侵害的对象所遭受的权利侵害，从被害的实际情况来考虑对被害人予以救济。1967 年在美国进行，随后推广至全球的被害调查得出了以下一致的结论：①犯罪被害是一个普遍现象，但只有一小部分的犯罪行为被刑事司法制度所破获，犯罪被害人在犯罪控制中具有非常重要的作用。②被害人不仅通过犯罪本身遭受精神、社会、经济和肉体的损害，而且通过对于犯罪的正式或非正式的反应而受到损害，也就是二次被害。③正式的刑事诉讼与对犯罪的刑罚惩罚没有多大意义，国家为执行判决开支甚巨，而犯罪被害人所遭受的损害却没有得到赔偿。并得出结论：为了使罪犯、被害人和社会和睦安宁，有必要对被害人的精神、社会损害予以治疗，并让罪犯通过补偿损失的办法来参与对被害人的治疗，并认为强调被害人的地位，也是基于国家无力承担保护犯罪被害人的艰巨任务的原因，需要被害人在犯罪预防和控制中替社会承担一定的义务。〔1〕

被害人学的重大发展以及全球范围内的被害调查研究结果，促使世界各国在刑事政策与刑事立法中强调对被害人权利的保护。正如日本学者宫泽浩一教授所说的，“四十年来之岁月，对被害者学是激动的时代，亦为不断进步的时代”，从此，被害人权利救济受到了世界各国的高度关注，“成为多数国家制定新法制之动机”。〔2〕

例如，1982 年美国制定的《被害人和证人保护法》规定了法院可以对罪犯判处作为独立刑罚惩罚的补偿，以弥补被害人所遭受的损害，如果法院决定不选择这种方法则必须要提出一份书面声明

---

〔1〕 参见［德］汉斯·约阿西德·施奈德：《国际范围内的被害人》，许章润等译，中国人民公安大学出版社 1992 年版，第 419 ~420 页。

〔2〕［日］宫泽浩一：“被害人化及其对策”，载《刑事法杂志》第 32 卷第 1 期。转引自龙宗智：《相对合理主义》，中国政法大学出版社 1999 年版，第 45 页。

说明其动机。这些规定极大地提高了被害人在刑事诉讼中的地位。[1] 1984年出台的《犯罪被害人法》建立了“犯罪被害人基金”，1990年制定的《被害人权利及损害恢复法》规定了被害人的七项具体权利，[2] 1990年的《控制犯罪法》、1994年的《控制暴力犯罪和法律实施法》、1996年《被害人强制赔偿法》等逐步规定了犯罪人对于被害人应当承担的各项义务，2004年通过的《刑事被害人权利法》系统地规定了被害人的权利。[3]

英国存在两个重要的传统以保护被害人权利，即“私人起诉主义”和刑事赔偿制度。[4] 虽然，英国为被害人提供普通起诉权(general right of prosecution)，但是实践中限制得非常严格，实质上并没有给予被害人在刑事诉讼程序中的参与权，被害人只是以证人的身份参与刑事诉讼。在赔偿方面，1982年英国《刑事司法法案》规定了在法庭决定同时适用罚金和赔偿令，但犯罪人无法同时支付，法庭只执行赔偿令。1988年对该法案作出修订，如果法庭不适用赔偿令的，必须说明理由。[5] 1995年通过的《刑事损害赔偿法》规范了赔偿令制度，以法庭判决赔偿令的方式赔偿被害人的损失，赔偿令实质上是一种刑罚处罚，由国家强制力保证执行，且具有优先执行的效力。进入21世纪后，英国对被害人的保护有了巨大的进步，2002年签署的政府白皮书《所有人的正义》提出了刑

---

〔1〕 参见［德］汉斯·约阿西德·施奈德：《国际范围内的被害人》，许章润等译，中国人民公安大学出版社1992年版，第422页。

〔2〕 即受公平处遇即被尊重人格及隐私权；受合理保护，免被他人侵权；受通知法庭程序之权；除因被害人在场聆听他人证词足以影响其真实性外，被害人由于本案公安审判庭在场之权；向承办检察官咨询之权；损害回复请求权；被通知判决权。

〔3〕 参见程滔：《刑事被害人的权利及其救济》，中国法制出版社2011年版，第19页

〔4〕 参见杨诚、单民主编：《中外刑事公诉制度》，法律出版社2000年版，第70页。

〔5〕 魏彤：“欧美国家犯罪被害人在刑事诉讼中的地位”，载《中外法学》1996年第4期。

事司法改革的目标之一，就是向有利于被害人的方向重新平衡刑事司法体系的权利保护。2006 年颁布了《犯罪被害人操作法案》规定了司法机构提供给被害人援助的最低标准，以及细化了为受到威胁和易处于危险状态的被害人提供的援助。[1]

德国 1986 年通过的《被害人保护法》对以下三个问题做出了规定：①改善了对被害人及其涉及审判人员的人格的保护问题；②对被害人参与刑事审判的可能性做出了新的规定；③对附带诉讼程序做出修改，使被害人能够在刑事审判中向罪犯提出赔偿要求。1994 年《犯罪防治法》中体现了犯罪人与被害人的冲突的损害修复，1998 年出台了《被害人请求权确保法》赋予了被害人对犯罪人有法定权利质权。[2]

日本在 1990 年设立了被害人学会，对被害人学以及被害人支援、救济问题展开多角度研究。1996 年按照警察厅的被害人对策纲领，展开了对被害人的支援，实施了在检查阶段通知被害人制度等规定。在 2000 年通过了《刑事程序中保护被害人等附带措施的法律》以及《修改刑事诉讼法及检察审查会法部分条文的法律》，强化了对被害人的保护。2004 年制定的《犯罪被害人等基本法》是有关被害人问题的集大成法。[3]

联合国也对被害人保护给予了高度重视，1985 年联合国通过的《保护犯罪以及滥用权力的被害人的司法原则》提出了刑事诉讼目的之一在于使罪犯补偿犯罪人及其亲属所遭受的损害，不仅包括物质性损害，也包括名誉损失等非物质损害。宣言还呼吁各会员国

---

〔1〕［英］Cris Lewis、Tom Ellis："一个刑事被害人保护的法律、政策与实践"，李霞译，载张鸿巍主编：《刑事被害人保护问题研究》，人民法院出版社 2007 年版，第 207 页。

〔2〕参见［德］汉斯·约阿西德·施奈德：《国际范围内的被害人》，许章润等译，中国人民公安大学出版社 1992 年版，第 423～429 页。

〔3〕［日］大谷实：《刑事政策学（新版）》，黎宏译，中国人民大学出版社 2009 年版，第 332 页。

采取给犯罪被害人以公共赔偿的措施。[1] 该文件通过后，联合国又陆续通过了一些被害人权益保护的文件，包括1989年联合国经济及社会理事会通过的《实施〈为罪行和滥用权力行为受害者取得公理的基本原则宣言〉》、1990年通过的《罪行和滥用权力行为的受害者》、1990年通过的《对罪行和滥用权力行为受害者人权的保护》等，都是为落实1985年宣言而采取的后续行动。

纵观各个国家和地区对被害人权利保护的立法司法实践，可以上看出现代各国在被害人刑事政策以及刑事立法实践上都表现出了共同的特点：

第一，均出台多部法律保护被害人权利。不仅包括综合性的被害人保护的专门性法律，也包括刑事法律、民事法律中关于被害人权利的条款，以及涉及未成年人、性侵害、暴力犯罪等特别法律，因而从立法的角度看，对被害人权利的保护是较为全面的。

第二，对被害人的保护不仅涉及被害人的实体权利，也涉及程序性权利。作为犯罪直接造成的犯罪结果，被害人的损害赔偿权是各国立法所保护的被害人的基本权利，也是被害人保护的核心和重点，无论是刑事损害赔偿令还是附带民事诉讼制度，都是为了保障被害人更有效地获得赔偿所规定的制度。同时，为了保证被害人实体权利的实现，各国立法还赋予被害人提起诉讼或者参与诉讼的地位、权利，通过诉权、陈述权、知情权以及量刑参与等权利，来满足被害人实体权利的实现，二者是手段与目的的关系。当然，被害人的诉讼参与权不仅仅是实现赔偿权的手段，其本身就具备公平、正义的价值，参与刑事诉讼的过程本身也是安抚被害人情感创伤的重要措施，因此各国所规定的被害人权利是集实体与程序权利为一体的。

---

〔1〕 参见［德］汉斯·约阿西德·施奈德：《国际范围内的被害人》，许章润等译，中国人民公安大学出版社1992年版，第432页。

第三，对被害人的保护，从开始的金钱赔偿发展为对被害人的全方位、多主体的协助和保护。由于赔偿并不能完全消除被害人所遭受的精神创伤，于是各国逐渐发展出多元的被害人保护措施和制度。警察模式、检查模式、律师模式、社会机构、民间组织等多种主体合作、协调，对被害人提供不同层次和方面的协助。

反观我国，预防与惩罚犯罪一直以来都是刑法的最主要的目的，对被害人这一弱势群体并没有引起高度的重视，理论研究也起步较晚，可以说，对被害人保护的立法和司法实践尚处于萌芽阶段。

第一，与国外立法现状不同的是，我国并没有一部关于被害人保护的专门性法律，缺乏被害人保护的系统性、综合性的规定，目前被害人的权利仍散见于《刑法》《刑事诉讼法》《国家赔偿法》的具体条文之中，虽然对被害人基本的实体权利与程序性权利也作出了规定，但是由于缺乏对被害人保护的基本原则、基本政策、保护机关及其职责等原则问题的明确，被害人的权利救济并没有受到应有重视，仅仅是问题导向的、片面的规定，并没有形成一套综合、全面的保障机制。

第二，我国立法对被害人权利的规定尚不健全，导致被害人获得充分赔偿权的保障乏力。以被害人的赔偿权为例，被害人的赔偿权规定于我国《刑法》第 36 条“判处赔偿经济损失”、第 37 条“责令赔偿损失”、第 64 条“责令退赔”的条款，以及《刑事诉讼法》“附带民事诉讼”“当事人和解的公诉案件诉讼程序”之中，但是现行的附带民事诉讼的受案范围有着严格的限制，特别是对精神损害赔偿的排斥，难以使被害人获得全面充分的赔偿。加之附带民事诉讼程序本身以及责令退赔的程序不明等问题，实践中被害人的赔偿往往落空，事实上我国被害人获得充分赔偿权是缺乏有效保障的。因此，仅就被害人的实体权利及其保障来看，我国从立法层面、司法层面以及社会救助等方面都是存在严重的问题的，可以说被害人的保障机制处于严重滞后的阶段，因而有必要借鉴被害人保护的域外经验和国际性规范的成功经验，顺应被害人保护的发展趋势，对我国的被害人保障机制予以构建和完善。

二、由报复性司法向恢复性司法的转变

恢复性司法是在人们不断地反思传统的报复性司法模式弊端和被害人处境的过程中产生的。惩罚、报应是传统的刑事司法所追求的最为主要的目的，在报应正义的影响下，人们为了争取诉讼的胜利将刑事司法系统逐渐变为一个战场。对于犯罪人来说，为了逃避刑罚对其的惩罚想方设法，并不在意是否应当积极地承担责任；对于国家而言，惩罚犯罪是他们最为关注的，而惩罚犯罪对被害人和社区是否具有价值则在所不问。在这一正义理念和传统的司法模式之下，即便肯定预防犯罪也是刑法和刑罚的目的之一，但由于过分关注行为是否构成犯罪、行为人是否具有责任、是否应当判处刑罚，除惩罚以外的预防、教育、恢复、救济等目的被有意无意地忽略了。恢复性司法则是针对传统司法这些弊病而产生的，当然，由报复性司法向恢复性司法的转变，并不意味着恢复性司法具有替代性，完全取代了传统的司法。由于恢复性司法的适用范围、条件有限，它只能够作为一种纠纷解决方式对刑罚加以补充和辅助，在有限的案件范围内，惩罚犯罪的同时，试图追求犯罪人、被害人、社区全面的平衡。

（一）恢复性司法概述

近二三十年以来，西方国家兴起了一场新的刑事司法改革运动，这一运动目前仍方兴未艾，并深刻地影响了西方国家的刑事司法走向和犯罪预防模式。这场运动就是恢复性司法运动（restorative justice）。[1] 恢复性司法的起源，可以推至前殖民时期甚至更久远

〔1〕 王平主编：《恢复性司法论坛》，群众出版社2005年版，第1页。

的年代，数世纪以前英国的村庄就采用犯罪人赔偿被害人的方式实现正义。在殖民时期，恢复性纠纷解决机制就普遍地存在于殖民地农村和城市边缘化的市民阶层中，[1] 直到20世纪六七十年代，随着殖民地时代的结束，美洲、非洲等摆脱殖民统治的国家，将传统的被高度接受的恢复性纠纷处理模式与现代司法结合起来，形成了非正式的、法外秩序的恢复性纠纷解决机制。而在现代社会，将恢复性解纷机制正式应用于司法秩序的模式，肇始于1974年加拿大的一起案件，[2] 该案件中的被害人与犯罪人的和解被认为是恢复性司法的起源。自此，恢复性司法实践在北美、欧洲、亚洲的新加坡、大洋洲的新西兰和澳大利亚等国家和地区展开并应用，积累了大量的成功经验，恢复性司法的理论与实践都取得了长足的进展。在此基础上，联合国也对恢复性司法予以关注，将恢复性司法作为司法改革的目标之一。1999年联合国经济社会理事会的《制定和实施刑事司法调解和恢复性司法措施》中提议预防犯罪和刑事司法委员会考虑是否应制定联合国在调解和恢复性司法领域的标准。2000年联合国预防犯罪和罪犯待遇大会通过了《关于犯罪与司法：迎接二十一世纪挑战的维也纳宣言》，全面论述了在刑事司法领域使用恢复性司法计划的共同准则。[3] 2002年联合国预防犯罪和刑事司法委员会通过了《关于在刑事事项中采用恢复性司法方案的基本原则》，并由联合国经济及社会理事会颁布，该法案是第一个对

---

〔1〕 朱德宏："恢复性司法及其本土制度化危机"，载《法律科学（西北政法大学学报）》2008年第2期。

〔2〕 1974年加拿大安大略省陈纳市的两个年轻人实施的犯罪行为，侵犯了22名被害人的财产，在当地缓刑机关和宗教组织的共同努力下，这两名犯罪人与被害人逐个会见，从被害人的陈述中他们认识到自己行为给受害人造成的损害和痛苦，从而不但承认了被指控的犯罪，而且半年后交清了全部赔偿金。参见狄小华、李志刚主编：《刑事司法前沿问题：恢复性司法研究》，群众出版社2005年版，第10页。

〔3〕 参见吴宗宪："恢复性司法述评"，载《江苏公安专科学校学报》2002年第3期。

恢复性司法作出系统规定的国际文件。由于联合国的推动和部分国家的成功经验，恢复性司法成了刑法学理论研究的“显学”，也成了未来司法改革的发展方向。

恢复性司法的含义并没有形成统一的意见，但其基本特点和框架得到了普遍认同，即犯罪是对被害人权利以及社区的侵害，因而犯罪人有义务对其造成的侵害予以恢复。联合国《关于在刑事事项中采用恢复性司法方案的基本原则》中对恢复性司法作了较为权威的说明，“恢复性程序是指在调解人帮助下，受害者和罪犯及酌情包括受犯罪影响的其他个人或社区成员共同积极参加与解决由犯罪造成的问题的程序。恢复性程序可能包括调解、调和、会商和共同定罪”〔1〕。恢复性司法与传统司法模式相比，具有以下几个特点：

第一，强调被害人在刑事司法中的主体地位。恢复性司法所注重的并不是犯罪的违法性，而是犯罪所造成的损害，因而与传统刑事诉讼中“被告人—国家”关系模式不同，关注的是“被害人—加害人”的关系。将被害人作为犯罪的受害者纳入恢复性司法的参与体系，通过对话了解被害人的需求，并通过对被害人的财产损失予以赔偿，在物质上填补犯罪造成的损失，在精神上弥补被害人的心理伤害，进而实现全面的正义，实现对受到破坏的社会关系的修复与重建，达到惩治与预防犯罪的目的。

第二，在实现方式上，通过调解、和解、协商、对话的方式，促使被害人与加害人双方的沟通，以彻底地解决纠纷。恢复司法的运作模式较为丰富，从主要国家的实践来看，恢复性司法的运作模式主要有以下几种：被害人—加害人会谈/调解、家庭成员/小组会议、圆桌会议和社区恢复委员会。〔2〕无论哪一种形式，都是在调

〔1〕 陈晓明：《修复性司法的理论与实践》，法律出版社2006年版，第108页。

〔2〕 吴立志：《恢复性司法基本理念研究》，中国政法大学出版社2012年版，第23页。

解人的主持下，将被害人与犯罪人聚集在一处进行公开的、面对面的会谈，就犯罪的赔偿问题、修补问题等纠纷解决方式达成协议。

第三，恢复性司法与传统刑事司法的关系，也即恢复性司法如何定性，实践中有的国家将恢复性司法纳入正式司法制度，成为司法制度的组成部分，如菲律宾、孟加拉等国，有的国家恢复性司法与传统的刑事司法制度相互独立。[1] 有学者将这两种模式归纳为平行模式和整体模式，平行模式中，恢复性司法独立于刑事司法体制单独运作，与正式的司法体制没有结构性联系，只关注案件各方当事人及社区的礼仪，而不影响对个案的判决。平行模式允许两种司法体制同时存在，进而赋予了当事人程序选择权；而整体模式中，恢复性司法作为正式的司法体制的一部分，将犯罪人与被害人的需要联系在一起，该模式试图作为刑罚的替代方式或对刑事判决产生影响，或利用正式的司法制度促使、监督、执行恢复性司法程序达成的和解协议。[2]

（二）恢复性司法与损害赔偿

恢复性司法的责任形式通常有赔偿、赔礼道歉、社区服务等，其中赔偿是最主要、效果最好的一种方式。我国《刑法》第 36、37 条所规定的判处赔偿经济损失和责令赔偿损失，仍然是一种报应性的赔偿，虽然这种赔偿也以填补损害为目的，犯罪人所返还或赔偿的金钱额度不能超过被害人的损失，但是由于这种赔偿是由法院判决所强制确定的，而不是在双方沟通协商、犯罪人悔罪道歉、被害人原谅的基础上做出的，因而其“恢复性”效果不明显，只有在赔偿款落实后被害人的财产损害才得以“恢复”，但是其心灵创伤、对社区的侵害和社会关系的侵害并没有得到改善，因而仍然是

〔1〕 朱德宏：“恢复性司法及其本土制度化危机”，载《法律科学（西北政法大学学报）》2008 年第 2 期。

〔2〕 参见刘方权：“恢复性司法：一个概念性框架”，载《山东警察学院学报》2005 年第 1 期。

一种报应性赔偿。只有在恢复性司法中，由犯罪人自愿而非强制性地返还财产、补偿损失，才具有更好的"恢复性"效果。[1] 有学者将之称为"赔偿性司法"，赔偿性司法主张将加害人从犯罪行为中所得到的利益返还给被害人，它与恢复性赔偿有明显的区别：①赔偿性司法的本质仍属于报应式惩罚，通过监狱内的劳动、社区内的服务以赔偿犯罪对社会所造成的损害；②赔偿性司法本质上仍有威慑的内涵，以确保"犯罪是不值得"的观念；③赔偿性司法本质上仍属于矫治式的，意图教化加害人更具责任感。[2] 当然，恢复性赔偿与报应性赔偿具有密切的关系，即均以赔偿作为实现一定目标的手段，这一目标在恢复性赔偿中是修复损害，而在报应性赔偿中是恢复与惩治并重。并且，恢复性赔偿与报应性赔偿均以被害人和被害人的损害为重心，对于犯罪行为和犯罪行为的违法性并不重视。

恢复性司法的理念与实践推动了赔偿制度的发展。刑事和解制度就是恢复正义理念的体现，作为赔偿制度的内容之一，我国刑事和解制度是实践中自生自发的处理方式。促使该制度在实践中生成的重要现实原因是附带民事诉讼的执行情况并不乐观，强制性的判决并不能有效地保障被害人损害赔偿权的实现，犯罪人窘迫的经济状况固然是原因之一，但长久以来被害人在刑事诉讼程序中的"缺席"，以及"加害方—被害方"的缺乏沟通也是重要的因素。有学者认为我国的刑事和解制度是原发性的而不是继发性的司法举措，它源于实践中的轻伤害案件的处理方式改革，是在"构建和谐社会"的时代背景下提出来，是贯彻宽严相济刑事司法政策的现实体

---

〔1〕［美］丹尼尔·W. 凡奈思："全球视野下的恢复性司法"，王莉译，载《南京大学学报（哲学·人文科学·社会科学）》2005年第4期。

〔2〕许春金："修复性正义的理论和实践——参与式刑事司法"，载《甘添贵教授六秩祝寿论文集》，台北学林出版社2002年版，第13页。转引自陈晓明：《修复性司法的理论与实践》，法律出版社2006年版，第36页。

现，而非如西方一般来自于对被害人和犯罪人复归社会的关注。[1]但是本书认为，恢复性司法理念与刑事和解完全契合，恢复性司法理念的核心就是关注被害恢复，给予被害人更多的关注和主体地位，而刑事和解无论是否具有附带民事判决执行不力的诱因，它也依然强调被告人在真诚悔罪的前提下与被害人沟通，赔礼道歉并进行赔偿，司法实践中存在不少经过犯罪人的真诚悔悟与道歉，被害人予以谅解并且表示放弃对犯罪人的索赔的案件，因而刑事和解制度本身能够达到恢复正义的目标，至于司法实践中出现的调解主体问题、和解范围宽泛、被害人是否真正谅解等问题，是我国刑事和解制度在逐渐完善过程中暴露出来的立法不周、执法不严的问题，而并不能否认它所具有的被害恢复的价值，也不能因此而否认刑事和解是对恢复性司法理念的实现。此外，虽然我国的刑事和解制度是自下而上产生，并不是依据恢复性司法理念而建立的，但是经过多年的司法实践，加之恢复性司法、刑罚观的转变等为刑事和解提供了正当性基础，刑事和解才由实践中的纠纷解决举措，经法律规定成了正式的司法制度。我国的刑事和解与正式的刑事司法制度融为一体，采用了整体模式，刑事和解协议对犯罪人的量刑具有相当的影响，形成了“国家—社会”双本位的价值取向，一方面强调了被害人在犯罪赔偿中的主体地位，调动和利用社会资源对犯罪进行修复，一方面赋予公诉人完整的“报应”职能，并将恢复性协议作为影响量刑的情节。[2]整体模式的运用，能够达到被害人利益、社会利益与国家权力的平衡，并实现惩罚与恢复目标的统一。

综上，刑法中的赔偿分为报应性赔偿与恢复性赔偿，报应性赔偿与恢复性司法在恢复被害人财产损失的目的方面是一致的，只是

---

〔1〕 张朝霞、谢财能：“刑事和解：误读与澄清——以与恢复性司法比较为视角”，载《法制与社会发展》2011 年第 1 期。

〔2〕 唐芳：“恢复性司法的困境及其超越”，载《法律科学（西北政法学院学报）》2006 年第 4 期。

报应性赔偿同样注重对犯罪的惩罚与预防，并且恢复性效果不明显。而恢复性赔偿，在我国体现为刑事和解制度，是恢复性司法理念的实现方式之一，同时恢复正义也为刑事和解制度提供了理论和正当性基础。

三、由严厉的刑罚向轻缓化的刑罚的转变

（一）刑罚轻缓化是刑罚的发展趋势

所谓刑罚轻缓化，是相对于残酷、严厉的刑罚而言的，是刑罚由残酷走向轻缓、由野蛮走向人道的历史发展趋势。刑罚轻缓化不是一个新近产生的概念，从欧洲启蒙运动以来，轻罚轻缓化的思想就开始受到了人们的关注，启蒙思想家、刑事古典学派、刑事近代学派以及新社会防卫思想等都对刑罚轻缓化作出具体的探讨。而发展至今，不仅刑罚轻缓化的理论得以成熟、完善，而且刑罚轻缓化作为刑法发展的主要潮流，影响了各国的立法、司法实践。二战以来，历史上以肉刑、生命刑为中心的刑罚体系已被自由刑为中心的刑罚体系所取代，对死刑的废除逐渐成为各国的法律实践，并且，财产刑、资格刑地位的崛起也使自由刑的中心地位受到了动摇，非监禁刑、刑罚替代措施、行刑社会化的逐渐兴起，成了现代刑罚轻缓化发展的主要实现途径。特别是在20世纪90年代，法国、俄罗斯相继修订并颁布了新刑法典，法国新刑法典在刑罚方面表现出明显的个别化、多样化和轻刑化的特点，而俄罗斯刑法典废除了流放、放逐等刑种，增设强制性义务劳动、限制自由、拘役等刑种，并完善了罚金刑、劳动改造和未成年人刑罚制度，特别是对死刑的严格限制适用，呈现出其刑罚结构的轻缓化、人道化调整。[1] 法国、俄罗斯两国刑罚制度的重大修改，在全世界范围内掀起了刑罚

〔1〕 姜涛："刑罚轻缓化与中国刑罚制度改革"，载《四川警官高等专科学校学报》2006年第6期。

轻缓化的改革浪潮，成了刑法发展的大势所趋。

刑罚轻缓化的兴起，直接受益于现代社会对犯罪原因的认知的转变，进而认识到刑罚自身的局限性，刑罚作为一种来自外部的心理威慑力量，显然不可能与促成犯罪的社会基本矛盾等深层次原因相抗衡。[1] 建立在实证研究基础上的近代学派面对“古典派犯罪学理论发展到顶峰时，另一方面这个国家却存在着过去从未见过的数量极大的犯罪行为的不光彩状况”的破绽，[2] 认为“若要在一定程度上满意地解决犯罪问题，有效的方法是研究犯罪产生的原因，并根据这样一种研究的结果来制定救治措施”。[3] 于是，近代学派的学者将目光由犯罪行为转向犯罪人，以对犯罪人的研究来解释犯罪的本质。龙勃罗梭将犯罪的原因归因于隔代遗传的产物，提出了“天生犯罪人论”，认为犯罪不是犯罪人意志自由的选择，而是由于某种先天因素决定的，进而从犯罪人出发提出了犯罪的对策，指出“犯罪是必然的，社会根治犯罪亦为必要，而惩治犯罪不再对社会作恶亦为必要。只有这样，刑罚才有功利可言”。[4] 因此，他认为刑罚存在的唯一根据就是保卫社会，由此产生了社会责任论，即应以何种程度的刑罚能够使犯罪人重返社会作为刑罚的尺度。菲利在龙勃罗梭天生犯罪人的基础上，提出了犯罪原因三元论，即犯罪的人类学因素、犯罪的自然因素和犯罪的社会因素。菲利指出：“罪恶如疾病，对症发药，俟其治疗而复原，此研究犯罪

---

〔1〕 储槐植：“认识犯罪规律，促进刑法思想现实化——对犯罪和刑罚的再思考”，载《北京大学学报》1988 年第 3 期。

〔2〕 [意] 恩里科·菲利：《实证派犯罪学》，郭建安译，中国人民公安大学出版社 2004 年版，第 121 ~ 122 页。

〔3〕 [意] 恩里科·菲利：《实证派犯罪学》，郭建安译，中国人民公安大学出版社 2004 年版，第 159 页。

〔4〕 陈兴良：《刑法的启蒙》，法律出版社 1998 年版，第 182 页。

人类学者所有之事，然后惩罚应用之方法，始可决定。”[1] 刑事社会学派的代表李斯特在批判龙勃罗梭的天生犯罪人论以及菲利的犯罪原因三元论的基础上，认为“任何一个具体犯罪的产生均由两个方面的因素共同使然，一个是犯罪人的个人因素，一个是犯罪人外界的、社会的，尤其是经济的因素”[2]。

犯罪学的研究成果表明，犯罪是不以人的意志为转移的客观存在，犯罪原因也是多元的，是由犯罪人的个人因素、心理因素、社会因素、环境因素等综合作用下的产物，因而现代犯罪治理观念不再将刑罚作为预防犯罪的唯一倚仗，刑罚在抑制犯罪方面的局限性，要求人们采用综合的犯罪治理观念，重视刑罚的个别化和刑罚替代措施的适用。正如新社会防卫运动所提出的“合理地组织对犯罪的反应”，要以人道主义的刑事政策为基础，承认犯罪人有复归社会的权利，社会有使犯罪人复归社会的义务，把犯罪人教育改造成为新人，使之复归社会。[3] 新社会防卫运动对抑制犯罪的人道性、科学性和有效性的追求，推动了世界许多国家刑事政策和刑罚制度的理性化发展，于是，“现代社会的社会治理和犯罪控制逐渐演化成一个具有复杂的层次和结构的社会治理和控制体系”。[4]

根据刑罚轻缓化的观念，无论是实体上的刑罚结构、刑罚裁量、刑罚执行，还是程序上的刑罚判处，都应当体现出刑罚轻缓化的发展趋势。首先，刑罚轻缓化在刑罚结构上的体现是，在刑罚种类中，生命刑受到限制甚至废除，自由刑取代生命刑、肉刑占据中心地位，死刑已呈全面消亡之势；人身性质的刑种减少，财产刑地

---

〔1〕 马克昌：《比较刑法原理：外国刑法学总论》，武汉大学出版社2002年版，第42页。

〔2〕 [德] 李斯特：《德国刑法教科书》，徐久生译，法律出版社2000年版，第9页。

〔3〕 [法] 马克·安塞尔、王立宪：“从社会防护运动角度看西方国家刑事政策的新发展”，载《中外法院》1989年第2期。

〔4〕 梁根林：《刑事政策：立场与范畴》，法律出版社2005年版，第3页。

位逐渐上升，特别是进入 20 世纪以后，随着短期自由刑的弊端日渐显露，罚金刑的广泛适用成了取代短期自由刑的理想径路；自由刑内部进行改革，非监禁刑、行刑社会化兴起，面对短期自由刑交叉感染、预防矫治效果差等弊端，越来越多的短期自由刑被易科为罚金刑，缓刑的广泛适用、社区矫正的思想与实践日趋成熟也为自由刑的限制适用、非监禁刑的发展提供了有效途径；刑罚替代措施的独立适用或辅助适用，也是刑罚结构轻缓化的重要举措。其次，刑罚轻缓化在刑罚裁量上的体现是量刑轻缓化，量刑轻缓化是在罪刑法定原则与罪刑相适应原则的限制下，在法官的自由裁量权限范围内，对特定条件、轻微犯罪、偶犯、过失犯、未成年人等特殊主体犯罪予以从轻量刑，是刑罚轻缓化在刑罚裁量阶段的展开。再次，刑罚轻缓化在刑罚执行阶段的体现，是通过改革监狱制度，提高服刑人员的待遇，以及扩大假释的适用，使服刑人员早日复归社会。最后，刑罚轻缓化在处罚程序上体现为起诉便宜主义，如《日本刑事诉讼法》第 248 条规定："根据犯人的性格、年龄及境遇、犯罪的轻重及情况、犯罪后的情况没有必要追诉时，可以不提起公诉。"许多国家都采用了起诉便宜主义，对部分案件在司法前予以处理，而不进入刑事审判程序，实现刑事司法中的非刑罚化。

（二）赔偿是刑罚轻缓化的重要实现途径

第一，通过规定免刑制度和免除处罚情节来限制刑罚的适用范围，是刑罚轻缓化、非刑罚化的重要实现方式之一，现代各国普遍规定了在具备一定的情节下，法院可以宣告其有罪，但是免除刑罚处罚，如德国、意大利、瑞士、俄罗斯等国，例如，《加拿大刑事法典》第 725 条规定："当根据 736 条定罪或免除被告人刑事责任时，作出判决的法院应当根据总检察长的申请或者依照职权，除判处被告人其他刑罚外，裁定被告人按下列规定进行赔偿：（a）犯罪人的犯罪行为造成损害或破坏，逮捕或为逮捕犯罪人对他人造成的财产损失、损害或破坏的，在作出判决时，裁定犯罪人对上述财产所有人赔偿不超过财产价值总额的财产，或在归还财物时，补足损失部分；（b）身体遭受犯罪行为伤害的，或因逮捕犯罪人造成他人身体伤害的，如果损失数额容易查明，裁定被告人向受害人赔偿不超过所有损失总额的数额，包括因身体受到伤害而致的收入减少及相关的支出。”〔1〕联合国《为罪行和滥用权力行为受害者取得公理的基本原则宣言》也规定：“对于被害人的损失，要求犯罪人或有赔偿责任的第三方对被害人及其家属或受被害人扶养的人通过归还财产、赔偿损失、恢复权利、提供服务等方式做出公正的赔偿。”“各国政府应审查它们的惯例、规章和法律，以保证除其他刑事处分外，还应将赔偿作为刑事案件的一种可能判刑。”

在我国，赔偿作为一种非刑罚处理方式，承担着非刑罚化的重要职能。《刑法》第37条规定：“对于犯罪情节轻微不需要判处刑罚的，可以免予刑事处罚，但是可以根据案件的不同情况，予以训诫或者责令具结悔过、赔礼道歉、赔偿损失，或者由主管部门予以行政处罚或者行政处分。”训诫、具结悔过、赔礼道歉、赔偿损失、行政处罚等这些民事或是行政措施，作为轻缓的犯罪的法律后果，同样是实现犯罪人刑事责任的方式。非刑罚处罚方法的发展，一定程度上限制了刑罚的适用范围，达到了非刑罚化的效果。但是，我国《刑法》规定的非刑罚处罚方法并没有很好地发挥其在缓和刑罚结构的重刑化、实现个别正义的作用，原因在于法条规定较为粗疏，缺乏相关的程序规定以及配套措施的规定，性质如何、以何种方式实现、不履行判决的法律后果如何都没有定论，导致在司法实践中的可操作性较差，这一方面影响了免除刑罚的适用；另一方面对于免除刑罚的犯罪人的民事赔偿等责任，也不能有效保障其责任的实现，特别是赔偿损失的“空判”现象，既妨碍了被害人损害赔

〔1〕卞建林等译：《加拿大刑事法典》，中国政法大学出版社1999年版，第480页。

偿权利的实现，也影响了对犯罪人的制裁效果。因而，有必要对以赔偿损失为代表的非刑罚处罚方法予以重新审视，以加强非刑罚处罚方法的运用，这也是刑罚轻缓化的刑事政策的要求。

第二，以赔偿为主要内容的刑事和解制度也是刑罚轻缓化的实现途径之一。刑事和解（victim - offender mediation）的基本含义为在犯罪后，经由调停人，使加害人与被害人直接沟通、商谈，解决纠纷，其目的在于恢复加害人与被害人的和睦关系，并促使犯罪人复归社会、改过自新。[1] 自20世纪50年代后被害人保护运动兴起以来，刑事犯罪的被害人的权利保障逐渐进入人们的视野，在刑事司法制度对被害人权利、犯罪人权利以及公共利益、国家刑罚权的平衡保护的探索过程中，刑事和解制度应运而生。刑事和解是实践中自生自发的产物，现代意义上的刑事和解源于1974年加拿大的一个门诺教派社区中，通过犯罪人与被害人之间的会面、沟通，犯罪人在认罪且表示悔过并缴纳赔偿金的基础上，被害人对犯罪人予以谅解。此后，刑事和解在整个北美地区扩展开来，逐渐被官方承认并成了一项司法制度。目前刑事和解已在世界范围内得到广泛的认可和运用，并且许多国家将刑事和解制度引入刑法成了一项正式的法律制度。例如，《德国刑法典》第46条a规定："行为人具备下列情形之一的，法院可依第49条第1款减轻其刑罚，或者，如果科处的刑罚不超过1年自由刑或不超过360单位日额罚金之罚金刑的，则免除有期刑罚：①行为人努力与被害人达成和解（行为人—被害人和解），对其行为造成的损害全部或大部予以补偿，或认真致力于对其行为造成的损害进行补偿的，或②在行为人可依自主决定对损害进行补偿或者不补偿的情况下，它对被害人的损害进行了全部或大部分补偿。"《法国刑法典》第132-58条规定："在

---

[1] 参见刘凌梅："西方国家刑事和解理论与实践介评"，载《现代法学》2001年第1期。

轻罪方面，或者除132－63条及第132－65条规定场合外，在违警罪方面，法院在宣告被告有罪并在必要时作出没收有害物或危险物的判决后，得免除被告其他任何刑罚。”第132－59条规定：“如表明罪犯已获重返社会，所造成的损失已予以赔偿，由犯罪所造成的危害已告停止，可予以免除刑罚。宣告免除刑罚的法院得决定在犯罪记录上不记载其决定。”〔1〕

刑事和解在我国也经历了数十年的实践，这种自下而上发展起来的制度在实现被害人权利和修复被害人与加害人的关系上取得了良好的效果，于是2012年对《刑事诉讼法》的修订中，将刑事和解正式纳入刑事司法程序，以专章的形式对刑事和解做出了系统的规定。根据《刑事诉讼法》第279条的规定，“对于达成和解协议的案件，公安机关可以向人民检察院提出从宽处理的建议。人民检察院可以向人民法院提出从宽处罚的建议；对于犯罪情节轻微，不需要判处刑罚的，可以作出不起诉的决定。人民法院可以依法对被告人从宽处罚”。刑事和解的案件，根据案件情况，人民法院可以对被告人从宽处罚，也可能作出不起诉的决定，也就是说，被害人与被告人的和解情况既有可能作为量刑情节，也可能作为免刑情节适用不起诉的规定，显而易见，随着刑事和解的合法化、制度化，它在刑法体系中的地位凸显，刑事和解逐渐成为我国刑罚轻缓化、非刑罚化在刑事司法阶段的重要实现途径，更好地发挥其在回避监禁刑弊端、保障被害人权利以及预防犯罪方面的优势作用。

第二节　刑法中的赔偿制度的功能流变

依照严格的刑民分立的观点，民事责任是以填补损害为核心的，这种回顾性的补偿也是民事责任最主要的功能，惩罚则属于刑

---

〔1〕 罗结珍译：《法国刑法典》，中国人民公安大学出版社1995年版，第40～41页。

事责任的功能之一。而因犯罪行为产生的赔偿责任在性质上横跨民事与刑事的范畴，那么赔偿制度的功能是否能够在填补损害的基础上兼具惩罚与预防？应当说，刑法中赔偿的功能并不是一成不变的，而是随着社会历史条件的变化而不断地发展，由于不同时期人们对于赔偿的需求、认识不同，导致了赔偿在运用和地位上具有极大的差异，它的惩罚功能和补偿功能所占据的比例也具有明显的差别。简言之，受到社会历史条件的影响，赔偿制度在填补损害与惩罚制裁的功能上经历了二者并重、分化以及逐渐融合的发展变化。赔偿制度的发展变迁直接反映出了公、私法由不分到严格分立，再到私法公法化、公法私法化的趋近过程。通过对赔偿制度功能的梳理，可以清晰地认识到在民事责任与刑事责任机能趋近的今天，赔偿制度成了二者之间沟通的桥梁，赔偿所具有的惩罚、抑制与填补损害功能应当得到重视，并且对其功能的不同定位也将直接影响赔偿制度适用的范围、赔偿标准以及其对刑事责任影响程度，甚至进一步考虑将其作为一种替刑措施成为“刑法上的第三条路”，这也是赔偿制度未来可能的发展方向。

一、填补损害与惩罚制裁功能的并重

（一）西方古代法“诸法合体”下的赔偿

赔偿制度的产生可以追溯到原始社会，作为限制复仇的手段几乎和复仇同时出现。在原始社会，基于血缘关系以及共同的劳作关系而形成的氏族，其成员之间形成非常紧密的关系，同组人必须相互援助、保护，个人依靠于氏族，欺侮个人的，就是欺侮全体氏族，因而产生了氏族人员的“血的复仇”（blood revenge）的义务，如果一个氏族的人员杀害了另一个氏族的人员，那么被害人的全氏族必须施行血的复仇。[1] 为了生产和生活的需要，氏族内部保持着紧密的共同体关系，但是氏族与氏族之间缺乏联系，“凡是氏族以外的，就是法律以外的”[2]，侵害与复仇关系逐渐发展成为氏族之间的小型战争，这种战争频繁并且非常残酷，后来才因为“物质利益上的影响”稍微缓和了。所谓“物质利益的影响”，就是战争对于人和氏族的伤害甚至消灭，严重影响了氏族社会的正常发展，因而，为了限制复仇，减少流血，逐渐发展出了一些复仇的限制措施，其中赔偿是最为重要的一种。

摩尔根在《古代社会》一书中，将“互相支援、保卫和代偿损害的义务”列为氏族法（jus gentilicium）的内容之一，是易洛魁人、希腊人以及罗马人的氏族的重要义务。代偿损害就是以赔偿的方式代替复仇，在采取复仇手段之前，双方氏族会设法调解纠纷，氏族成员分别举行会议，为对杀人犯的行为从宽处理而提出条件，通常采取的方式是赔偿相当价值的礼物并道歉。如果罪行有辩护的理由或具备减轻罪行的条件，调解一般可达成协议，但如果被杀者氏族中的亲属不肯和解，则由本氏族从成员中指派一个或多个报仇者负责追踪该杀人犯，直到将他杀死才算了结。[3] 这个时期的赔偿是由同态复仇发展而来的，实质上是一种“赎罪金”，它包含了补偿损失的含义，但本质上是对加害人侵害行为的赎买，在实施复仇以前，将赔偿作为同态复仇的前置程序，不接受和解的或者和解不成功的，依然要实施复仇。可以看出，赔偿是不实施复仇的条件，报复主义的色彩十分浓厚。

---

〔1〕 参见［德］恩格斯：《家庭、私有制和国家的起源》，张仲实译，人民出版社1954年版，第83页。

〔2〕 参见［德］恩格斯：《家庭、私有制和国家的起源》，张仲实译，人民出版社1954年版，第93页。

〔3〕 参见［美］路易斯·亨利·摩尔根：《古代社会》，杨东莼等译，中央编译出版社2007年版，第55页。

这种作为限制复仇手段的赔偿，自产生开始就表现出了强大的生命力，逐渐成了解决纠纷的最主要的手段。在日耳曼民族中，“代偿损害”也得到了极大的发展。根据日耳曼习惯法，如果双方亲属团体同意由加害方给付若干家畜或金钱作为赔偿，就订立正式的和解契约（solemn contract of atonement），于是被害者团体正式宣布不再实行复仇。同时，被害者团体须对加害方宣示一个“平和之誓言”（oath of peace），即以后被害者团体若遇到同样的侵害时，也要接受同样的赔偿。如果被害者决定接受赔偿了，加害者及其亲属没有拒绝赔偿再实行复仇的权利，倘若拒绝支付赔偿金，被害者团体可以诉诸庶民法院请求给付，若加害者及其亲属不执行判决的，将会被放逐于全民平和之外。[1] 在古代习惯法的后期，这种赔偿仍是一种自由赔偿，赔偿的数额、是否和解都是由加害人与被害人双方自由选择而达成的，到了强制赔偿时期，除了对杀人等重大侵权行为，被害人一方可选择赔偿或者复仇以外，其他轻微侵害均以赔偿代替强制，而不能实施复仇。到了后来复仇被完全禁止，强制赔偿，并根据被害的种类、程度等情节规定赔偿额。[2]

进入成文法时期后，侵权行为规定于成文法律中，并对一些较为重要的侵权行为规定了赔偿的标准，私人复仇逐渐被禁止。正如庞德所指出的：“最早设计的法律制度，是通过要求被害血亲放弃复仇行为和规定旨在确定事实的机械的审讯方式，来调节并最终制止私人间的战争。”[3] 早期的成文法中，对侵犯财产权、人身权的造成损害，规定以财产作为赔偿手段。如《汉谟拉比法典》第232条规定：“倘财物因而遭受毁损，则彼应赔偿其所毁损之全部财物；

---

〔1〕 参见［美］孟罗·斯密：《欧陆法律发达史》，姚梅镇译，中国政法大学出版社2003年版，56~59页。

〔2〕 杨立新：《侵权法论》，人民法院出版社2004年版，第103页。

〔3〕［美］罗斯科·庞德：《通过法律的社会控制》，沈宗灵译，商务印书馆2008年版，第10页。

且因所建之屋不坚而致倒毁，彼自己应出资重建倒毁之屋。”而对人身伤害的，规定了损害赔偿，同时也存在着同态复仇的规定，例如第206条规定：“倘自由民在争执中殴打自由民而使之受伤，则此自由民应发誓云：‘吾非故意致之’，并赔偿医药费。”第195、196、197、200条等却规定了复仇，如“倘自由民损毁任何自由民之子眼，则应毁其眼”[1]。《苏美尔法典》中也有类似的规定，如“推撞自由民之女，至堕其身内之物者，应赔偿银十舍客勒”，“殴打自由民之女，至堕其身内之物者，应赔偿银三分之一明那”。[2]古罗马公元前五世纪的《十二铜表法》中同样规定了以复仇为形式的惩罚和赔偿作为替代措施，例如“伤害法”第2条规定：“如果故意伤人肢体，而又未与和解者，则他本身亦应遭受同样的而伤害。”第6条规定：“如果某人申诉，家畜使交给受损失，则十二铜表法或则命令把使人遭受损失的牲畜之遭（受害者），或则命令赔偿遭受损失的费用。”[3] 中古时期的《萨利克法典》《西撒克逊国王伊尼的法典》等对于盗窃、抢夺、侵袭、抢劫、甚至杀害自由人的行为，都以民事方式处理，采取赔偿或罚付的方式，例如“如果有人闯入人家的园地，意图盗窃，应罚付六百银币，折合十五金币，另加所窃东西的代价和损害赔偿”。又如“任何人杀死一个自由法兰克人或遵守萨利克法律而生活的蛮人，而经证明者，应罚付八千银币，折合二百金币”[4]。

可以看出，赔偿制度是作为同态复仇的限制措施的一种法律现

---

〔1〕 由嵘等编：《外国法制史参考资料汇编》，北京大学出版社2004年版，第30～33页。

〔2〕 由嵘等编：《外国法制史参考资料汇编》，北京大学出版社2004年版，第3页。

〔3〕 由嵘等编：《外国法制史参考资料汇编》，北京大学出版社2004年版，第131页。

〔4〕 参见由嵘等编：《外国法制史参考资料汇编》，北京大学出版社2004年版，第153～161页。

象，它的产生是早于成文法的，在原始社会，由于人们还没有财产观念，阶级也尚未形成，所以所呈现出来的社会关系主要体现为人身关系以及个别社会成员同全体社会成员的财产与非财产关系，因此行为规范体现为后世的“刑法”，[1] 也就是说，无论是复仇还是赔偿，都是对伤害、杀人等人身侵害行为的处置措施，而不涉及财产关系。氏族时期的同态复仇在原始社会的状态下无疑是有着积极意义的，它维系了氏族内部团结以及氏族之间的平衡稳定关系，是“社会公力不能对暴力侵犯加以有效控制”[2] 的情况下，对于侵害行为的自力救济手段。随着社会组织的发展和完善以及商品交换的确立，流血冲突对于人和氏族的伤害使氏族的公力逐渐发挥作用，报复主义逐渐向谈判主义转向，通过金钱赔偿达到和解，从而限制同态复仇的实施。随后，赔偿制度渐趋发达，而同态复仇制度日渐式微，赔偿也逐渐由偶然的替代措施发展为规范侵害行为的普遍习惯，随着人类文明的进步，成文法的产生，赔偿也正式成为了一项法律制度。从赔偿制度的产生可以看出，在早期习惯法以及欧陆古代成文法中，赔偿是作为侵害行为的惩罚措施加以运用的，它在以金钱支付的方式予以补偿损害的同时，体现出了赔偿的制裁性、惩罚性，以至于在以《萨利克法典》为代表的中古时期成文法，对人身伤害、财产损害、偷盗和侮辱等“犯罪行为”仅仅规定了不同的赔偿额，其中2/3交给被害人，1/3交给王室，充分体现了其赔偿的补偿性与惩罚性。正如凯姆博先生所说：“根据盎格鲁—撒克逊法律，每一个自由人的生命，都可以按照他的阶层标以一定的金额，对他的身体所遭受的每一个创伤，对其民事权利、荣誉或者安

---

〔1〕 米健：“从人的本质看法的本质——马克思主义法观念的原本认识”，载《法律科学（西北政法学院学报）》1997年第1期。

〔2〕 王卫国：《过错责任原则：第三次勃兴》，中国法制出版社2000年版，第16页。

宁所造成的几乎每一种损害，都可以用相应的金钱予以补偿。”[1]

原始法学中赔偿制度兼具填补损害与惩罚制裁功能，这是由于在诸法合体、公私法尚未分离、刑事责任与民事责任合一的情况下，作为复仇替代措施的赔偿制度既承担了民事赔偿的功能，也承担了刑罚制裁的功能，因而补偿性与惩罚性并重。关于古代法，梅因认为其与成熟的法的最显著的差别在于刑法和民法所占的比重，“法典愈古老，它的刑事立法就愈完整、愈详细……这是因为当首次把他们的法律制定为成文法时，社会中经常发生暴力行为，立法者按照野蛮生活中某一类事件发生的频率来分配其工作的比重”。也就是说，越古老的时期，暴力行为、侵害行为的发生越频繁，因而成为立法者关注的重点，法典中对侵害行为的规定和惩罚就相对较多，但是梅因又进一步指出，事实上这种观点并不妥当，数量上占优势的“刑事立法”并不是真正的刑法，“古代社会的刑法不是‘犯罪’法，而是‘不法行为’法，或者说是‘侵权行为法’”。罗马法将债的发生原因分为公犯、私犯两类，“每个债或者产生于契约，或者产生于私犯”。公犯（crimen）意指通敌、叛国等危害国家秩序或者安全的行为，私犯（delictum）是指对人的财产和人身的侵害行为，而盗窃、强盗、胁迫、欺诈、侵辱等行为属于私犯的范畴，所以我们现在认为的属于犯罪的行为，在罗马法中却属于侵权行为。“不仅是偷窃，还有强奸和抢劫，法学家也把它们和侵害、文字诽谤及口头诽谤等联系在一起，所有类似的一切都产生了‘债’或是‘法锁’，并且都用金钱支付的方式予以补偿。……如果一种不法行为或侵权行为的标准被认为是个人而不是国家遭受了该行为的侵害，那么可以断言，在法学的初期，公民赖以得到保护

[1]［英］亨利·萨姆奈·梅因：《古代法》，高敏、瞿慧虹译，中国社会科学出版社2009年版，第282~284页。

以对抗暴力或欺骗的不是‘刑法’，而是‘侵权行为法’。”[1]

可见古代法体现出了较浓厚的私法色彩，我们通常所认为的犯罪行为都是作为“私犯”“侵权行为”规定在法典中，那么作为侵权行为法律后果的“赔偿”显然是民事赔偿的性质，但是古代法对这种侵权行为的制裁也是经历了从刑事制裁到民、刑兼备的过渡。即起初作为同态复仇的限制手段的赔偿，实质上是具备赎罪金的性质，在效力上和解成功的排斥复仇，和解不成的仍然可以实施复仇，在数额上赔偿额度是由双方自由协商确定，所以，此时的赔偿仍然是报复主义的产物，它的惩罚性是要重于补偿性的。随后，随着文明的进步，以《十二铜表法》为代表的称谓法将赔偿法定化，作为侵害行为的法律后果，同时对数额的确定、标准都作出了规定，此时，赔偿已不再经自由协商确定，而是法律规定的。当然，作为习惯法向成文法的过渡、新旧法的交替，《十二铜表法》既具有赔偿性质，同时也保留有同态复仇的残迹。直到《阿奎利亚法》开始实现了报复性赔偿金向损害赔偿金的过渡，私犯中所体现的刑事责任的制裁性质逐渐减少，民事责任的赔偿性质逐渐占据主要地位。总之，在诸法合体、刑民不分的时期，赔偿是既承担了填补损害的功能，也承担了惩罚制裁的功能，随着刑、民的逐渐分离，赔偿的功能才逐渐民事化、单一化。正如韩忠谟教授所说：“民事责任与刑事责任虽异，但溯其沿革，盖古代复仇及偿金之制，为损害赔偿制方法，同时又为制裁之手段，同一制度，兼有刑事与民事之二重作用。”[2]

（二）我国古代法中报复主义的赔偿

在我国古代法中，人身损害赔偿制度产生较晚，并且基本上属

---

〔1〕［英］亨利·萨姆奈·梅因：《古代法》，高敏、瞿慧虹译，中国社会科学出版社2009年版，第282～284页。

〔2〕韩忠谟：《刑法原理》，北京大学出版社2009年版，第13页。

于刑事处罚的反射性效果，即“赔偿”淹没于“赎刑”之中。上至虞舜下至明清，赎刑作为一种刑罚的替代与变易手段在中国古代刑罚几千年的发展历程中占据了至关重要的地位，赎刑制度中，既具有刑罚替代措施的属性，也有将赎刑作为正刑的一种的规定，同时赎刑与作为易科罚金的部分也有着难以分离的阶段，正如沈家本先生所指出的：“古者辞多通用，罚亦可称刑，凡经传之言刑者，罚亦该于其内，赎亦可称罚。”〔1〕

制度意义上的赎刑，可上溯至夏。西周本着“训夏赎刑”的精神，作《吕刑》，云：“五刑不简，正于五罚；五罚不服，正于五过。”“墨辟疑赦，其罚百锾，阅实其罪。劓辟疑赦，其罚惟倍，阅实其罪。剕辟疑赦，其罚倍差，阅实其罪。宫辟疑赦，其罚六百锾，阅实其罪。大辟疑赦，其罚千锾，阅实其罪。”〔2〕《吕刑》对于经检查不能核实，不应适用五刑的，正于五罚，根据郑玄《周礼·职金》所注：“罚，赎也。”在这里，罚与赎虽是通用的，但本质上是依照虞舜时期“金作赎刑”的精神所制定的对于死刑和肉刑的易科罚金制度，属于刑罚的替代方式。在秦汉时期，赎刑制度既作为刑罚替代措施加以规定，也包含有作为独立的刑罚种类的规定，同时规定了赀刑，同为剥夺犯罪人财产的刑罚。赎刑作为刑罚替代方式的立法例是针对具有特殊身份者适用的，例如，臣属于秦的少数民族首领犯了耐罪以上的包括劳役刑、肉刑、死刑等罪的都可以赎免。但在普遍意义上，赎刑是作为刑罚种类予以独立规定的。《法律答问》规定：“甲某遣乙盗，未到，得，皆赎黥。”“‘抉钥，赎黥。’何谓‘抉钥’？抉钥者已抉启之仍为抉，且未启亦为抉？抉之弗能启即去，一日而得，论皆何也？抉之且欲有盗，弗能启即去，若未启而得，当赎黥。抉之非欲盗也，已启乃为抉，未启

〔1〕（清）沈家本：《历代刑法考（一）》，中华书局1985年版，第446页。
〔2〕《尚书·吕刑》。

当赀二甲。”“盗徙封，赎耐。可如为封？封即田千佰。顷畔封也，且非是？而盗徙之，赎耐，可重也？是，不重。”[1] 在上述规定中，“赎黥”“赎耐”是法律条文所直接规定的法定的赎刑，并非刑罚替代方式。在这一类条文规定中，所谓的赎刑应当是针对特定罪名的定罪量刑，它直接反映的是具体的罪刑关系，是独立适用的法定刑，而不是某一种刑罚的替代刑。

而到了唐朝，刑罚体系逐渐成熟，“赎刑”不再是一种“正刑”，而成了刑罚适用制度，是一种纯粹的刑罚替代措施。唐律中的赎刑依附于笞、杖、徒、流、死这五刑而存在，必须在这五种正刑的基础上方能适用。唐律明确规定了赎铜原则，并对每一种刑罚所对应的赎铜数额作出了详细、具体的规定。[2] 并且规定了若没有财产赎铜的加杖处罚，如《名例律》规定：“应征正赃及赎无财者，准铜二斤各加杖十，决讫，付官、主。”《疏议》规定：“犯罪应征正赃及赎，无财可备者，皆据其本犯及正赃，准铜每二斤各加杖十，决讫付官、主。铜数虽多，不得过二百。”[3] 即无财产赎铜的，可易科为杖刑，并以二百为上限。《唐律·名例二·应议、请、减》一章对赎铜的适用范围和事由规定了四类情形，即特殊身份者、老小废疾者、过失犯特定罪者以及疑罪。[4]

值得注意的是，唐朝时期产生了对侵害人身行为的损害赔偿的规定，即过失杀人的，赎金交付于死者家属，这一点，在其他条文中有所印证，如以毒药药人罪规定：“脯肉有毒，曾经病人，有余者速焚之，违者杖九十；若故于人食并出卖，令人病者，徒一年，

---

〔1〕《睡虎地秦墓竹简·法律答问》。

〔2〕参见（唐）长孙无忌等：《唐律疏议》，中国政法大学出版社 2013 年版，第 2～5 页。

〔3〕参见（唐）长孙无忌等：《唐律疏议》，中国政法大学出版社 2013 年版，第 84 页。

〔4〕参见（唐）长孙无忌等：《唐律疏议》，中国政法大学出版社 2013 年版，第 17 页、第 48～49 页。

以故致死者，从过失杀人法。”《疏议》规定：“……因即致死者，从过失杀人法，征铜入死家。”该规定是人身损害赔偿制度的雏形，但是这类赔偿并非私法上的赔偿责任，很大程度上只是公法、刑事责任的反射效果，依附于刑罚体系而存在，赔偿数额也并不考察实际损失，而是以主刑为标准确定赎铜额度。这种状况到了元明清时期有了很大的改善，例如，元代将烧埋银、“养济之资”、“养赡之资”、“医药之资”等赔偿形式引入人身损害赔偿中，侵害人身行为造成受害人致伤、致残、致死等后果，均能得到相应的救济和赔偿，这种责任形式多为明清律所继承。[1] 明代赎刑继承了唐律中过失杀人的规定，“若过失杀、伤人者，其准斗杀、伤罪，依律收赎，给付其家”。[2] 在诬告收赎条款中也明确要求赔偿受害人损失，[3] 此时，赔偿已由传统的报复性、惩罚性属性开始向被害人赔偿的性质转变。补偿性的赔偿在清律中也有所体现，如《大清律例·刑律·人命》的戏杀、误杀、过失杀伤人条规定，“若过失杀伤人者，各准斗杀伤罪，依律收赎，给付其（被杀伤之）家”，“以为茔葬及医药之资”，[4] 该规定是古代法律中首次明确规定了赎金的赔偿功能。

纵观中国古代赎刑制度的发展历程，可以清晰地看出单纯以填补受害人损失的人身损害赔偿制度产生得非常之晚，直到封建社会晚期才有了相对明确的人身损害赔偿制度，而赎刑是作为财产类的处罚方法以替代刑或者正刑的面目出现，充分体现了刑罚报复的因素，是以惩治犯罪人为目的。犯罪所产生的赔偿责任，更是直接规

---

〔1〕 参见田振洪：《中国传统法律的损害赔偿制度研究》，法律出版社2014年版，第360页。

〔2〕《大明律》卷十九，《刑律二·人命·戏杀误杀过失杀伤人》。

〔3〕 参见王新举：《明代赎刑制度研究》，中国财政经济出版社2015年版，第213页。

〔4〕《大清律例·刑律·人命》。

定于赎刑制度之中，立法者企图借此达到惩治犯罪的目的。例如，唐代起规定了如“铜入被告及伤损之家”的条文，明清律“杀一家非死罪三人”适用“财产断付给死伤之家”的规定，虽然客观上具有民事赔偿的性质，但是这种规定“只笼统规定断付财产，或财产一半给被害之家，因而实际断付数额视被侵权人的经济状况而定，而非养赡所需的实际支出”[1]，类似于我国现行《刑法》中的没收财产，而不同于以填补损害为目的的侵权损害赔偿，这种规定以加害人的经济状况作为赔偿的确定标准，旨在通过对加害人的惩罚，来达到维护社会秩序的目的，而被害人的损失情况则不在考虑之限。即对于被害人赔偿的规定形式分散、内容较少，多数仅规定在过失杀伤人的犯罪之中，并且不以权利救济为首要目的，仍属于“赎刑”制度的内容，其作为刑事责任的补充而不具有独立的地位。所以赎刑制度自产生伊始就饱含刑罚惩罚与报复的因素，同时以维护统治阶级的特权利益、增加国家财政收入为目的，对于私人的救济，国家并不过于关心，几乎不被统治者所提倡。

二、填补损害与惩罚制裁功能的分化

（一）刑民分立的演进历程

赔偿制度的惩罚制裁功能的弱化甚至消除，是刑民分立的自然结果。刑法与民法相分离后，赔偿制度则成为专属于民事责任的承担方式，仅与个人权利直接相关，而刑法成为公法的一部分，国家通过刑法中的镇压方式防止危害社会的行为。“该分离的结果是，每个欧洲国家的法律制度都含有诸如有关犯罪企图的规范，这样的规范对没有对任何个人、国家或者社区居民造成民法上的可以得到救济的行为设定了惩罚，此等规范与法规在此是无关的，因为侵权

〔1〕 张晋藩：《清代民法综论》，中国政法大学出版社 1998 年版，第 178 页。

行为法是一个非合同的损害赔偿制度。"[1] 刑法成了"没有赔偿的惩罚"，赔偿制度自然也就是"没有惩罚的赔偿"。

公私法的划分，是古罗马法学家的首创。刑民分立的倾向始于古罗马最早的成文法典《十二铜表法》，它充分体现了私法性质，一方面将财产赔偿的方法广泛应用于人身权利侵害的案件中，另一方面将行政法规、宗教仪式、宪政法规等排除于法典之外，但是如前所述，《十二铜表法》由于处于新旧法交替、习惯法向成文法过渡的时期，其中仍然保留有大量的同态复仇的残迹。直到最高裁判官法，才确定了对人身的伤害也一律实行赔偿制度。[2] 最早进行公私法划分的，是古罗马法学家乌尔比安，他指出："公法是有关罗马国家稳定的法，即涉及城邦的组织结构，私法是调整公民个人之间的关系，为个人利益确定条件和限度，涉及个人的福利。"[3] 到查士丁尼帝制定罗马法典时，开始在法典中区分公犯与私犯，《查士丁尼民法大全》的《法学阶梯》指出："公法涉及罗马帝国的政体，私法则涉及个人利益。"其中私犯包括盗窃、抢劫、财产上的损害以及人身伤害。[4]

但是，古罗马对于公私法的划分，按照朱塞佩·格罗索的说法是有些"摇摆不定"[5] 的。一方面，古罗马法对于公私法的划分，主要重点在于私法的研究，目的只在于"放逐公法"[6]，因而是没

---

〔1〕［德］克里斯蒂安·冯·巴尔：《欧洲比较侵权行为法（上）》，张新宝译，法律出版社2001年版，第737页。

〔2〕杨立新：《侵权法论》，人民法院出版社2004年版，第105页。

〔3〕［德］彼得罗·彭梵得：《罗马法教科书》，黄风译，中国政法大学出版社1996年版，第9页。

〔4〕［古罗马］查士丁尼：《法学总论——法学阶梯》，张企泰译，商务印书馆1996年版，第190页。

〔5〕［意］朱塞佩·格罗索：《罗马法史》，黄风译，中国政法大学出版社1994年版，第109页。

〔6〕［法］勒内·达维德：《当代主要法律体系》，漆竹生译，上海译文出版社1984年版，第59页。

有公法的私法，罗马法的繁荣也只是在于私法的繁荣；另一方面，私法中的惩罚性、报复性成分依然存在。例如，对于现行盗窃和非现行盗窃进行区分，规定了“现行盗窃的罚金是盗窃物价值的四倍，不论窃取者是自由人或是奴隶，非现行盗窃的罚金是加倍”〔1〕。诸如此类的规定实质上都是依据报复性惩罚原则做出的。此外，对侵害行为，“被害人可以提起刑事诉讼，也可提出民事诉讼。在民事诉讼中，应根据以上所述估计一个数额，对行为人处以罚金；在刑事诉讼中审判员应依职权对行为人另行判处刑罚”〔2〕。可以看出，古罗马法对私犯的规定中，保留了惩罚性的成分，进而影响了私法性质的纯粹性。因而，这部分法的历史可以被看作一种从对侵害的报复性惩罚向损害赔偿过渡的运动，这一运动在罗马时期根本没有完成。〔3〕

在中世纪，到了公元476年后，日耳曼人征服了西罗马帝国，西欧进入了封建时代，罗马法也逐渐被日耳曼法所取代，〔4〕在世俗君主与教会的双重统治下，由于教会成为了政治统治和社会生活的中心，即使是世俗政权也需要通过教会取得正当地位，所以教会法占据了主要的统治地位，法学受到了神学的压制，公私法的划分丧失了存在的社会和政治基础，因而彼时的西欧社会对公私法的区分界限并不明显。“按照实践和程序的标准，直到18世纪以前，这个界限无足轻重。社会和政治的解释一贯是，在庄园主的统治下，法院依附于某个地方权贵，而这权贵无不敌视司法权的分立，一种

〔1〕［古罗马］查士丁尼：《法学总论——法学阶梯》，张企泰译，商务印书馆1996年版，第191页。

〔2〕［古罗马］查士丁尼：《法学总论——法学阶梯》，张企泰译，商务印书馆1996年版，第203页。

〔3〕［英］巴里·尼古拉斯：《罗马法概论》，黄风译，法律出版社2000年版，第217页。

〔4〕叶秋华、洪荞：“论公法与私法划分理论的历史发展”，载《辽宁大学学报（哲学社会科学版）》2008年第1期。

以绝对的权利观念几乎不允许任何个人维护自己的权利，与政体相对抗。"[1] 不过公法与私法的划分，仍然在中世纪的注释法学家那里得到了承认和发展，如罗吉利乌斯、德国的奥因奥托慕斯、约·施耐德温、马蒂修·韦森见西乌斯等法学家都致力于对法律部门的划分作出有意义的探讨，[2] 使得公、私法的划分在学理上得到了延续和发展。当然，由于罗马法中本身就欠缺对公法的重视和研究，加之在教会权力至上的中世纪西欧社会中，公法关系也仅仅是对教会和王权的维护，是没有公法的发展空间的，所以同罗马法一样，中世纪对于公、私法的研究仍然是重私法而轻公法的。

直到18世纪，随着近代统一民族国家的产生和发展，国家主权观念的兴起，对于公法的需求也就日益增加，对封建主义的斗争不仅需要财产权等私法权利，更需要公法上的各种政治权利，加之天赋人权、社会契约等宪政思想相结合的自然法学说，才结束了对公法的三缄其口，"法的领域应该扩展到统治者与被统治者、政府机关与个人的关系上"。[3] 此时，公法才具备了现实意义，体现出对于统治者和国家权力的限制和约束，公、私法才具有了现代法治意义上的划分。进入19世纪以后，公、私法的区分在各国的法典编纂中得到了充分的体现，已经成了不言自明的真理，19世纪西欧国家建立的双法院系统也确立了公、私法的划分，即行政法院管辖公法案件，普通法院管辖私法案件。对于这一现象，沈宗灵先生认为是与当时经济领域中的自由竞争和个人自由主义直接相关的，自由竞争、个人自由主义与自然法学说中的理性主义、人道主义思

〔1〕［美］艾伦·沃森：《民法法系的演变及形成》，李静冰、姚新华译，中国法制出版社2005年版，第201～202页。

〔2〕［美］艾伦·沃森：《民法法系的演变及形成》，李静冰、姚新华译，中国法制出版社2005年版，第202页。

〔3〕参见［法］勒内·达维德：《当代主要法律体系》，漆竹生译，上海译文出版社1984年版，第59页。

潮相结合，产生了“私人自治”（private autonomy）这一私法中的重要概念，也就是说个人享有财产和缔结合同的绝对权力，国家不应干预个人的自由，而国家活动仅限于保障个人权利和调解私人纠纷。所以公法和私法分别代表国家和个人。[1] 公、私法划分的观念，也促使了刑、民分立，大陆法系的法学家通常认为刑法属于公法范围，调整的是国家机关和个人的关系；以侵权行为法为代表的民法属于私法领域，调整平等主体的个人之间的关系。自此，打破了习惯法、罗马法时期长期保持的诸法合体、刑民不分的状态，刑法和民法得到了合理划分，分属于公法和私法的范畴，进而，作为刑民不分时期侵权损害责任的赔偿制度，也逐渐去除了惩罚制裁的色彩，成了性质单一的补偿性措施。

（二）填补损害与惩罚制裁功能分化的表现

第一，公力救济取代私力救济。在刑、民不分的时期，人身受到侵害的被害人一方可以采取私力救济的方式，对加害人予以惩罚报复，血亲复仇、血态复仇、同态复仇以及赎罪金都属于被害人的私力救济措施，公权力机关也承认被害人享有报仇、获得正义的权利，所以公权力机关的职责仅在于对于复仇行为加以疏导，以及对复仇、赔偿规定一些大致的规则，并且监督复仇、赔偿的进行是符合这些规则的。[2] 显然，这种以被害人为中心和主体的救济方式，使得追诉程序上以私人追诉主义为主要形式，在刑罚执行上执行主体也为被害人一方，充分尊重被害人的意愿。

随着国家权力和统治意识的增强，统治阶级对犯罪本质的认识发生了重大转变，犯罪不再被认为是对个人的侵害，而是对社会利益和国家利益的侵害，所以犯罪是国家与犯罪人之间的纠纷，被害

〔1〕 参见沈宗灵：《比较法研究》，北京大学出版社 1998 年版，第 121 页。

〔2〕 参见［法］卡斯东·斯特法尼、乔治·勒瓦索、贝尔纳·布洛克：《法国刑事诉讼法精义》（上），罗结珍译，中国政法大学出版社 1999 年版，第 65 页。

人只是作为当事人的国家和犯罪人以外的第三人，以证人的身份作为证据的一个来源，进而国家开始主动干预犯罪，引发了刑事追诉制度的第一变革。起初，弹劾式诉讼模式在奴隶制的古巴比伦、古希腊、古罗马共和国以及封建初期的一些国家中长期实行，表现为在起诉上采用追诉主义和“不告不理”原则，国家不主动追诉犯罪，只有在原告起诉后，法院才受理并审判，并不负有积极主动地调查事实的职责。因而，在弹劾式诉讼模式下，被害人有是否起诉、是否和解的决定权，在刑事程序启动上占据主动地位，是诉讼的主体。随着统治阶级对犯罪本质认识的深化和中央集权的增强，国家由完全被动地介入刑事诉讼变为主动地参与刑事诉讼，由此产生了公诉制度，弹劾式诉讼模式发展为纠问式诉讼模式，引起司法制度的第二次变革。[1] 到了中世纪欧洲的君主专制时代，纠问式诉讼模式得到了广泛的适用，典型的如《加洛林纳刑法典》所规定的诉讼程序。在纠问式诉讼模式下，个人追究犯罪的权利完全被国家所取代，而且侦查、起诉、审判等所有刑事司法程序都由司法机关行使，所以司法机关为了使证据能够充分地证明犯罪，从而滥用司法权力收集证据，被告人的人权难以保障。于是，在资产阶级革命胜利以后，司法制度再次发生变革，审判权与控诉权不再集于审判机关一身，而发展出了专门行使控告权的国家官员，也就是检察官公诉制度。随着1808年法国刑事诉讼法典的颁布，正式确立了完整意义上的公诉制度。回顾公诉制度的产生，可以看出公共诉讼制度的发展、完善的历程，也正是私力救济逐渐被排斥的历程，随着公诉制度的正式确立，被害人已完全退出了对犯罪行为的追诉权利范畴，而由国家权力所垄断，被害人在刑事诉讼中也由曾经的主体地位而逐渐地被忽略，惩罚制裁的功能也就此从赔偿这一被害人

---

〔1〕 姜伟：“公诉制度的历史沿革和发展趋势”，载《浙江社会科学》2002年第4期。

权利中退出。

第二，罚金刑的充分发展。私力救济被公力救济所取代，在被害人的实体权利方面则体现为，罚金刑的充分发展和广泛适用，减少甚至取代了被害人获得赔偿的机会。对于罚金刑的起源，学界通常认为，罚金刑在我国源于唐虞之“金作赎刑”，即以金换刑，易科罚金，可以看出中国古代罚金刑以赎刑为起源和主要特点，一直到元、明乃至清末变法之前，基本上都是以赎刑为主，罚金为特例。[1] 与中国罚金刑的起源不同，西欧古代的罚金刑源起于赔偿制度，虽然在其产生的原始社会，是作为同态复仇的限制措施，具有一定的“赎罪”色彩，但是此时的赔偿制度是一种私力救济手段，且赔偿的财物、牲畜都交付被害人一方，所以它的损害救济的性质更为强烈。逐渐地，赔偿金的支付被分为两部分：一部分交给被害人及其亲属，也就是损害赔偿；另一部分交公，也就是后来的罚金刑。如按照古希腊法的规定，某种犯罪人，除对被害人交付赔偿金以外，还要向市政府缴纳罚金，而在日耳曼法中，对于杀人等重大违法行为，除了要向被害人亲属交付赎金外，还要向国王或者领主缴纳一部分罚金，称为“和平金”。之所以要缴纳“和平金”，是因为日耳曼人将侵害行为视为对和平的侵害，可见“和平金”具有罚金刑的性质。[2] 而古巴比伦《汉谟拉比法典》就已经规定了罚金刑，如第5条规定，法官改判的，“科以相当于原案中之诉金额的12倍罚金”，“在这样的刑事案件中并不以私刑为限，而且罪犯在犯罪以后的行为（如他自动使受害人得到满足，以及用一切方法弥补他所造成的损害）已经不能中止法院或行政当局对他进行追

〔1〕 参见孙力：《罚金刑研究》，中国人民公安大学出版社1995年版，第6页。
〔2〕 参见由嵘主编：《外国法制史》，北京大学出版社1992年版，第105页。

诉与惩罚”。[1] 古罗马法中也规定了罚金刑，但同时，对于“伤害行为”广泛适用死刑、肉刑如割鼻、割耳、割手等，还有劳役、拘禁、游街示众等刑罚，罚金刑只是一种例外现象。但到了17世纪以后，罚金刑的地位逐渐衰微，在18、19世纪，更退居辅助地位。[2] 如1689年《权利法案》第12条规定，“定罪前，特定人的一切让与及对罚金与没收财产所作的一切承诺，皆属非法而无效”[3]。这是由于这一时期中央集权的不断加强，教会统治占据主导地位，教会法、宗教戒律成了定罪处罚的根据，[4] 在这样的刑法观念的指导下，刑法进入了重刑威慑主义的时代，刑罚的威慑作用的推崇导致了作为制刑结果的刑罚方法的复杂化与残忍性，[5] 罚金刑由于不具备这样的残忍性、谴责性，因而退居次要地位。直到19世纪末，西方国家开始关注并在立法上重视罚金刑，在进入20世纪后，罚金刑的地位不断提高，各国颁布修订的刑法典中罚金刑的适用范围大幅度增加，由此，罚金刑才开始得到充分的发展。

罚金刑的广泛适用，在一定程度上限制了对被害人赔偿的空间。犯罪行为发生后，社会公众、国家权力的关注点都集中于犯罪人，而作为犯罪行为所直接侵害、遭受损失的被害人却被忽略，被害人于社会仅仅是路人，刑事诉讼、刑罚的执行对于被害人来说并没有多大的意义。被害人的损害赔偿被认为是个人的私利，这显然

---

〔1〕［苏］И. М. 贾可诺夫、Я. М. 马加辛涅尔：《巴比伦皇帝哈漠拉比法典与古巴比伦法解说》，中国人民大学国家与法权历史教研室译，中国人民大学出版社1954年版，第145页。

〔2〕参见林纪东：《刑事政策学》，台湾编译馆1969年版，第257页。

〔3〕由嵘等编：《外国法制史参考资料汇编》，北京大学出版社2004年版，第320页。

〔4〕参见张明楷：《法益初论》，中国政法大学出版社2000年版，第7页。

〔5〕参见邱兴隆：《刑罚理性评论：刑罚的正当性反思》，中国政法大学出版社1999年版，第17页。

是与惩罚犯罪——这种基于社会公众利益的目的是相冲突的，且在刑事诉讼中被害人仅仅处于客体地位，被视为证明犯罪成立的证据，显然，国家刑罚权是忽视、甚至排斥被害人权利的实现的。同时，对于被告人来说，罚金刑的广泛适用，显然对于被告人造成了较重的经济负担，同样数量的金钱，向国家缴纳和向被害人缴纳于被告人而言并无区别，很显然，被告人不对基于一个犯罪行为而同时向被害人和国家交付双重赔偿。

与刑民不分时期的赔偿相比，刑民分立后的赔偿分化为罚金刑、行政罚款和民事赔偿。就被害人的民事赔偿而言，由于随着国家权力的扩张，被害人不再处于刑事诉讼的主体地位，被害人赔偿被国家所无视，同时罚金刑的普遍适用也使得犯罪人无力或者不愿承担双重的赔偿责任，对犯罪行为的惩罚受到了高度的关注，而赔偿的功能也仅仅局限于填补被害人的损失，即便是这样，被害人的赔偿权利也难以得到保障，也就是所谓的被害人保护的“衰退期”。

三、填补损害与惩罚制裁功能的融合

赔偿制度填补损害与惩罚制裁功能的部分融合，是在当代法律中刑民趋同在损害赔偿方面的体现。在公私法严格区分的背景下，代表国家权力的刑法不能介入民法领域，否则就是对私法自治的违背和干涉，刑法和民法的关系处于互不干涉、毫无关系的两极。但是自20世纪以来，工业文明的浪潮席卷了整个人类社会，伴随着30年代资本主义受到社会和经济危机的严重冲击，社会发展严重失衡、社会公平正义受到严峻考验，大量的社会、经济问题使资本主义社会开始全面反省，国家对市场和私人生活的干预不断加强，在这样的背景下，公、私法的严格对立、私人自治的理念开始动摇，“法律社会化”的现象应运而生。这种现象体现在以下三个方面：①公法私法化，随着政府职能的扩大和转变，私法关系向公法关系中延伸，司法准则、私法调整方法逐渐运用于公法领域；②私法的公法化，也就是公法、国家权力对于私人生活的干预加强；③“社会法”法律部门的出现，也就是既不能归于私法也不能归于公法的第三领域的法律部门兴起，即经济法、环境法、劳动法、社会保障法等。[1] 于是公、私法在各个方面开始逐渐地相互渗透，二者之间的界限变得不再清晰，法学家们也对公、私法的划分重新予以审视，认为公法与私法、公共权力行使领域与私人自治领域之间的界限不是固定不变的，而是流动的，而且正在形成一些介于公法与私法之间的具有两个领域的某些特征的“中间领域”。[2]

就赔偿制度而言，所谓的“公法私法化”以及“私法公法化”实质上是在功能意义上而言的，即惩罚制裁功能在赔偿领域的加强，以遏制不法行为、增强对特殊主体的保护，以及民事措施在刑法领域，特别是犯罪防治方面的作用和意义受到重视，具体来讲：

第一，强调惩罚功能在赔偿领域的实现，这体现在惩罚性赔偿制度的引进。惩罚性赔偿是在加害人具有恶意、欺诈、轻率意图，并导致受害人受到损害时，所需要承担的超过受害人实际损害的赔偿。传统的民事责任以损害填补为目的，由此而言，惩罚性赔偿实质上是一种民事罚（privatstrafe），[3] 突破了传统侵权行为法的“禁止获利”原则和补偿性原则，对加害人科以违法所得以外的财产上的不利益，显而易见，惩罚性赔偿的目的在于惩罚不法行为人，因其惩罚制裁以及威慑预防的功能而显现出明显的公法性。因而，惩罚性赔偿在产生以来，在英美法系国家一直受到质疑和反对，而在强调公、私法严格区分的大陆法系国家，惩罚性赔偿更是

---

〔1〕 参见孙国华、杨思诚：“公私法的划分与法的内在结构”，载《法制与社会发展》2004 年第 4 期。

〔2〕 朱景文：《比较法社会学的框架和方法：法制化、本土化和全球化》，中国人民大学出版社 2001 年版，第 100 页。

〔3〕 王泽鉴：“损害赔偿之目的：损害填补、损害预防、惩罚制裁”，载《月旦法学杂志》2005 年第 8 期。

被视为异端。然而，即使自产生以来受到如此多的争议，惩罚性赔偿制度依然发展到了今天，并且显示出了强大的生命力，这是因为补偿性损害赔偿本身是存在缺陷的，即如果在承认损害赔偿规则在补偿受害人的目标以外，暗含着阻止不法行为的再次发生，以及对加害人行为的否定评价，那么在特定情况下，补偿性的赔偿是不能够实现这一目的的。[1] 惩罚性赔偿制度的产生与发展，印证了公、私法内涵是难以进行精确的划分的，特别是在随着生产力的发展，社会关系的复杂化，单纯以惩罚与补偿的功能来对刑事责任与民事责任进行划分已经难以适应社会发展的需要了。惩罚性赔偿制度反映出对某一行为是以补偿原则确定赔偿数额，还是在实际损害的基础上额外加以赔偿，在一定程度上是由行为的恶性程度、损害的程度加以决定的，这种做法突破了传统的刑事责任旨在惩罚制裁、民事责任旨在填补损害的观念，以功利的理念追求对受害人的保护以及稳定社会秩序的目的。此外，非财产损害的抚慰金，即精神损害赔偿也同样体现除了惩罚的功能。对于肉体、精神上的伤害等非财产上的损害，各国都规定了所谓的抚慰金。在瑞士民法中，抚慰金被认为是一种赎罪，随后被填补思想所取代，但是对于抚慰金的量定需考虑故意或过失的轻重，这种考虑加害人情况的做法实际上也是刑法理念在民法中的渗透。而在德国民法以及日本民法中，通说均认为抚慰金除填补功能以外，具有抚慰制裁性的作用。可见，惩罚制裁功能在惩罚性赔偿、精神抚慰金中的强调，是对赔偿制度功能的发展，体现出随着刑、民的趋同和融合，赔偿制度逐渐兼具补偿与惩罚的机能，不再是刑、民严格分立时期赔偿与刑罚关系的简单划分了。

第二，赔偿制度在刑法领域的地位逐渐提高。自 19 世纪末以来，赔偿在刑法中的价值和作用受到了学者们的关注。功利主义法

---

〔1〕 参见余艺："惩罚性赔偿研究"，西南政法大学 2008 年博士学位论文。

学家边沁非常重视补偿的作用，他指出："补偿是对遭受损害所作的补救，是一种有效的回复方式。一旦涉及犯罪，补偿则是由于对被害人的权益造成损害而给予等价的赔偿。"对于补偿的标准，他采用完整性标准面积，认为给予的补偿应与犯罪造成的损害相等。而对于补偿的功能，边沁认为补偿具有填补损害和抑制犯罪的双重作用，"补偿包括两个方面或者两个部分，即过去的补偿和将来的补偿，前者称作损害赔偿，后者则在于抑制罪恶。如果补偿的机制发挥了实际功效，罪恶得以抑制，法官在这方面的就没有过多的工作"。"补偿对于制止轻微的罪恶更为必要。仅仅惩罚不足以实现这一目的。毫无疑问，虽然惩罚趋于减少犯罪的数量，但是数量虽有减少，可是绝不会消亡。作为犯罪总会刺激人的欲望，这种事实或多或少为人所知。人们总是在观察承担痛苦能够换取什么，如果为了消除恐惧的情绪，补偿应当和惩罚一样，与犯罪形影相随。如果对犯罪只适用惩罚，而不采用补偿措施，那么，尽管许多犯罪受到惩罚，但很多证据表明，惩罚的效力甚微，并且，必然给社会增加大量的令人吃惊的负担。"边沁将补偿分为金钱补偿、实物返还、宣示补偿、名誉补偿、惩罚补偿和替代补偿六类，并认为补偿是一种纯善，所以宁多勿少，补偿数额大的可以发挥防止犯罪的功效，其超过标准数额的部分具有惩罚的性质。[1]

刑事实证学派的代表人物加罗法洛提出了将强制赔偿作为遏制犯罪的一种方法，他认为犯罪对罪犯是明显不利的，可以使再犯行为，即除了市区罪犯违法所希望获取的东西之外，还在经济上受到损失。强迫罪犯赔偿其犯罪所导致的物质上和精神上的损失就可以达到这一效果。强制补偿可以起到遏制犯罪的作用，"所以如果损害是可以补偿的，而且罪犯也愿意赔偿，那么消除就是不必要的方

〔1〕参见［英］吉米·边沁：《立法理论——刑法典原理》，孙力等译，中国人民公安大学出版社1993年版，第33～37页。

法，而且也是残酷的方法”。赔偿既包括物质损害也包括精神损害，并且犯罪不仅对被害人造成了损害，同时也对社会造成了损害，所以对被害人的赔偿不能阻却罚金刑的适用。〔1〕加罗法洛将强制赔偿纳入刑罚体系中，对强制赔偿措施做出了如下设计：“（a）除了前面的规定以外，暴力犯和非累犯如果既不是危险犯，同时也有支付的资力，那么，除了强制他向受害人和国家赔偿之外，不应在其他方面再惩罚他们。强制赔偿可以采取双重罚金的形式，每一重罚金的数额都应有法官确定。在确定数额时，如果罪犯拥有财产，法官就应当考虑罪犯的财产情况；如果罪犯没有财产，就应考虑罪犯通过劳动收入来交付罚金的可能性。（b）然而，如果被定罪的人犯在规定期限内没有履行交付双重罚金的义务，就应当强制他到第23条所描述的企业中劳动，并强制他遵守上述企业为管理他而订立的规则。（c）尽管罪犯由于向受害人和国家支付赔偿而被免除刑罚或得以释放，但仍然可以剥夺他的政治权利和从事特定行业或职业的权利。”加罗法洛也对赔偿的程度作出了设想：“（a）罪犯向国家交付的罚金数额应与他的社会地位和经济状况相适应。（b）如果罪犯对受害人造成的损害不是金钱方面的损害，而是精神方面的损害，那么在确定赔偿金的数额时，就应当考虑罪犯和受害人两者的社会地位和经济状况。”〔2〕

刑事社会学派的代表人物菲利，在《论刑罚作为一种社会功能的合理性》一文中写道：“没有人告诉我们民事赔偿不是刑事责任的一部分。在付一定数额的钱作为罚金和付一定数额的钱作补偿之间，我看不出有什么真正的区别。不仅如此，我认为将民事措施与刑事措施绝对分开是一个错误，因为他们在预防某些反社会行为这

---

〔1〕参见［意］加罗法洛：《犯罪学》，耿伟、王新译，中国大百科全书出版社1996年版，第203～214页。

〔2〕参见［意］加罗法洛：《犯罪学》，耿伟、王新译，中国大百科全书出版社1996年版，第367～368页。

一防卫目的上应当是一致的。”民事措施与刑事措施应当共同使用，“甚至需要有专门的法规强制刑事法官确定损失数额，以避免由民事法官重新审理而造成拖延和不幸”。他主张将赔偿作为一种社会防卫措施，具有以下三种性质：①作为罪犯对被害人应尽的责任；②作为对犯了轻罪的偶犯所处监禁刑的替代措施；③作为国家为被害人利益同时也为社会防卫的间接但很大的利益所实施的一种职能。[1] 菲利认为严格的赔偿对于犯罪人来说比短期自由刑更能减轻犯罪人的危险程度，[2] 所以主张对犯了轻罪的偶犯以赔偿损失代替短期监禁。

二战后，随着西方国家被害人保护运动的兴起，对被害人犯罪学的研究得到了进一步的发展。例如，新社会防卫论的代表人物安塞尔，坚决反对传统的报复性惩罚制度，主张建立一个人道主义的刑事政策新体系，旨在使罪犯改造为新人，回归社会。安塞尔的非刑事化思想在其学说体系中占据相当重要的地位，其中强调对受害人权利的保障，即对刑事案件首先弄清所受损失，作出估价，并责令侵害人或社会专门组织（如“受害人补偿委员会”）对受害人进行赔偿。[3] 不仅如此，赔偿还被作为刑事制裁手段、刑罚替代方式予以论述。意大利的实证学派曾经主张：“补偿不仅对刑事被害人来说是不可或缺的起码措施，同时也是一种进行特殊预防的基本手段；因此，使用这种措施不仅是法官的职责，并且还可以作为制裁某些犯罪的刑罚措施。现行刑法典中有关适用缓刑可附加履行民事义务的规定，实际上就是这种观念的遗迹。现代刑事政策认为在

---

〔1〕 参见［意］恩里科·菲利：《犯罪社会学》，郭建安译，商务印书馆2017年版，第279～281页。

〔2〕 参见［意］恩里科·菲利：《实证派犯罪学》，郭建安译，中国人民公安大学出版社2004年版，第51～52页。

〔3〕 马克昌主编：《近代西方刑法学说史》，中国人民公安大学出版社2008年版，第490～491页。

决定补偿时，不仅要考虑损害的大小，还要考虑犯罪人罪过的程度。因此，对于补偿具有作为替代性刑罚措施的价值，倾向持肯定态度。如果是这样的话，补偿就将逐步演化为私法性的处罚。"[1] 而德国刑法学家罗克辛更是将赔偿作为“刑法上的第三条道路”加以讨论，认为赔偿已经不再是一个纯粹的民法问题，它在本质上有利于实现刑罚的目的、具有重新社会化的功能。[2]

19 世纪末以来，刑法学界对赔偿制度进行了广泛而深入的探讨，可以看出，学者们在以下几点是有着一致的意见的：①赔偿是被害人的基本权利，必须得到充分的保障。②承认赔偿对于惩罚、遏制犯罪，预防犯罪的再次发生是具有积极作用的，同时有利于犯罪人改过自新、重新社会化，这是赔偿制度这一民事措施在刑法领域中的重要价值所在。③基于赔偿的惩罚、遏制、预防作用，以及短期自由刑存在的种种弊端，学者们试图将赔偿引入刑事制裁体系来实现刑法的目的，肯定了赔偿作为监禁刑的替代措施的价值，主张作为刑罚替代措施加以适用，甚至将赔偿作为“刑法上的第三条路”予以理解。总之，刑法理论愈加重视赔偿对于刑罚目的实现的机能，赔偿理论的发展也对世界各国的立法实践起到了指导作用，近几十年来，在各国的刑事立法实践中均对被害人的损害赔偿作出了专门的规定，这一部分内容在第二章第一节中进行了介绍。

---

〔1〕［意］杜里奥·帕多瓦尼：《意大利刑法学原理（注评版）》，陈忠林译评，中国人民大学出版社 2004 年版，第 354 页。

〔2〕参见［德］克劳斯·罗克辛：《德国刑法学总论（第 1 卷）》，王世洲译，法律出版社 2005 年版，第 54～55 页。

▶ 第三章

刑法中的赔偿制度对刑事责任的影响

第一节　刑法中的赔偿制度对定罪的影响

一、民事责任转化为刑事责任的理论争议

基于犯罪而产生的赔偿责任，能否以刑事责任作为条件来保障赔偿责任的实现，赔偿能否对刑事责任产生影响，能够在怎样的范围内对刑事责任在多大程度上产生影响，这是一个需要探讨的问题。通常，对于赔偿责任与刑事责任的关系的研究多集中于赔偿对量刑的影响，但是，在我国《刑法》中一种特殊的立法例应当引起我们的重视，即赔偿作为一种出罪事由与定罪也有一定的关系，最为典型的就是司法解释对于交通肇事罪的构成要件的规定，将加害人的赔偿能力作为犯罪成立与否的标准的规定，即2000年11月10日《最高人民法院关于审理交通肇事刑事案件具体应用法律若干问题的解释》（以下简称《解释》）第2条规定，“交通肇事具有下列情形之一的，处3年以下有期徒刑或者拘役：……③造成公共财产或者他人财产直接损失，负事故全部或者主要责任，无能力赔偿数额在30万元以上的”。无独有偶，在1998年3月17日《最高人民法院关于审理盗窃案件具体应用法律若干问题的解释》（现已失效）中也有类似规定：盗窃公私财物虽已达到数额较大的起点，但

情节轻微全部退赃、退赔的可不作犯罪处理。[1] 此类规定实质上是将加害人的赔偿责任与其刑事责任相关联，以不作犯罪处理作为“奖励政策”，鼓励加害人积极履行赔偿义务，从而保证被害人的损害得以赔偿。上述司法解释出台后，引起了较大的争议，特别是交通肇事罪的司法解释将行为人的“赔偿能力”作为标准，更是直接以财富多寡作为犯罪成立的要件，因此，学者们对该项规定的褒贬不一，纵观学界对于该解释的讨论，争议焦点主要集中于该规定是否违背法律面前人人平等原则、是否会造成以钱抵罪的现象。

反对的观点认为，根据《解释》的规定，决定是否构成犯罪不是以行为本身的危害性大小，而是以行为人财富的多寡为标准。这种做法没有考虑实行行为的有无，违反刑法客观主义的立场，违反罪刑相适应的原则，会造成有罪不罚的结果。同时也与刑法面前人人平等的原则相抵触，因为该原则要求对任何人犯罪，不论犯罪人的家庭出身、社会地位、职业性质、财产状况、政治面貌、才能业绩如何，都应该追究刑事责任，一律平等地适用刑法。[2] 该规定会使国民形成不公平的感觉，会导致定罪的不均衡，例如，甲的交通肇事行为造成财产损失 31 万元，但他最多只能赔偿几千元，因而成立交通肇事罪；乙的交通肇事行为造成财产损失 310 万元，但由于他具有赔偿能力，只要他已经赔偿的数额超过了 280 万元，便不成立交通肇事罪。[3]

法律面前人人平等是宪法所确立的基本原则，该原则在刑法中的体现，就要求刑法的适用对于任何人都是平等的，刑事责任的承

---

〔1〕 随着 2013 年 4 月 2 日《最高人民法院、最高人民检察院关于办理盗窃刑事案件适用法律若干问题的解释》的出台，《最高人民法院关于审理盗窃案件具体应用法律若干问题的解释》已被废止。

〔2〕 陈兴良、周光权：《刑法学的现代展开》，中国人民大学出版社 2006 年版，第 457 页。

〔3〕 张明楷：《刑法学》，法律出版社 2011 年版，第 632 页。

担要以法律规定为标准，而不能因行为人的身份、职业、财产等条件为转移。《解释》的规定以“赔偿能力”为标准，实质上是以行为人客观上所拥有的财产为标准衡量犯罪的成立与否，显然是对法律面前人人平等原则的背反，它可能会导致两类负面后果：①对于仅造成公私财产重大损失的交通肇事案件，法院在审理时可能仅以行为人是否具有赔付能力为标准来判断犯罪的成立，而案件的其他恶劣情节容易受到忽视；②通过对此类交通肇事案件的处理，会给社会公众发出一个错误的信号，即只要有钱，能够赔偿，只要没有造成人的死伤结果，性质再严重的交通肇事行为，赔偿都足以解决，而不会受到刑事处罚。〔1〕

赞同的观点则认为，让赔得起的行为人不承担刑事责任或是让赔不起的行为人承担刑事责任，不违反法律面前人人平等的原则。法律平等不在于结果平等，而是指机会平等、形式平等和相对平等。由于行为人的财产状况不同，对于定罪量刑的影响不同，确实有一定的不平等性，但是所有的刑罚方法都只具备相对的平等性，不存在绝对的平等。就损害赔偿而言，它给每个犯罪人提供了相同的免刑机会，至于他们是否都能利用这个机会则不是刑法所能解决的问题。赔偿对于刑事责任的影响，虽然是与犯罪人的财产状况密切相关，但并不是以其作为量刑标准，而是以是否进行了实际赔偿为标准，这符合分配正义的要求。〔2〕总之，在赞同者看来，《解释》的规定是符合现代刑法的谦抑原则，是对被害人刑事政策的落实，充分体现了保障人权的原则，对被害者、肇事者以及对国家、社会都是有益而无害的，因此应予以提倡和支持。〔3〕

---

〔1〕杨忠民：“刑事责任与民事责任不可转换——对一项司法解释的质疑”，载《法学研究》2002年第4期。

〔2〕参见刘东根：“论刑事责任与民事责任的转换——兼对法释［2000］33号相关规定的评述”，载《中国刑事法杂志》2004年第6期。

〔3〕侯国云：“交通肇事罪司法解释缺陷分析”，载《法学》2002年第7期。

二、民事责任转化为刑事责任的绝对禁止

《解释》的规定是将行为人民事赔偿责任的承担作为免除刑事责任的条件，有赔偿能力的行为人通过履行赔偿义务进而免予负担其刑事责任，这实质上是司法上的非犯罪化，即在刑法条文对于交通肇事罪的规定没有变动的情况下，司法解释将原本构成交通肇事罪的行为，不再作为犯罪处罚。

在我国刑法的发展过程中，非犯罪化的立法例极少，犯罪化是主流和趋势，正如有学者所说的："我国刑法的历史上实际上就是一部犯罪化的历史，非犯罪化的思想在刑事立法和司法中找不到踪影。尽管不同时代为了应对社会现实的需要，不同程度的非犯罪化也会为统治者所采纳，但是非犯罪化从未作为一种刑事政策和刑法改革的方向出现过。"〔1〕但是根据犯罪的相对性，适度的非犯罪化是必要的。行为的社会危害性是建立在一定的社会条件基础上的，而随着时空条件的变化，人们对于一个行为的社会评价也会随之改变，即犯罪的社会危害性不是一成不变的，这就要求对于因社会、时空、环境而变化的不再具有严重的社会危害性的行为及时予以非犯罪化，特别是对一些轻微罪、无被害人犯罪等行为，非犯罪化应当是我国刑法发展的趋势之一。台湾学者林山田教授认为除罪化包括三种情形：①单纯的除罪化，即不另设替代性的制裁，单纯将某特定犯罪的行为加以除罪化，删除其在刑事实体法中的制裁规定，使其从刑事制裁法体系中消失；②改成民事不法的除罪化，即对于罪责轻微的微罪，以惩罚性的损害赔偿替代刑罚的法律效果，将刑事不法改为民事不法行为，而予以除罪化；③改成行政不法的除罪化，即将行为的刑事制裁规定改行规定于秩序违反法中，赋予秩序

〔1〕 陈雄飞、张军："非犯罪化思潮及其对我国刑事政策的意义"，载《广西政法管理干部学院学报》2006 年第 2 期。

罚的法律效果。[1] 例如我国《刑法》对于逃税罪的规定就是以行政处罚代替刑事处罚，对于逃税行为除罪化，第 201 条第 4 款规定："有第 1 款行为，经税务机关依法下达追缴通知后，补缴应纳税款，缴纳滞纳金，已受行政处罚的，不予追究刑事责任；……"而在交通肇事罪中，《解释》的规定则是以民事责任的承担代替刑事处罚。对于赔偿损失的交通肇事行为的非犯罪化是否有必要，以及这种非犯罪化的做法是否合理，是值得商榷的。

非犯罪化的必要性问题，也就是非犯罪化的标准，实质上是犯罪化的标准的另一面。对于犯罪化的标准，学者们从不同角度进行了论述。日本学者大谷实教授认为，"刑事制裁伴有对身体进行强制的残酷性，因此，在实施犯罪化之际，应充分认清其保护法益，只有在作为保护该种法益的方法，除了创制刑事法规、诉诸刑罚手段之外，别无选择的情况下，才能说可以进行犯罪化。犯罪化仅具有必要性是不够的，还应具有立足于刑法的补充性、不完全性、宽容性即'谦抑主义'精神的正当根据，如此，才能说为宪法所许可"[2]。美国哲学家乔尔·范伯格在其著作《刑法的道德界限》中将限制自由原则作为犯罪化正当性的界限，并对限制自由原则进行进一步的阐释，认为损害原则是以对他人福利性利益的不法损害为界限，并以对他人的深度冒犯或者是严重冒犯为界限，以区别于一般滋扰。[3] 梁根林教授认为，"犯罪化作业过滤原理是以刑法干预的正当性考虑与刑法干预的谦抑性思想为基础的'道德—第一次法—第二次法'的过滤机制，即刑事立法在决定将特定种类行为犯罪化并赋予刑事制裁的法律效果时，应渐次考量道德规范体系、民

---

〔1〕 林山田：《刑法的革新》，台湾学林文化事业有限公司 2001 年版，第 127 ~ 141 页。转引自梁根林《刑事法网：扩张与限缩》，法律出版社 2005 年版，第 224 页。

〔2〕 ［日］大谷实：《刑事政策学》，黎宏译，法律出版社 2000 年版，第 86 页。

〔3〕 参见方泉："犯罪化的正当性原则——兼评乔尔·范伯格的限制自由原则"，载《法学》2012 年第 8 期。

商法、行政法等第一次法规范体系以及刑事法作为第二次法规范体系对该行为调整的必要性、可能性与有效性，这样才能最终合理地确定犯罪化的范围与边界”[1]。上述对于犯罪化的标准的论述，虽然角度、表述不尽相同，但从根本来说都是从法益保护的角度以及刑法的谦抑性的角度做出的不同视角的考察，标准的核心内容在于：①必须存在需要刑法保护的法益；②必须符合谦抑主义的要求，即只有在刑罚手段以外的其他民事、行政制裁措施都无效的情况下，才能够诉诸刑法。那么作为刑事政策的另一面的非犯罪化，则应当对丧失法益或者法益不明的犯罪以及社会危害性程度并不严重的可以采用民事、行政手段制裁的犯罪进行非犯罪化的检视。

就交通肇事罪来说，根据《解释》的规定，造成公共财产或者他人财产直接损失，无能力赔偿30万元以上的，构成交通肇事罪，可见“无能力赔偿”成立犯罪的情形仅仅针对的是没有造成人员伤亡结果，而只对财产造成严重损害的交通肇事行为，那么《解释》对交通肇事罪的部分非犯罪化的处理是否是必要的，则需要考察仅造成财产损害后果的交通肇事行为的社会危害性。

我国《刑法》中对于破坏财物的行为仅规定了故意毁坏财物罪，而并没有规定过失毁坏财物罪，这说明了立法者认为过失毁坏财物行为的危害性并没有达到需要以刑罚处罚才足以遏制的程度。虽然交通肇事罪属于危害公共安全犯罪，对于社会公共利益具有一定的侵害性，在适用交通肇事罪的场合也通常更加强调对于公共安全的保护，但是交通肇事罪最终落脚于对公民个人法益的侵害，是对具体的、现实的被害人的利益的侵害，在没有发生伤亡结果的场合，倘若肇事者能够对其行为所造成的损失结果，在财产上予以全部赔偿的，对于该肇事行为的社会危害性则可以认为得到了大部分的减少、甚至消除，那么对于这种行为予以非刑罚化甚至非犯罪化

---

〔1〕 参见梁根林：《刑事法网：扩张与限缩》，法律出版社2005年版，第34页。

并非毫无道理。何况致人死伤的肇事行为才是构成交通肇事罪的常态，而仅造成财产损害的情形较少，更遑论司法解释对于无力赔偿的数额规定得相当之高，因而在审判实践中，肇事者对被害人造成超过30万元的重大财产损失，因无能力赔偿而被判处交通肇事罪并被科以自由刑而执行的，极为罕见。[1] 因此，对于交通肇事行为仅仅造成财产损失而没有人员伤亡结果的情形在一定条件下予以非犯罪化，并不一定如学者们所批判的会产生“突破司法公正的底线”的严重后果，相反，这种规定本身还有着有利于实现被害人的权利救济、避免对行为人贴上犯罪标签以及节省大量的刑罚资源的积极意义。所以，也有观点认为这种解决方法正是“采用民法手段解决纠纷，发挥民事责任制裁和预防功能的一个有效方法和尝试”[2]。但是，承认民事赔偿责任抵消刑事责任的积极作用，并不意味着肯定民事赔偿责任的状态能够产生消除刑事责任的影响，即民事赔偿对于刑事责任的影响是具有限度的，《解释》以“赔偿能力”为标准的规定本身是存在着与刑法基本原则龃龉之处的。

本书认为，对于仅造成财产损害，而没有造成人身伤亡结果的交通肇事罪进行适度的非犯罪化是应当予以考虑的。如前所述，我国刑法只有在危害公共安全的犯罪中处罚过失的单纯的财产侵害行为，而在侵害个人法益的犯罪中，对于毁坏财产的，只处罚故意毁坏财物的行为。虽然，我国刑法理论的主流观点均认为，公共安全是指不特定或者多数人的生命、健康或者公私财产的安全，但是，本书认为，公共安全在本质上来说应当是针对的是公众的人身安全，危害公共安全罪所保障的也是不特定或者多数人的人身安全，倘若涉及公私财产安全，也应当是与多数人的人身安全有密切关系

〔1〕 梁云宝、孟红：“交通肇事罪刑事被害人国家补偿制度探疑”，载《南京大学学报》2011年第6期。

〔2〕 刘东根：“论刑事责任与民事责任的转换——兼对法释［2000］33号相关规定的评述”，载《中国刑事法杂志》2004年第6期。

的财产安全，也就是说，对财产的侵害行为，会严重危及他人的人身安全，放火焚烧有人居住的房屋，即使放火时房屋中没有人存在，但是放火行为也对他人的人身安全造成严重威胁，对于仅仅侵害到多数人的财产，但不涉及人身安全的行为，不应当认定为危害公共安全罪。[1] 并且，《刑法》对交通肇事致人重伤、死亡与公共财产遭受重大损失的行为，规定了同样的 3 年以下有期徒刑或者拘役的法定刑，那么对于交通肇事致使公私财产遭受重大损失而成立交通肇事罪的情形，应当予以限制。即该造成财产损害的行为，虽然客观上没有造成人员重伤、死亡的结果，但是该行为应当具有对不特定或者多数人的人身安全的危险性，如果仅仅造成财产损害，而行为并没有对公众的人身安全的产生危险或者威胁的，不应当认定为危害公共安全的犯罪。也正是由于财产法益要轻于生命、健康法益，所以有学者提出，仅造成财产损失的交通肇事行为应在 3 年有期徒刑或者拘役量刑幅度内从轻量刑，并且不应将仅造成重大财产损失的行为解释为适用交通肇事罪第二档法定刑的情节，[2] 对于这一观点，本书也是赞同的。

综上，对于造成单纯的财产损害的交通肇事行为，适度的非犯罪化是必要的，但是《解释》的规定，通过“有无赔偿能力”来限制交通肇事罪的适用则具有严重缺陷：

第一，赔偿损失对于刑事责任的影响仅限于刑罚的轻重，而不能以民事责任替代刑事责任的承担。民事责任和刑事责任存在着质的区别，即便是在民刑逐渐趋同的当代，民事责任与刑事责任的目的以及性质的重心仍然完全不同，民事责任具有明显的补偿性和相对性，而刑事责任则表现出惩罚性和绝对性，相应地，其所对应的

---

〔1〕 王立志：“人身安全是危害公共安全罪的必备要素——以刘襄瘦肉精案切入”，载《政法论坛》2013 年第 5 期。

〔2〕 陈洪兵：《公共危险犯——解释论与判例研究》，中国政法大学出版社 2011 年版，第 255 页。

民事责任承担方式和刑事责任承担方式也不能同日而语。由于二者在价值取向上南辕北辙，所以民事责任与刑事责任之间不可能随意转换或者是相互替代，正如学界的共识，“不法行为人承担了民事责任，并不能免除其应负的其他责任，而追究了不法行为人的其他责任，也不能免除其应负的民事责任”[1]。构成犯罪的行为人，必须要受到刑法的否定性评价，这是刑法的功能，也是刑法权威性的体现，犯罪涉及加害人、被害人以及国家三方的利益关系，刑罚权的行使是对犯罪这种侵犯国家、社会公共利益的行为予以谴责和惩罚的途径，以民事责任的承担来抵消刑事责任的观念，更多的是出于保护被害人权利的立场而放弃了国家刑罚权。更何况，交通肇事罪作为危害公共安全的犯罪，既侵害了被害人个人法益，又侵害了社会法益，加害人对于被害人财产损失的赔偿，只能够在客观上恢复被害人的权利，取得被害人的谅解；而对于公共安全、社会利益的侵害，损害赔偿是无法加以弥补的，被害人的谅解也无法完全代表被侵害的国家、社会，即公共利益并不在于被害人的处分权范围内，因而，以损害赔偿的状况衡量犯罪的成立是缺乏合理依据的。

正是由于这一原因，1998 年 3 月 17 日《最高人民法院关于审理盗窃案件具体应用法律若干问题的解释》（已失效）中规定的，盗窃公私财物虽已达到数额较大的起点，但情节轻微全部退赃、退赔的可不作犯罪处理，在 2013 年《最高人民法院、最高人民检察院关于办理盗窃刑事案件适用法律若干问题的解释》中被摒弃了，对盗窃公私财物数额较大，行为人认罪、悔罪，退赃、退赔，且具有特定情形，情节轻微的，可以不起诉或者免予刑事处罚。《刑法》分则以及司法解释中对于特定犯罪行为事后的救济、补偿行为都规定了从宽处罚的规定，而并没有除罪化，如拒不支付劳动报酬罪在提起公诉前支付劳动者的劳动报酬，并依法承担相应赔偿责任的，

〔1〕 佟柔主编：《民法原理》，法律出版社 1983 年版，第 43 页。

可以减轻或者免除处罚；又如非法种植罂粟或者其他毒品原植物的行为人，在收获前自动铲除毒品原植物的，可以免除处罚，以及贪污罪、受贿罪的司法解释，对于积极退赃，避免、减少损害结果发生的，可以从轻、减轻或者免除处罚。所以，对于交通肇事罪等造成财产损失的犯罪，犯罪人对被害人的财产损失予以赔偿的，可以作为从宽处罚的情节，予以从轻、减轻或者免除处罚，而不应当以赔偿的实现来取代对犯罪人的刑事追究。

第二，"无赔偿能力"的规定违背了罪刑法定原则与法律面前人人平等原则。司法过程本身就是一个将具体行为以犯罪化或非犯罪化的处置过程，[1] 司法解释对于刑法条文的解释细化，以及在司法实践中依据一定的自由裁量权，适度地压缩犯罪的成立空间是完全可行的，毕竟刑法条文只是从一般的角度对犯罪和刑罚作出规定。但是，司法解释只能在刑法条文规定下对其适用作出具体的解释，例如，司法解释对盗窃罪等财产犯罪数额较大标准的变动，实质上实现了司法上的非犯罪化。而在交通肇事罪中，法律规定的构成要件为违法交通运输管理法规，因而发生重大事故，致人重伤、死亡或者使公私财产遭受重大损失，那么司法解释对于该款规定的解释，只能从肇事行为对公私财产造成的损失数额的角度进行限制，而不能以行为人罪后的态度作为标准，《解释》的规定显然突破了法律规定的构成要件。

正如学者们对《解释》规定的抨击，以赔偿能力作为犯罪成立标准的规定是对法律面前人人平等原则的违反。犯罪的成立，是由犯罪行为的社会危害性程度决定的，而与犯罪人本身的既不反映主观恶性、也无关客观危害性的身份、地位、财产等个人人身因素无关。应当肯定的是，绝对的平等是不存在的，平等具有相对性，但

〔1〕 衣家奇："非犯罪化的途径及我国的选择"，载《华东政法学院学报》2005 年第 6 期。

是《解释》的赞同者所说的该规定所确立的“相同的免刑机会”，所谓的“机会平等”，仅仅针对犯罪人在事后具有相同的“赔偿免罪”的机会，但是，这种机会的实现却是不平等的。不同于减刑、假释等制度，犯罪人都有积极悔过进而得到减刑、假释的机会，而赔偿与否，特别是“赔偿能力”的有无是基于犯罪之前的犯罪人客观上的财产状况，即使犯罪人有悔罪改过的态度、有赔偿的意愿，客观上没有赔付能力，显然是不具有“相同”的机会。因而，对于具备不同经济能力的行为人，适用同样的“免刑”标准，并不是所谓的“机会平等”，《解释》的规定显然违背了法律面前人人平等原则的要求。

第三，“无赔偿能力”的规定本身是不合理的，也导致其与相关法律条文在罪刑上的不均衡。上述对于民事责任替代刑事责任、赔偿抵消犯罪二者对罪刑法定原则以及平等原则违背的批判，是针对犯罪后的赔偿行为作出，而交通肇事罪《解释》的规定则更进一步，直接以赔偿能力而不是实际的退赔、赔偿状况作为标准，可以说比赔偿抵消刑事责任的观点步子迈得更大。这是因为，“赔偿能力”并不等同于“退赔”“赔偿”，无赔偿能力既包括行为人有赔偿的意愿但客观上经济能力不足以支付全部赔偿款，也包括行为人没有赔偿能力的同时也不愿意赔偿的情形，将二者等同看待实为不妥。在审判前没有赔偿能力并不意味着赔偿人拒绝赔偿，也不意味着永远无法赔偿，被害人的赔偿能力是处在变化中的，将这种情形也作为犯罪处理更加加深了该规定“以钱赎罪”的性质，并且在日后犯罪人具有了赔偿能力时，被害人也难以得到救济，因为在对犯罪人判处刑罚时，就已经由审判机关做出了定罪处罚与不赔偿的等式确认。而就“有赔偿能力”而言，该表述并不足以达到该规定的保护被害人权利的目的，因而“有赔偿能力”仍然包含着有足以支付赔偿的财产基础，但犯罪人不愿意支付赔偿的情形，根据《解释》的规定，这种情形同样不成立犯罪，显然无法实现保障被害人的损害赔偿目的。可见，该规定本身是存在漏洞的，"赔偿能力"的标准并不足以实际达到《解释》的本意。

此外，对于有赔偿能力而拒绝赔偿的行为，《刑法》规定了拒不执行判决、裁定罪，根据《刑法》第313条的规定，判决所确定的赔偿责任，如果行为人有能力执行而拒不执行的，处3年以下有期徒刑、拘役或者罚金，这种行为在客观上拒绝赔偿，在主观上也具备了拒不执行判决的故意，因而，刑法所惩罚的是主客观都拒绝赔偿的行为。而《解释》的规定却将主观上具有赔偿意愿，客观上不能履行赔偿责任的行为作为犯罪加以规定，显然这种行为缺乏主观恶性，其危害性程度明显低于拒不执行判决、裁定罪，而对其规定了同样的3年以下有期徒刑或者拘役的法定刑，并且根据无法赔偿的数额，对无力赔偿数额巨大的情形规定了升格的法定刑，显然"无赔偿能力"与"拒不执行判决"的规定在逻辑上是不协调的，法定刑轻重也出现了落差。

综上，交通肇事罪《解释》的规定具有严重的缺陷，应当予以废止。对于犯罪人的事后赔偿行为，也不应当以之取代刑事责任的承担，它对于刑事责任的影响限于量刑的轻重，根据赔偿的状况，可以对犯罪人予以从宽处罚，对其从轻、减轻甚至免除处罚，这样既能够发挥赔偿损失的激励功能，使犯罪人重视对于被害人的损害赔偿，同时又不至于使民事责任与刑事责任互相转换，进而否定犯罪的成立。

第二节　刑法中的赔偿对量刑的影响

犯罪行为会同时引起犯罪人的刑事责任和赔偿责任，两者基于同一原因而产生，彼此具有密切的关联，因而在处理时应当同时考虑。将赔偿的情况作为量刑情节予以考虑不仅得到了刑法学界的普遍认可，而且在司法解释以及司法实务中都得到了贯彻。特别是随着恢复性司法运动在世界范围内的推行，以及《刑事诉讼法》将刑事和解制度合法化后，赔偿在刑事司法中的地位不断提高。但是，从刑事和解在司法实践中的自发产生时起直到其已成为一项正式司法制度的今天，对于“赔偿减刑”的做法是否属于“花钱买刑”，甚至被认为是“以钱赎罪”的观点依然受到广泛的争论，并且刑事诉讼法对刑事和解的规定，使得赔偿对于刑事责任的影响被限制在刑事和解程序中，其范围受到了严格的限定。那么在这一背景下，赔偿能否影响刑事责任，影响的范围、程度以及实现方式如何，是一个理论上亟待解决的重要问题。

一、赔偿影响刑事责任的正当性根据

传统的刑法学重视对于主观罪过和客观危害的研究，将刑法理解为国家对于犯罪的认定以及处罚的法律规范，将犯罪理解为对社会利益以及国家利益的侵犯，因而刑法是认定犯罪和惩罚犯罪的唯一标准，行为构成犯罪必然要受到刑罚处罚。这一观念从国家的角度来看显然是没有问题的。但是，“过于关注概念演绎与逻辑自洽的特性，会诱使刑法学者无视真实的生活世界而一味沉溺于体系性的思考之中”[1]。因而，有学者鲜明地指出，“刑法学者既不要在一种愈来愈独立的学理中迷失自己，也不能否认这个事实，刑法是行使国家权力的一种形式，因而也就是一种政治”[2]。在构建和谐社会的今天，传统的刑事司法理念被现实需要和司法实践不断地修正，以实现刑事法治的现代化。以赔偿作为从宽处罚依据的刑事和解制度，在我国自2002年成为实务界试水的热点后，无论是理论界还是实务界都对其保有高度的关注和浓厚的兴趣，直到2013年

〔1〕 劳东燕：“罪刑规范的刑事政策分析——一个规范刑法学意义上的解读”，载《中国法学》2011年第1期。

〔2〕［美］马库斯·德克·达博：“积极的一般预防与法益理论”，杨萌译，载《刑事法评论》第21卷，北京大学出版社2007年版，第446页。

新《刑事诉讼法》将刑事和解制度合法化，使其成为一项正式的刑事司法制度，对其制度构建基本成熟。但是即便在刑事和解有了法律依据的今天，也依然难以避免公众对于“花钱买刑”的质疑和不信任，“赔偿减刑”的根据如何、刑事和解的正当性何在，是刑事和解制度取得司法信任、得以正常运转首先需要在理论上进行诠释的问题。

（一）赔偿属于刑事责任的实现方式

如本书第一章第二节所述，无论是《刑法》第36条规定的赔偿经济损害还是《刑法》第37条规定的赔偿损失，都具有刑事责任的属性，属于非刑罚处罚方法的一种，承担了实现刑事责任的重要作用。通过法律强制犯罪人承担这种赔偿责任，是法律对犯罪这种抽象的否定评价予以现实化和具体化的后果，可以说只要某种方法是作为犯罪成立后的法律效果或者犯罪的某种反应，那么就难以否认其作为刑事责任实现方式的属性。

将非刑罚处罚方法作为刑事责任实现的另外一种方式，是对传统的报应观念、泛刑罚化和社会本位的刑罚观的调整。重刑主义在我国传统法律文化中占据了主要地位，传统文化中刑罚观念主要体现为复仇、报应等内容。在这种刑罚观的指导下，重刑对于抑制犯罪的作用备受关注，在量刑上“以刑止刑，以杀去杀”，通过严刑峻法提高刑罚的威慑效能，使民众不敢于犯罪，因而量刑从重，并且刑罚种类繁多，肉刑以及死刑罪名丰富，不仅如此，属于民事领域的社会关系也通常由刑罚越俎代庖。重刑主义影响下的泛刑罚化在我国现代的刑事责任体系中也有所体现。一方面体现为较重的刑罚结构，当前我国以死刑和监禁刑为中心的刑罚结构，属于重型结构。但趋于轻缓的刑罚是世界刑罚发展的必然趋势，减少使用重刑、提高轻刑特别是罚金刑的适用比重、重视非监禁刑的适用，是刑罚结构趋向合理化、和缓化的必然途径。不再将刑事责任完全交于刑罚承担、刑事责任实现形式的多样化，这是人类社会文明发展的必然结果。另一方面，对于具有社会危害性的行为，立法者通常习惯于用刑罚来加以惩罚、遏制，但实际上，并不是所有的具有社会危害性的行为都需要刑罚来遏制，很多行为完全可以由民事、行政法规加以规范。[1] 这也是犯罪的多样化所决定的，司法实践中犯罪行为形态各异，侵犯的社会关系和被害人千差万别，犯罪所造成的危害后果也是轻重不一。那么刑事责任的实现方式也应当针对这样复杂多元的犯罪，设定轻重不一、种类不同的具有适应性的方法。针对犯罪行为、犯罪人以及被害人的实际情况，对犯罪人科以不同形式的制裁措施，才能够更有效率地对犯罪进行惩治，更全面地平衡犯罪人与被害人、国家之间的关系。

在承认有罪必有责，但可能无刑的基础上，非刑罚处罚方法则应当是刑罚的替代，而非刑事责任的替代。责任实现方式的定位，并不完全取决于该方法本身的形态，更为重要的是该方法究竟运用于哪一领域。具体到赔偿制度上来说，尽管赔偿通常是民事法律中所规定的责任形式，但是，既然刑事法律对其作出了规定，成为对犯罪的法律后果和对犯罪人的制裁措施，那么就不能够认为赔偿仍然是一般意义上的民事赔偿责任。并且，这些非刑罚处罚方法的适用，具有“伸张正义、保护被害人的合法权益、教育犯罪分子”的作用，也就是说在功能上接近于刑罚，具有刑事否定评价和谴责的性质。[2] 因而，既然赔偿等非刑罚处罚方法已经承担了刑事责任的一部分，那么在量刑时根据案件情节等具体情况，相应地减少或者免除刑罚的“量”则是自然而然的了。

无论是单独对犯罪人科以赔偿责任，还是将赔偿“附加”于刑罚适用，犯罪人积极赔偿损失的案件中，在法院判决犯罪人赔偿损

---

〔1〕 参见吴宗宪主编：《中国刑罚改革论》（上册），北京师范大学出版社2011年版，第41页。

〔2〕 参见王晨：《刑事责任的一般理论》，武汉大学出版社1998年版，第433～434页。

失之前，犯罪人就已经认罪悔过、积极赔偿、赔礼道歉、取得被害人的谅解，那么显然法院在判决中不会再对犯罪人判处或者责令赔偿损失，即这一责任已经在和解过程中提前履行，那么根据禁止双重危险原则，犯罪人不应当再次履行相当程度的刑事责任，这一部分刑事责任反映在刑罚上，则相应地抵消了刑罚的量，产生了从宽处罚的效果。即非刑罚处罚方法作为刑事责任的实现方式代替了刑罚的全部或者一部分，实质上是刑事责任实现方式之间的内在转换。

（二）赔偿属于犯罪人特殊预防必要性的判断资料

犯罪人的积极赔偿行为有助于实现刑罚的预防目的。关于刑罚目的的学说，无论是西方还是我国都对其进行了大量的论述，虽然刑罚目的的观点丰富多样，但基本都是围绕报应和预防这两大目的展开的。其中，有将报应作为刑罚的唯一正当化根据，也就是绝对的报应刑论，有坚持完整的目的刑的观点，也有兼采报应与预防目的的折中论，报应刑论、目的刑论与折中论是目前各国存在的关于刑罚目的的最主要的理论。

折中论对现代刑罚制度的影响巨大，多数国家和地区的刑法理论中都采取了折中主义的刑罚目的立场，并在折中论的内部探索了不同的并和类型，使报应与预防目的在同一个框架下并存的基础上，调和二者之间的关系，以适应刑罚的具体运用。例如《德国刑法典》第 46 条第 1 款规定："犯罪人的责任是量刑的基础，且应考虑刑罚对犯罪人将来社会生活产生的影响。"第 2 款规定："法院在量刑时，应权衡对犯罪人有利和不利的情况。特别应注意下列事项：犯罪人的犯罪动机和目的，行为所表露的思想和行为时的意图，违反职责的程度，行为方式和犯罪结果，犯罪人的履历、人身和经济情况，及犯罪后的态度，尤其是为了补救损害所作的努力。"《日本改正刑法草案》第 48 条第 2 款规定："适用刑罚时，应当考虑犯罪人的年龄、性格、经历与犯罪的动机、方法、结果与社会影响、犯罪人在犯罪后的态度以及其他情节，并应当以有利于抑止犯罪和促进犯罪人的改善更生为目的。”我国台湾地区“刑法”第57条规定：“科刑时以行为人之责任为基础，并审酌一切情状，尤其注意下列事项，为科刑轻重之标准：①犯罪之动机、目的。②犯罪时所受之刺激。③犯罪之手段。④犯罪行为人之生活状况。⑤犯罪行为人之品行。⑥犯罪行为人之智识程度。⑦犯罪行为与被害人之关系。⑧犯罪行为人违反义务之态度。⑨犯罪所生之危险或损害。⑩犯罪后之态度。”可以看出，上述规定的量刑的考量因素，一类为犯罪行为的情节、目的、动机、手段等体现犯罪人责任大小的因素，这是作为刑罚基础的报应刑论，而另一类为犯罪人的罪后态度，这一部分因素考量的是预防犯罪的效果，体现了预防刑论的立场，因而均采取的是以报应为主的折中主义立场。

我国刑法同样采取了折中的刑罚目的观，《刑法》第5条规定：“刑罚的轻重，应当与犯罪分子所犯罪行和承担的刑事责任相适应。”刑罚的轻重要与犯罪行为的严重程度相适应，这是以责任为基础的报应刑，而犯罪分子所承担的“刑事责任”则应当理解为犯罪人的人身危险性和再犯可能性，也就是反映犯罪预防效果的因素。[1]

就犯罪人对犯罪造成的损害进行赔偿而言，将其作为从宽处罚的情节得到了司法解释的肯定。例如，2010年2月8日《最高人民法院关于贯彻宽严相济刑事政策的若干意见》第32条规定：“对于过失犯罪后积极抢救、挽回损失或者有效防止损失进一步扩大的，要依法从宽。”《最高人民法院关于常见犯罪的量刑指导意见》规定：“对于退赃、退赔的，综合考虑犯罪性质，退赃、退赔行为对损害结果所能弥补的程度，退赃、退赔的数额及主动程度等情况，可以减少基准刑的30%以下。”诸如此类，刑法把拒不支付劳动报

〔1〕参见张明楷：《责任刑与预防刑》，北京大学出版社2015年版，第78页。

酬罪、贪污罪中承担赔偿责任、积极退赃的行为作为减轻或免除处罚的依据。那么，犯罪人的赔偿行为是属于减少反映其社会危害性的责任刑还是属于减少反映其人身危险性的预防刑？对此，多数观点认为，赔偿既在客观上减轻了其对社会的危害程度，同时作为犯罪的事后补救措施，赔偿是行为人犯罪后悔罪态度的一种表现，体现其人身危险性的降低。[1] 反对的观点则认为，犯罪人积极赔偿行为反映的是犯罪人是否悔罪，是对犯罪人再犯可能性大小的说明，[2] 事后积极赔偿损失的行为是减少预防刑的情节，而不是减少责任刑的情节，行为的社会危害性“只能以犯罪行为结束时或者犯罪结果发生时为基准进行评价，而不能以裁判时为基准进行评价”[3]。

本书认为，对事后积极赔偿的犯罪行为从宽处罚的依据在于，犯罪人的特殊预防必要性减少，而不是基于行为的社会危害性减少的理由。首先，积极赔偿行为是反映犯罪人人身危险性、再犯可能性减小的最主要的情节，这是毫无疑问的。特殊预防必要性的判断，是以反映犯罪人再犯可能性的行为或事实为依据，其中积极赔偿属于典型的体现罪后态度的事实。犯罪人积极赔偿，表明犯罪人对于其犯罪行为的认罪悔过，能够使犯罪人更为直接地体会到其犯罪行为对于被害人造成的损害和伤害，并且对损失予以弥补也是犯罪人对其犯罪行为的补救，直接反映了犯罪人再犯可能性的降低和特殊预防必要性的减少。可以说，作为酌定量刑情节，积极赔偿在特殊预防必要性的判断上甚至要比坦白更为直观和重要，因为坦白仅仅是犯罪人如实供述自己罪行的行为，并不一定是在认罪悔过的

---

〔1〕 参见朱铁军：“民事赔偿的刑法意义”，载《刑事法评论》2010 年第 1 期；何成兵：“‘赔钱减刑’的法律定位与价值探讨”，载《法治研究》2010 年第 5 期。

〔2〕 高铭暄、张海梅：“论赔偿损失对刑事责任的影响”，载《现代法学》2014 年第 4 期。

〔3〕 张明楷：《责任刑与预防刑》，北京大学出版社 2015 年版，第 354 页。

心态下做出的，而赔偿不仅仅体现了犯罪人对犯罪行为的后悔，更以物质补偿的方式尽量减少、弥补犯罪所造成的损害。因而，积极赔偿作为从宽处罚的依据在于犯罪人的特殊预防必要性减少。

而犯罪人对于犯罪结果的补救并不意味着犯罪社会危害性的降低甚至消除。首先，虽然犯罪人通过赔偿，在客观上使被害人的财产损害得以挽回或补救，从整体上看并没有减少，特别是在财产损害的场合，赔偿足以使被害人的财物恢复到原先的状态，行为所造成的"危害"可谓得到消除。但是正如张明楷教授所说的，行为的不法程度只能以犯罪行为结束时或者犯罪行为发生时为标准进行评价，倘若能够以犯罪后的状态来考量行为的社会危害性，那么在我国刑法所规定的大量的财产犯罪的场合，例如盗窃罪等均以数额作为定罪量刑的标准，那么盗窃后返还原物的显然就不能够认为构成盗窃罪了，量刑时犯罪人的赔偿行为也使得犯罪数额难以计算。这一点我国司法解释也予以了肯定，最高人民法院、最高人民检察院2009年3月12日《关于办理职务犯罪案件认定自首、立功等量刑情节若干问题的意见》中规定："职务犯罪案件立案后，犯罪分子及其亲友自行挽回的经济损失，司法机关或者犯罪分子所在单位及其上级主管部门挽回的经济损失，或者因客观原因减少的经济损失，不予扣减，但可以作为酌情从轻处罚的情节。"其次，社会危害性能否事后消除，这是由社会危害性到底"危害"了什么所决定的。我国通说认为，社会危害性是对社会形态中各种利益以及整体利益的危害，[1] 是对国家和人民利益的危害，[2] 犯罪行为不仅侵犯了直接被害人的具体法益，同时也对我国刑法所保护的社会关系造成了侵犯。具体来说，盗窃罪侵犯了公民的财产权利，故意伤害罪侵犯了公民的生命健康权利，盗窃财物、人身伤害行为背后所体

---

〔1〕 杨春洗、杨敦先主编：《中国刑法论》，北京大学出版社1994年版，第34页。

〔2〕 高铭暄：《刑法学》，法律出版社1982年版，第67页。

现的是国家禁止盗窃他人财物、禁止伤害他人生命健康权的禁止性规范，因而，对财产损害的补救是难以挽回规范意义上的“危害”的。并且，犯罪行为一旦完成、犯罪既遂后，就如同一盆水被泼出去一样，犯罪所造成的危害就已经固定下来了，对于社会危害性的判断就只能从客观上犯罪行为对于法益侵害的角度来考虑，否则会使社会危害性的认定丧失统一的客观的标准，〔1〕因而，行为的社会危害性是无法通过事后行为减少的，赔偿影响量刑的正当性根据在于特殊预防必要性的减少，而不是社会危害性、责任的减少。

（三）赔偿与法益保护

特殊预防必要性的减少是赔偿作为从宽处罚的正当性根据，从一般意义上解释了对犯罪人从宽处罚的依据，但是这一根据并没有从正面体现出刑事和解的意义，特别是对刑事和解的法律后果之一——犯罪情节轻微不需要判处刑罚的，可以不起诉，特殊预防必要性的减少是难以作出说明的，因而学者们将目光转向恢复性司法，以恢复性司法理念作为刑事和解的正当性根据之一。

将恢复性司法理念作为刑事和解的正当性根据的观点认为，刑事和解是恢复性司法的一个重要环节，体现了刑事司法的恢复目的：“司法的第一个目标是对被害人的赔偿与治愈，第二个目标是通过加害人对其造成的损害的恢复和偿还来纠正加害人的错误，第三个目标是恢复被害人、加害人和社区的平衡关系。”〔2〕刘仁文教授也主张我国应借鉴恢复性司法的理念，并提出疑问：“如果此种私了是出自双方自愿，为什么不可以呢？国家为什么要去拆散这样的好事，而自作多情地去做于犯罪人、被害人和国家都不利的事情呢？”更有学者提出，将恢复责任作为独立于刑事责任、民事责任

〔1〕黎宏：“判断行为的社会危害性时不应考虑主观要素”，载《法商研究》2006年第1期。

〔2〕高铭暄、张海梅：“论赔偿损失对刑事责任的影响”，载《现代法学》2014年第4期。

之外的第三种责任形式，例如程红教授认为刑事责任是加害人对国家承担的责任，民事责任是加害者对被害者承担的责任，而恢复责任是加害人对被害人乃至对社区所承担的责任，并且应当将恢复责任置于刑事责任的框架下予以考虑，找到刑罚与损害赔偿的调和点。[1] 也有将恢复作为刑事责任的第三个目的的观点，即刑事和解的加入是对传统的刑事责任目的论的重大调整，传统的刑事责任的实现方式有刑罚与非刑罚方法两类，大陆法系的双元格局则体现为刑罚与保安处分，刑事和解的出现，形成了刑事和解—刑罚—保安处分这样一种新的刑事责任实现方式的格局，而恢复也作为刑事责任的目的纳入其中，使刑事责任的目的得以重构。[2]

本书认为将恢复正义作为“赔偿减刑”的正当性根据是合理的，但是恢复本身就是刑法的目的和功能之一，无需将其作为第三种刑事责任目的甚至是责任类型予以讨论，这是因为被害人的权利保护自始至终就是刑法的最重要的机能和任务之一。我国《刑法》第 2 条规定：“中华人民共和国刑法的任务，是用刑罚同一切犯罪行为作斗争，以保卫国家安全，保卫人民民主专政的政权和社会主义制度，保护国有财产和劳动群众集体所有的财产，保护公民私人所有的财产，保护公民的人身权利、民主权利和其他权利，维护社会秩序、经济秩序，保障社会主义建设事业的顺利进行。”对此，通说认为我国刑法的任务包括惩罚和保护两个方面，惩罚犯罪是手段，保护人民是目的。[3] 有学者认为我国《刑法》第 2 条规定的刑法的任务，实质上是指刑法的保护机能，而《刑法》的保障机能无从说明，这种片面地强调刑法的保护机能而忽略刑法的保障机

[1] 程红：“刑罚与损害赔偿之关系新探”，载《法学》2005 年第 3 期。

[2] 参见杜宇：《传统刑事责任理论的反思与重构——以刑事和解为切入点的展开》，中国政法大学出版社 2012 年版，第 234 ~251 页。

[3] 高铭暄、马克昌主编：《刑法学》，北京大学出版社、高等教育出版社 2007 年版，第 18 页。

能，是十分危险的，刑法的人权保障机能理所当然受到重视。[1]当然，从《刑法》第2条的表述上来看的确更倾向于社会保护，但这并不意味着被告人的人权保障不是我国刑法的任务，因为被告人的人权本身就是合法权利，是我国刑法保护的对象，这在刑法分则的诸如刑讯逼供罪、暴力取证罪等中也得到了印证。刑法所追求的是法律的平等保护与适用，维护社会秩序和利益的目的不仅包括对被告人和犯罪嫌疑人的人权保障的目的，更要保护被害人的合法权利，也因此，有学者认为我国刑法采取的是法益侵害说的立场。[2]

刑法的保护机能，不仅仅是指保护公民的权利免受犯罪的侵害，同样包括被犯罪侵害了的公民的合法权利理应得到恢复和救济。作为犯罪所直接侵犯的利益和导致的直接后果，损害赔偿应从法益侵害的角度予以理解。具体说来，刑法中所说的法益侵害，实质上是对被害人损害的客观化，是对潜在被害人的损害予以抽象化。也就是说，法益的保护是指对潜在的、抽象的被害人的保护，而非现实的、具体的被害人的保护。但是，法益的背后，事实上存在着具体的被害人，法益侵害的背后是对现实的被害人权利的侵害。刑事实体法上，向来定义犯罪为构成要件该当、违法、有责的行为，并以规范违反说或法益侵害说作为违法论的基础，因此将具体的被害人从人的阶层抽象化、匿名化，而被害人的具体利益则掩藏于抽象的“法益”概念之中。[3]因而在刑事实体法中，往往过于注重对抽象的法益保护，而对具体被害人的保护则被有意无意地忽略了，所以，将赔偿与刑罚相关联的做法，实质上是从抽象的法益保护到具体的法益保护、从满足被害人的报应感情到实质利益的

---

〔1〕陈兴良：《当代中国刑法新理念》，中国人民大学出版社2007年版，第86～87页。

〔2〕张明楷：“新刑法与法益侵害说”，载《法学研究》2000年第1期。

〔3〕参见王正嘉：“刑事司法上被害人保护及其与犯罪人关系”，载《月旦法学杂志》2004年7月。

保护的发展，一方面以刑罚处罚犯罪人，一方面要求犯罪人进行损害赔偿，从而调和行为人与被害人的利益关系，进而解决纷争。换言之，“在一个犯罪事件中，与法益侵害行为及结果有关之犯罪人、被害人与社会，其彼此间能够以‘法的平和的回复’，也是刑法任务中需要补强的面向”〔1〕。所谓的恢复性司法也罢、被害人的发现也罢，都是将被害人的利益从法益概念的背后推至台前，是刑法保护机能的应有之义，使得原有的刑罚目的的侧重点发生转向，进而在实体法中建立被害人规范，影响刑事程序原有的基本原则。

二、赔偿影响量刑的实证考察

（一）赔偿影响量刑的案件梳理

2013 年 1 月 1 日起新《刑事诉讼法》的生效，使刑事和解作为一项正式的司法制度在实践中开始实施。“考虑到公诉案件的国家追诉性质和刑法的严肃性，防止出现以罚代刑或者放纵一些犯罪等新的不公正，对建立这一新的诉讼制度应审慎把握。”〔2〕立法对于公诉案件的刑事和解采取了极为审慎的态度，对其适用条件、案件范围都进行了严格的限制。那么在司法实务中，以赔偿作为从轻处罚情节的刑事和解制度的运行状况如何，是否严格依照刑事诉讼法的相关规定，对此，笔者以“《中华人民共和国刑事诉讼法》第二百七十九条”为索引在中国裁判文书网上进行了检索，共检索得到 18 986 份刑事判决书，笔者按照刑事案由为顺序对所涉案件予以逐一查看，并选取其中较为典型的案例，摘录如下：

---

〔1〕 蔡碧玉：“犯罪被害人之赔偿与刑事司法”，载《律师杂志》1998 年第 6 期。

〔2〕 郎胜主编：《中华人民共和国刑事诉讼法释义》，法律出版社 2012 年版，第 605 页。

表3-2-1　危害公共安全案件中的赔偿与量刑

案件字号	案件名称	赔偿、谅解情况	量刑
（2015）金刑初字第191号	李某某放火案（未造成严重后果）	案发后与被害单位达成赔偿协议并履行完毕，取得谅解	从轻处罚，有期徒刑2年
（2015）瀍刑初字第45号	刘某放火案（未造成严重后果）	审理过程中，赔偿一被害人损失，达成和解协议，取得谅解	从轻处罚，有期徒刑3年
（2014）郴北刑初字第81号	蒋某甲放火案（未造成严重后果）	案发后与被害单位达成赔偿协议并履行完毕（1700元），取得谅解	从轻处罚，适用缓刑（有期徒刑3年，缓刑4年）
（2014）罗刑初字第42号	翟某过失以危险方法危害公共安全案	亲属赔偿了被害人经济损失（73万），得到被害人谅解（患有癫痫病驾驶机动车撞伤18人）	犯罪情节轻微，免予刑事处罚
（2015）瀍刑初字第36号	汤某某以危险方法危害公共安全案（道路交通事故）	案发后家属对各当事人进行了赔偿，并取得了对方的谅解	从轻处罚，有期徒刑1年6个月

续表

案件字号	案件名称	赔偿、谅解情况	量刑
(2014)睢刑初字第147号	李某某以危险方法危害公共安全案(醉酒驾驶)	被告人与被害人8名亲属就财产和人身损害赔偿自愿达成协议，并履行，取得谅解	从轻处罚，适用缓刑(有期徒刑3年，缓刑4年)
(2014)云刑初字第41号	匡某某失火案	火灾发生后，被告人主动向多名被害人赔礼道歉，积极赔偿了被害人损失，取得了被害人的谅解从宽处罚，适用缓刑(拘役3个月，缓刑6个月)	从宽处罚，适用缓刑(拘役3个月，缓刑6个月)
(2014)西刑初字第329号	刘某某失火案	被告人对三被害人赔礼道歉，并由其家属代为赔偿，取得谅解	从轻处罚，适用缓刑(有期徒刑3年，缓刑3年)
(2015)睢刑初字第170号	许某甲过失爆炸案	审理过程中，被害人表示对被告人的行为予以谅解，不要求其承担法律责任	从轻处罚，适用缓刑(有期徒刑3年，缓刑4年)
(2015)永刑初字第215号	李某交通肇事案	案发后与被害人亲属达成和解协议并履行完毕，取得谅解	从宽处罚，适用缓刑(有期徒刑1年3个月，缓刑1年6个月)

续表

案件字号	案件名称	赔偿、谅解情况	量刑
(2015) 沭刑初字第298号	谢某甲交通肇事案	侦查阶段，被告人近亲属与被害人方自愿达成和解协议并实际履行，取得谅解	从轻处罚，适用缓刑（有期徒刑3年，缓刑1年）
(2014) 长少初字第00148号	邢某某交通肇事案	案发后当事人双方达成民事赔偿协议，赔偿损失，取得谅解	从轻处罚，适用缓刑（有期徒刑3年，缓刑4年）
(2015) 阳刑初字第33号	刘某重大责任事故案	案发后，被告人积极赔偿两被害人方损失，取得两被害人方谅解，双方达成和解	从宽处罚，适用缓刑（有期徒刑1年6个月，缓刑2年）
(2014) 溧刑初字第330号	罗某甲重大劳动安全事故案	被告人罗某甲自愿真诚悔罪，通过向被害方赔偿损失获得被害方谅解	从宽处罚，适用缓刑（有期徒刑1年，缓刑2年）
(2014) 开刑初字第62号	卢某过失投放危险物质案	在案发后积极与被害人家属协商赔偿，及时达成和解并已大部分实际履行，取得谅解	从轻处罚，适用缓刑（有期徒刑2年，缓刑3年）
(2015) 肥刑初字第95号	李某危险驾驶案	侦查期间，达成和解协议且已履行完毕	从轻处罚，适用缓刑（拘役3个月，缓刑6个月）

续表

案件字号	案件名称	赔偿、谅解情况	量刑
（2015）中一法刑一初字第603号	陈某危险驾驶案	归案后，被告人已赔偿被害人80 000元，并取得被害人的谅解	从宽处罚，适用缓刑（有期徒刑1年，缓刑2年）

表3-2-2　破坏社会主义市场经济秩序案件中的赔偿与量刑

案件字号	案件名称	赔偿、谅解情况	量刑
（2014）西刑初字第295号	张某销售伪劣农药案	被告人一次性赔偿果农经济损失人民币20万元，被害人不再要求追究张某的刑事责任	从轻处罚，适用缓刑（有期徒刑2年6个月，缓刑3年）
（2015）北刑初字第6号	陈某某、代某等非法吸收公众存款案	三被告人积极退赃，和各被害人达成和解协议，已取得各被害人的谅解	从轻处罚
（2013）白刑初字第00081号	高某某信用卡诈骗案	公安机关立案后，被告人亲属已代为退赔全部赃款，并取得被害人谅解	从轻处罚，适用缓刑（有期徒刑3年，缓刑4年）
（2014）深盐法刑初字第208号	武某某信用卡诈骗案	被告人家属已代被告人向被害单位偿还其恶意透支的部分款息，并取得被害单位谅解	从轻处罚，拘役4个月

续表

案件字号	案件名称	赔偿、谅解情况	量刑
(2014) 深福法刑初字第 457 号	梁某合同诈骗案	被告人及其家属与被害公司达成和解，赔偿人民币 40 000 元，取得谅解	从轻处罚，适用缓刑（有期徒刑 1 年，缓刑 2 年）
(2014) 中二法刑二初字第 209 号	田某某合同诈骗案	案发后，被告人家属已代为赔付被害单位人民币 26 887 元并获得谅解	从轻处罚，适用缓刑（有期徒刑 1 年，缓刑 2 年）
(2014) 开刑初字第 465 号	卢某某合同诈骗案	被告人家属与被害单位达成协议并退还了部分赃款，被害单位表示谅解	从轻处罚，适用缓刑（有期徒刑 3 年，缓刑 3 年）
(2014) 管刑初字第 562 号	许某某合同诈骗案	在诉讼中，被告人家属与被害人达成和解协议：被告人家属全部退赔被害人经济损失，被害人对被告人的行为表示谅解	从轻处罚，有期徒刑 10 个月
(2015) 鄂巴东刑初字第 00018 号	黄某非法经营案	侦查中，公安机关依法扣押被告人违法所得及部分赃物，系被动退赃	从轻处罚

表3-2-3 侵犯公民人身权利案件中的赔偿与量刑

案件字号	案件名称	赔偿、谅解情况	量刑
(2014)安中刑二初字第26号	李某某故意杀人案	案发后，被害人家属与被告人家属已就民事赔偿达成和解协议，被告人一次性赔偿被害人家属死亡赔偿金、丧葬费、精神损害赔偿金等各项损失共计254 330.2元，被害人家属表示谅解	从轻处罚，有期徒刑15年
(2013)迪刑初字第02号	阿某故意杀人案	案发后被告人家属亲自到被害人家赔礼道歉，并积极赔偿。在法庭主持下，庭前达成了一次性赔偿给被害人家属35万元人民币的民事赔偿协议并已履行完毕，取得了被害人家属的谅解	从宽处罚，有期徒刑11年6个月
(2014)漳刑初字第42号	董某某故意杀人案	审理期间，附带民事诉讼原告人和被告人亲属在法院主持下达成调解协议，被告人一次性赔偿附带民事诉讼原告人15.3万元，取得谅解	从轻处罚，有期徒刑15年

续表

案件字号	案件名称	赔偿、谅解情况	量刑
(2014)滨刑初字第5号	李某某故意杀人案(未遂)	审理过程中，被告人家属代其赔偿了附带民事诉讼原告人经济损失15万元，庭后，被告人与被害人达成刑事和解协议，被害人对被告人的行为表示谅解	从轻处罚，有期徒刑3年
(2014)平刑初字第78号	董某某故意杀人案(中止)	被告人在犯罪后自愿真诚悔罪，向被害人赔礼道歉并获得被害人谅解，双方当事人自愿和解并达成了和解协议	免予刑事处罚
(2015)平刑初字第147号	李某甲犯故意杀人罪(未遂)	被害人与被告人家属达成赔偿协议，由被告人家属赔偿其3万元经济损失(已实际支付1万元，2万元出具欠条)，表示谅解	从宽处罚，适用缓刑(有期徒刑1年6个月，缓刑2年)
(2015)宁铁刑初字第02号	覃某某过失致人死亡案	被告人同车主就该事故的赔偿问题与被害人家属达成和解协议，并取得被害人家属的谅解	从轻处罚，适用缓刑(有期徒刑2年，缓刑3年)

续表

案件字号	案件名称	赔偿、谅解情况	量刑
(2014) 永刑初字第 319 号	张某过失致人死亡案	被告人与被害人亲属达成了和解协议，被害人亲属出具了谅解书，并表示不追究张某任何法律责任	从宽处罚，适用缓刑（有期徒刑 2 年，缓刑 3 年）
(2015) 祁刑初字第 3 号	邓某某过失致人死亡案	被告人单位一次性垫付被害人因公死亡所有待遇 65 万元，被告人自愿补偿被害人损失 1 万元，被害人罗某某的亲属和被害人文某某对被告人的行为予以谅解	从宽处罚，适用缓刑（有期徒刑 3 年，缓刑 3 年）
(2015) 清刑初字第 1 号	赵某某、周某、张某某过失致人死亡案	案发后，周某家属主动对赵某某的家属进行了赔偿并得到了被害人家属对三被告人的谅解	从宽处罚，适用缓刑
(2014) 西刑初字第 149 号	史某某过失致人死亡案	被告人与被害人亲属达成书面和解协议，约定：被告人一次性赔偿被害人亲属损失人民币 15 万元，被害人亲属书面表示不再为此事追究被告人的民事责任	从轻处罚，适用缓刑（有期徒刑 3 年，缓刑 3 年）

续表

案件字号	案件名称	赔偿、谅解情况	量刑
(2015) 永刑初字第 143 号	任某故意伤害案	本案系民间矛盾激化所引发；被告人任某与被害人达成了和解协议，赔偿了被害人的经济损失，取得了被害人的谅解	从轻处罚，适用缓刑（有期徒刑 3 年，缓刑 4 年）
(2015) 肥刑初字第 78 号	李某甲故意伤害案	邻里纠纷；民事赔偿部分，被告人与被害人达成和解协议且已履行完毕，被害人表示谅解	从轻处罚，适用缓刑（有期徒刑 6 个月，缓刑 1 年）
(2013) 三刑三初字第 9 号	朱某某、焦某某、孙某、潘某某、徐某某、赵某某、谢某故意伤害罪案	七被告人的家属代为赔偿被害人家属的物质损失，并取得谅解	从轻处罚，有期徒刑 13 年、11 年、9 年、7 年、5 年、4 年、3 年
(2014) 北刑一初字第 36 号	张某某故意伤害案	被告人家属积极筹款赔偿被害人亲属的经济损失，在审查起诉阶段经检察机关主持调解，达成和解协议，赔偿被害人亲属各项经济损失共计人民币 5 万元，被害人亲属表示谅解	从轻处罚，适用缓刑（有期徒刑 3 年，缓刑 4 年）

续表

案件字号	案件名称	赔偿、谅解情况	量刑
(2014)肥刑初字第94号	马某故意伤害案	因婚姻家庭纠纷；侦查期间被告人与被害人达成和解协议，被害人对被告人的行为予以谅解	从轻处罚，适用缓刑（有期徒刑6个月，缓刑1年）
(2015)徐铁刑初字第35号	王某某过失致人重伤案	与被害人达成和解协议，取得被害人的谅解	从宽处罚，免予刑事处罚
(2014)迁刑初字第109号	员某某犯过失致人重伤案	审理过程中，被告人员某某积极赔偿被害人全部经济损失，取得了谅解	从宽处罚，免予刑事处罚
(2014)怀刑初字第00455号	龙某过失致人重伤案	案发后，被告人龙某与被害人达成刑事和解，赔偿被害人经济损失7万元，取得被害人谅解	从轻处罚，适用缓刑（有期徒刑1年，缓刑1年6个月）
(2015)资刑初字第59号	王某某强奸案（中止）	被告人取得被害人郭某的谅解，对其酌情从轻处罚	从轻处罚，适用缓刑（有期徒刑1年6个月，缓刑2年）
(2014)瀍刑初字第63号	马某某强奸案	被告人归案后，其家人与被害人及其家人协商，得到了被害方的谅解	从轻处罚，有期徒刑1年6个月

续表

案件字号	案件名称	赔偿、谅解情况	量刑
(2013) 泌刑初字第 488 号	王某强奸案	案发后，被告人亲属主动赔偿被害人全部损失人民币 2 万元，取得被害人谅解；被害人表示对被告人真心谅解，多次请求对被告人从宽处理	从轻处罚，有期徒刑 3 年
(2015) 吉刑初字第 0042 号	苏某强制猥亵妇女案	经法院调解，被告人自愿向被害人赔偿损失 1.5 万元，被害人对被告人的行为表示谅解，要求从轻处罚	从轻处罚，适用缓刑（有期徒刑 1 年 4 个月，缓刑 2 年 6 个月）
(2013) 浚刑初字第 36 号	刘某某等三人非法拘禁一案	案发后，双方就民事赔偿部分达成和解协议，并已履行	从轻处罚，适用缓刑
(2014) 临兰刑初字第 741 号	高某非法拘禁案	被告人与被害人达成赔偿协议，赔偿被害人经济损失 3000 元，得到了被害人的谅解	从轻处罚，适用缓刑（有期徒刑 1 年，缓刑 2 年）
(2013) 武刑初字第 00535 号	被告人王某某非法拘禁案	审理期间，被告人已与被害人达成刑事和解协议，赔偿被害人人民币 5 万元，被害人表示谅解	从轻处罚，适用缓刑（有期徒刑 2 年，缓刑 3 年）

续表

案件字号	案件名称	赔偿、谅解情况	量刑
(2015) 鄂黄陂刑初字第00007号	付某甲绑架案（中止）	案发后，被害人的近亲属出具书面谅解书，对被告人的行为表示谅解	从轻处罚，适用缓刑（判处有期徒刑6个月，缓刑1年）
(2014) 泌刑初字第074号	王某某拐卖妇女案	被告人与被害人家人达成谅解协议，被害人家人对被告人的犯罪行为表示谅解	从轻处罚，有期徒刑3年6个月
(2015) 北刑初字第36号	朱某甲诬告陷害案	审理过程中，被告人与三被害人达成和解协议，赔偿三被害人损失人民币2.3万元，三被害人请求对朱某甲从宽处罚	从轻处罚，适用缓刑（判处拘役6个月，缓刑1年）
(2014) 雨法刑初字第431号	王某某诬告陷害案	原系男女朋友关系；案发后，被告人家属与被害人达成刑事和解，予以谅解	从宽处罚，免于刑事处罚
(2014) 安刑初字第40号	叶某某、郭某某非法侵入住宅案	案发后被告人与被害人达成和解协议，赔偿款已全部履行，取得了被害人的谅解	从轻处罚，适用缓刑（有期徒刑1年6个月，缓刑2年）

续表

案件字号	案件名称	赔偿、谅解情况	量刑
(2014) 益赫刑一初字第308号	向某某非法侵入住宅案	审理过程中，被告人与两被害人达成刑事和解，赔偿了被害人损失4.5万元，真诚悔过，取得谅解	从宽处罚，适用缓刑（拘役3个月，缓刑6个月）
(2014) 恒刑初字第78号	侯某某、高某某虐待被监管人案	被告人侯某某对自己的行为真诚悔过，并取得了被害人的谅解，可从宽处罚	从宽处罚，免予刑事处罚
(2015) 杏刑初字第13号	张某某重婚案	诉讼过程中，被告人张某某与被害人杨某某达成刑事和解协议，被害人出具谅解书，表示对被告人的重婚行为予以谅解	从轻处罚，适用缓刑（有期徒刑6个月，缓刑1年）

表3-2-4　侵犯财产犯罪案件中的赔偿与量刑

案件字号	案件名称	赔偿、谅解情况	量刑
(2015) 高刑初字第20号	徐某某抢劫案	在审理过程中，双方达成和解协议，赔偿经济损失1000元，并取得谅解；主动缴纳财产刑保证金	减轻处罚，有期徒刑2年
(2014) 龙刑初字第102号	杜某某抢劫案	网友关系；被告人家属赔偿被害人经济损失人民币2500元，取得谅解	从宽处罚，有期徒刑1年

续表

案件字号	案件名称	赔偿、谅解情况	量刑
(2013) 章刑初字第441号	李某某等抢劫案	被告人李某某的亲属退还被害人所给付的现金1万元，达成和解，予以谅解	从轻处罚，适用缓刑（有期徒刑3年，缓刑5年）
(2015) 上少刑初字第2号	韦某某抢劫案	被告人通过家属赔偿被害人3万元，双方已达成刑事和解协议	从轻处罚，有期徒刑1年8个月
(2015) 贞刑初字第115号	余某某抢劫案（未遂）	与被害人达成和解，取得被害人的谅解	减轻处罚，有期徒刑1年
(2014) 海少刑初字第71号	肖某盗窃案	赃物均已起获发还，未给被害人造成实际经济损失并已取得被害人谅解，双方达成和解	从轻处罚，适用缓刑（有期徒刑1年2个月，缓刑1年6个月）
(2014) 太刑初字第00113号	赵某甲盗窃案	盗窃亲属财产；案发后，被告人之父代为退还被害人1万元，被害人对被告人的行为予以谅解	从宽处罚，适用缓刑（拘役4个月，缓刑6个月）
(2014) 园刑二初字第0030号	谢某盗窃案	在公安机关主持下，与被害人达成和解并退还了全部赃款	从宽处罚，适用缓刑（拘役2个月，缓刑2个月）

续表

案件字号	案件名称	赔偿、谅解情况	量刑
(2014) 彭山刑初字第 86 号	陈某某诈骗案	审理过程中，被告人与被害人达成刑事和解，被告人家属代为赔偿经济损失人民币 5 万元，予以谅解	从轻处罚，适用缓刑（有期徒刑 3 年，缓刑 4 年）
(2015) 温鹿刑初字第 171 号	肖某、龙某等诈骗案	三被告人与三被害人达成和解协议，除退还部分诈骗财产外，再行赔偿三被害人经济损失共计人民币 7000 元，并取得三被害人的谅解	从轻处罚，适用缓刑
(2013) 东刑初字第 276 号	梁某某诈骗案	被告人与各被害人达成了和解协议，退出了全部涉案赃款并已发还各被害人，各被害人表示谅解	从轻处罚，适用缓刑（有期徒刑 3 年，缓刑 4 年）
(2014) 安刑初字第 66 号	熊某诈骗案	在检察院主持下，被告人与被害人双方达成和解协议，被告人亲属代替其赔偿被害人经济损失 1.04 万元，被害人表示谅解	从轻处罚，拘役 1 个月 23 天
(2014) 平刑初字第 6 号	朋某抢夺案	审理过程中，被告人亲属主动赔偿了被害人的全部经济损失，并取得了各被害人对被告人犯罪行为的谅解	从轻处罚，有期徒刑 1 年 1 个月

续表

案件字号	案件名称	赔偿、谅解情况	量刑
(2014) 永刑初字第 228 号	涂某某抢夺案	被告人所抢夺的财物被公安机关扣押并发还给被害人后，其亲属又再向被害人退赔经济损失，达成和解协议	从宽处罚，拘役 4 个月
(2014) 丰刑初字第 96 号	刘某某抢夺案	被告人父亲与被害人达成赔偿协议，赔偿被害人 1.3 万元，被害人表示谅解	从轻处罚，有期徒刑 8 个月
(2014) 南刑初字第 421 号	杨某职务侵占案	被告人退赔案款 10 万元，该公司据此出具书面谅解书，请求对其从宽处罚	从宽处罚，适用缓刑（有期徒刑 3 年，缓刑 4 年）
(2014) 南刑初字第 222 号	牟某职务侵占案	被告人于案发后共退赔涉案款 50 万元，被害单位接受并出具了书面谅解书	从宽处罚，适用缓刑（有期徒刑 3 年，缓刑 5 年）
(2014) 溆刑初字第 92 号	陈某、刘某某犯职务侵占案	案发后，二被告人退赔了全部经济损失	从轻处罚，适用缓刑
(2015) 南刑初字第 76 号	白某挪用资金	侦查过程中，被告人亲属与被害单位达成和解协议，共赔偿公司损失 120 万元，履行完毕。被害单位对被告人表示谅解	从宽处罚，适用缓刑（有期徒刑 3 年，缓刑 5 年）

续表

案件字号	案件名称	赔偿、谅解情况	量刑
(2015)抚刑初字第90号	陈某某敲诈勒索案	案发后，陈某某家属将赃款全部返还给被害人，双方达成和解协议	从轻处罚，适用缓刑（有期徒刑3年，缓刑3年）
(2015)雨法刑初字第85号	周某某、姜某某、罗某某敲诈勒索案	案发后，勒索的6000元经公安机关扣押并发还给被害人。三被告人与被害人达成刑事和解协议，赔偿钟某某3万元，已履行，取得谅解	从轻处罚，适用缓刑
(2015)隆刑初字第325号	魏某某故意毁坏财物案	经村委会调解，被告人魏某某与被害人达成了和解协议，双方的损失各自承担。被害人对魏某某表示谅解	从轻处罚，适用缓刑（拘役3个月，缓刑6个月）
(2014)阳刑初字第235号	徐某故意毁坏财物案	案发后，当事双方就民事部分达成赔偿协议，徐某共赔偿被害人3万元，并取得了被害人谅解	从轻处罚，适用缓刑（有期徒刑10个月，缓刑1年）
(2014)鄂黄陂刑初字第00544号	刘某故意毁坏财物案	案发后，被告人家属赔偿被害方公司经济损失计人民币1.5万元，获得谅解	从轻处罚，拘役3个月

续表

案件字号	案件名称	赔偿、谅解情况	量刑
(2015）隆刑初字第 270 号	刘某甲、刘某乙破坏生产经营案	被告人刘某甲、刘某乙的亲属与被害方公司达成刑事和解协议，支付了赔偿款 1.59 万元，取得了被害人谅解	从轻处罚，适用缓刑
(2015）西刑初字第 156 号	孙某、王某等破坏生产经营案	被告人杨某甲、杨某乙主动赔偿被害人刘某波经济损失人民币 2 万元；被告人孙某、王某亲属与被害人自愿达成和解协议，各赔偿刘某波经济损失人民币 4 万元，四被告共计赔偿刘某波经济损失人民币 10 万元，并已全部履行	从轻处罚，适用缓刑
(2014）利刑初字第 00222 号	崔某拒不支付劳动报酬案	案发后，被告人家人与 11 位被害人达成调解协议，取得谅解	从轻处罚，适用缓刑（有期徒刑 1 年，缓刑 2 年）
(2014）西刑初字第 9 号	王某某妨害公务案	事后与二位受害民警达成谅解协议，取得受害民警的谅解	从宽处罚，判处罚金
(2014）龙刑初字第 56 号	孙某妨害公务案	被告人孙某案发后主动赔偿，与被害人达成和解协议	从宽处罚，适用缓刑（有期徒刑 1 年，缓刑 1 年）

表3－2－5　妨害社会管理秩序案件中的赔偿与量刑

案件字号	案件名称	赔偿、谅解情况	量刑
(2015) 疏刑初字第133号	田某招摇撞骗案	被告人田某将骗取的钱款全部用于个人消费，致使被害人的经济损失无法挽回，亦未向被害人退赃，可对其酌情从重处罚	从重处罚，有期徒刑7年
(2014) 解刑初字第7号	王某某招摇撞骗案	累犯；被告人王某某及其家属已经将赃款退还被害人，并适当弥补了被害人的损失	从轻处罚，有期徒刑1年6个月
(2015) 郴北刑初字第127号	黄某某犯伪造机关证件案	案发后，被告人黄某某家属与三被害人达成刑事和解，分别赔偿被害人1.92万元、7.62万元、4万元，取得了被害人的谅解	从轻处罚，有期徒刑9个月
(2013) 穗荔法刑初字第1050号	白某伪造公司印章案	被告人已经与涉案各方当事人达成和解，并积极赔偿被害人损失，取得谅解	从轻处罚，适用缓刑（拘役6个月，缓刑6个月）
(2015) 习刑初字第114号	邓某等人聚众斗殴案	审理过程中，被告人邓某、肖某、文某的家属与被害人吕某、柯某、黄某达成了赔偿协议，双方相互表示了谅解	从轻处罚

续表

案件字号	案件名称	赔偿、谅解情况	量刑
(2014) 灵刑初字第00078号	王某甲聚众斗殴案	被告人王某甲及其亲属与张某、白某甲就民事赔偿部分均已和解，被告人王某甲自愿赔偿张某医疗费、护理费、交通费等经济损失共计人民币2万元。白某甲不要求被告人王某甲赔偿经济损失。张某、白某甲对被告人王某甲的行为均表示谅解	从轻处罚
(2014) 岳刑初字第48号	刘某某寻衅滋事案	案发后，被告人家属与被害人张某、王某达成民事赔偿协议，赔偿两人医治费用共计1500元，得到对方谅解	从轻处罚，拘役3个月8天
(2013) 丰刑二初字第77号	夏某某犯寻衅滋事案	被告人通过向被害人赔偿损失获得被害人谅解，被害人自愿和解，双方当事人达成和解协议	从轻处罚，适用缓刑（拘役4个月，缓刑1年）
(2014) 滦刑初字第9号	池某某拒不执行判决、裁定案	侦查阶段，双方当事人达成和解，由被告人一次性给付谢某某货款及利息损失共计31万元，谢某某对被告人表示谅解并请求从轻处罚	从轻处罚，免予刑事处罚

续表

案件字号	案件名称	赔偿、谅解情况	量刑
(2014) 青法刑初字第133号	于某某非法处置查封扣押财产案	审理期间，被告人家属将卖玉米款5000元交到法院。经调解被告人于某某与被害人李某达成和解协议，李某对被告人的行为表示谅解	从轻处罚，适用缓刑（有期徒刑6个月，缓刑1年）
(2014) 望刑初字第41号	王某甲医疗事故案	被害人的丈夫、女儿、父亲与被告人王某甲就民事赔偿部分在法院的主持下双方达成和解协议，由王某甲一次性赔偿被害人家属赔偿金17万元，得到谅解	从宽处罚，免予刑事处罚
(2014) 中一法刑一初字第280号	陈某非法行医案	被告人陈某与被害人张某达成赔偿协议，已赔偿被害人张某人民币9万元，表示谅解	从宽处罚，适用缓刑（有期徒刑3年，缓刑3年）
(2014) 怀刑初字第00195号	曹某非法进行节育手术案	被告人家人与赵某乙达成民事调解协议，被告人曹某共赔偿赵某乙经济损失5.3万元，取得了赵某乙的谅解	从轻处罚，有期徒刑1年2个月

续表

案件字号	案件名称	赔偿、谅解情况	量刑
(2015) 蔚刑初字第93号	岳灵石材商贸有限公司邓家泉建筑石料用玄武岩矿、王某犯非法占用农用地案	案发后被告单位蔚县岳灵石材商贸有限公司邓家泉建筑石料用玄武岩矿及被告人王某已在被破坏的林地上垫土、植树，积极恢复被损林地的植被，并与蔚县陈家洼乡白庄子村村民委员会达成和解协议，赔偿受害村民经济损失共计人民币7000元。得到赔偿的村民对被告人王某的行为表示谅解	从轻处罚，判处罚金

（二）赔偿影响量刑的相关案例分析

从上述列举的案例中可以看出，以赔偿作为从宽处罚的情节的做法在司法实践中运用得非常广泛，通过分析，可以得出以下结论：

1. 超出法定范围的刑事和解应用。

第一，适用案件类型的扩大化。根据《刑事诉讼法》第277条的规定，刑事和解只能适用于因民间纠纷引起的，涉嫌《刑法》分则第四章、第五章的犯罪，可能判处3年有期徒刑以下刑罚的，以及除渎职犯罪以外的可能判处7年有期徒刑以下刑罚的过失犯罪案件，并且被告人在5年以内曾经故意犯罪的不适用刑事和解。但是在实践中，犯罪人真诚悔罪，并且积极赔偿损失、退赃退赔的，超出第277条规定的范围也依然援引了《刑事诉讼法》第279条的规定予以从宽处罚。在笔者以“《中华人民共和国刑事诉讼法》第

279 条”为索引在中国裁判文书网检索所得的 18 986 份刑事判决书中，从案件类型上来看，赔偿影响量刑的案件在《刑法》第二章、第三章、第四章、第五章以及第六章中均有涉及，尤其集中于第二章、第四章危害公共安全罪以及侵犯公民人身权利、民主权利罪（详见图 3 –2 –1），显然危害公共安全罪、破坏社会主义市场经济秩序罪以及妨害社会管理秩序罪的这三章罪名是在《刑事诉讼法》第 299 条所规定的适用范围以外的。在这五章中，共有 56 种案由适用了刑事和解制度，其中故意伤害罪、交通肇事罪和盗窃罪和解的比例较大，占据所有案件的 92%（详见表 3 –2 –6），而属于妨害社会管理秩序罪中的寻衅滋事罪、危害公共安全罪中的危险驾驶罪中，刑事和解的适用也是相当广泛的。除此以外，放火罪，以危险方法危害公共安全罪，生产、销售伪劣农药、兽药、化肥、种子罪，非法吸收公众存款罪、信用卡诈骗罪，合同诈骗罪，非法经营罪，妨害公务罪，招摇撞骗罪，聚众斗殴罪，拒不执行判决、裁定罪，掩饰、隐瞒犯罪所得、犯罪所得收益罪，医疗事故罪，非法行医罪，非法进行节育手术罪，非法占用农用地罪等犯罪中，被害人积极赔偿的都在量刑上得到了从宽处理，已经突破了《刑法》第四章、第五章罪名的限制，这说明了在实践中并没有从案件类型、事由的角度来确定刑事和解的范围，似乎只要存在直接的被害人，并且被害人的人身权利、财产权利受到损害有赔偿需求的，就具备了适用刑事和解的基础。

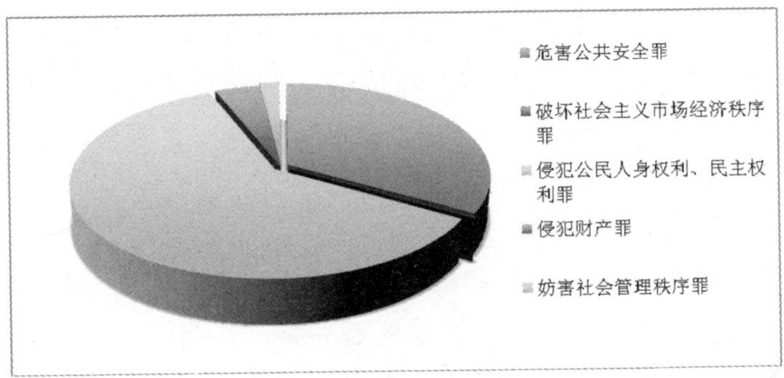

图3－2－1　刑事和解适用案件类型分布情况

表3－2－6　刑事和解常见罪名

案　由	案件数量（件）	所占比例
交通肇事罪	6097	32.10%
危险驾驶罪	159	0.80%
过失致人死亡罪	200	0.01%
故意伤害罪	11 049	58.00%
盗窃罪	322	1.70%
寻衅滋事罪	273	1.40%
非法拘禁罪	153	0.80%
故意毁坏财物罪	257	1.40%
诈骗罪	107	0.60%
其他	369	1.90%

第二，在部分案件中，赔偿影响量刑的依据并不在于被告人的人身危险性、特殊预防必要性的减少，而纯粹以填补被害人的损失为直接目的进行的和解，这主要有三类情形：

其一，作为牵连犯手段行为的犯罪本身并没有直接的受害人，基于某些原因没有认定目的行为的犯罪，而是对手段行为构成的犯罪适用刑事和解。例如，在黄某某伪造证件罪中，被告人黄某某从某公司租了 3 辆轿车，并分别伪造了其中 2 辆轿车的车辆行驶证，并将其抵押给郴州市湘南二手车交易市场，分别从被害人王某甲处借款 40 000 元，从雷某某和王某乙处借款 38 600 元，案发后，被告人黄某某家属与三被害人达成刑事和解，并赔偿被害人的损失，法院在判决中依此对黄某某予以从轻处罚。[1] 该案中的被害人实为黄某某所实施的诈骗行为的被害人，而非伪造证件罪的被害人，因而以赔偿来减轻黄某某伪造证件罪的罪责，正当性有待进一步考量。

其二，在部分案件中，赔偿的事实与案件具有一定的关联性，但该罪本身并没有直接的被害人，赔偿的对象为民事侵权行为或其他犯罪行为所直接侵害的受害人或被害人。例如廖某、龚某某、马某兰掩饰隐瞒犯罪所得案，三被告人在明知是犯罪所得赃款的情况下，帮助他人取款，构成掩饰、隐瞒犯罪所得罪，三被告人均积极退赔被害人经济损失，取得了被害人谅解，因此予以从轻处罚。[2] 又如池某某拒不执行判决、裁定案，池某某因未执行法院的民事判决，没有履行给付货款的责任，拒不还款，构成了拒不履行判决、裁定罪，案发后，双方达成和解，被告人将货款一次性给付被害人，取得了谅解，因而得以从轻处罚。[3] 再如，于某某非法处置查封、扣押财产案中，被告人在法院扣押期间将扣押的财物卖掉，明确表示不能履行法院判决，也在法院的调解下与被害人达成和解协议，给予从轻处罚。[4] 上述三类案件所反映的问题是，掩饰、

---

〔1〕（2015）郴北刑初字第 127 号刑事判决书。
〔2〕（2014）塔刑初字第 133 号刑事判决书。
〔3〕（2014）滦刑初字第 9 号刑事判决书。
〔4〕（2014）青法刑初字第 133 号刑事判决书。

隐瞒犯罪所得、犯罪所得收益罪，拒不执行判决、裁定罪以及非法处置查封、扣押、冻结的财产罪这一类妨害司法的犯罪中，“被害人”的损失并不是由于拒不执行判决裁定的行为、掩饰隐瞒犯罪所得的行为、非法处置被查封（扣押）财产的行为所造成的，而是由于上游犯罪或者是其他民事侵权行为、违约行为所造成的财产损失。那么在这类案件中能否认为具有现实的、直接的被害人进而适用刑事和解，或者说，需要研究的问题是，能够作为从宽处罚依据的是对犯罪行为侵害的被害人的损失予以赔偿的行为，还是只要赔偿与案件具有内在的相关性即可，这个问题值得进一步探讨。

其三，在部分案件中，累犯也适用了刑事和解制度。例如王某某招摇撞骗案中，王某某于 2011 年因犯招摇撞骗罪被判处有期徒刑 1 年，刑罚执行完毕后于 2013 年再次实施招摇撞骗犯罪，构成累犯，在该案中王某某将赃款退还被害人，并适当弥补了被害人的损失，因而对王某某予以从轻处罚。[1] 在该案中，对王某某的从轻处罚显然并不是基于其人身危险性、再犯可能性的减少，因为刑罚执行完毕后 5 年内再次实施招摇撞骗罪的事实已然证明了王某某的再犯可能性较高，对其从宽处罚的做法也突破了刑事诉讼法对刑事和解适用条件的规定。

2. 在刑期适用条件上的突破。根据刑事诉讼法的规定，适用刑事和解案件在刑期上的限制条件为故意犯罪可能判处 3 年以下有期徒刑刑罚的，过失犯罪可能判处 7 年以下有期徒刑刑罚的。这意味着刑事和解只能适用于轻罪，而不能适用于重罪，当然死刑案件更不能和解。但是，在司法实践中刑事和解的适用并不局限于可能判处 3 年以下的故意犯罪和 7 年以下的过失犯罪。特别是在故意杀人罪和故意伤害罪这类较为严重的犯罪中，必然涉及对重罪案件适用刑事和解的问题，例如李某某故意杀人案、阿某故意杀人案、董

[1] （2014）解刑初字第 7 号刑事判决书。

某某故意杀人案中，被告人积极赔偿被害人损失，取得被害人家属谅解的，都得到了从宽处罚，且从宽处罚后也依然被判处了有期徒刑15年、11年6个月、15年的宣告刑，〔1〕朱某某、焦某某等故意伤害罪案中，7名被告也分别被判处了3年至11年不等的有期徒刑，〔2〕显然远远超过了3年的限制期限。

3. 赔偿对于量刑的影响。通过对相关案例判决书的分析，被告人真诚悔过，积极赔偿被害人损失并得到被害人谅解的，在量刑上均得到从宽处罚，具体来说，根据案件的性质、情节等综合因素，赔偿对于量刑的影响有以下三种情形：

第一，赔偿对于是否对犯罪人适用刑罚方法具有一定的影响，如在王某某诬告陷害案中，被告人王某某与被害人宋某某原系男女朋友关系，后因日常纠纷，王某某向公安机关谎报被宋某某强奸，案发后被告人王某某的家属与被害人宋某某达成刑事和解，宋某某对王某某的犯罪行为予以谅解，法院认为王某某具有自首情节以及达成刑事和解，可以从宽处罚，因而判决王某某免予刑事处罚。〔3〕与《刑法》第37条所规定的非刑罚处罚方法不同，基于刑事和解而免予刑事处罚的，作为和解条件的认罪悔过、赔偿、赔礼道歉等行为，是《刑法》第37条所规定的“不需要判处刑罚”的判断标准和前提条件，是被告人主动作出的，而《刑法》第37条所规定的非刑罚处罚方法的责令赔偿损失，则是免予刑事处罚的非刑罚法律后果，对被告人来说是被动的负担。

第二，赔偿作为从轻处罚的情节，使被告人的刑期低于未和解的案件。根据宋英辉教授的调查，以月为单位，数额低于5000元的盗窃案件中，和解案件平均量刑为7个月，而未和解案件为10.8

〔1〕 参见（2014）安中刑二初字第26号刑事判决书；（2013）迪刑初字第02号刑事判决书；（2014）漳刑初字第42号刑事判决书。

〔2〕（2013）三刑三初字第9号刑事判决书。

〔3〕（2014）雨法刑初字第431号刑事判决书。

个月，在交通肇事（致死）案件中，和解案件平均量刑为22个月，而未和解案件为32.2个月，在交通肇事（致伤）案件中，和解案件平均量刑为4.0个月，而未和解案件为8.2个月，在故意伤害（轻伤）案件中，和解案件平均量刑为7.5个月，而未和解案件的平均量刑为17.8个月。[1] 可以看出，刑事和解后判处的实刑和未刑事和解的案由相同、案情相似的案件所判处的实刑进行对比，平均量刑差异较大，甚至相差1倍以上。

第三，赔偿影响缓刑的适用。根据《刑法》第72条的规定，缓刑的适用需要具备犯罪情节较轻、有悔罪表现、没有再犯罪的危险以及宣告缓刑对所居住社区没有重大不良影响的条件。其中后三点都是就犯罪人的人身危险性所作出的规定，即缓刑适用于犯罪的社会危害性小、犯罪人的人身危险性低的对象。刑事和解的案件中，被告人认罪悔过、赔礼道歉、积极赔偿被害人并得到被害人谅解的，均为对犯罪人人身危险性和再犯可能性的判断材料，通常能够与被害人沟通、和解的被告人，都是对自身犯罪行为有深刻的认识以及悔过自新的意愿，因而，对犯罪情节较轻、达成和解的被告人适用缓刑是符合缓刑的适用条件的。司法解释也肯定了这一做法，例如2006年1月11日《最高人民法院关于审理未成年人刑事案件具体应用法律若干问题的解释》第16条规定的应当宣告缓刑的情形为："①初次犯罪；②积极退赃或赔偿被害人经济损失；③具备监护、帮教条件。"2012年8月8日最高人民法院、最高人民检察院《关于办理职务犯罪案件严格适用缓刑、免予刑事处罚若干问题的意见》中规定了不适用缓刑或免予刑事处罚的情形，即"①不如实供述罪行的；②不予退缴赃款赃物或者将赃款赃物用于非法活动的。……"从反面印证了赔偿、和解是可以适用缓刑的情

---

〔1〕宋英辉、郭云忠、李哲等："公诉案件刑事和解实证研究"，载《法学研究》2009年第3期。

形之一。据某省高级人民法院的调查，在全省法院 2005 年至 2007 年的 16 815 起刑事和解案件中，被告人因刑事和解而被判处缓刑、免予刑事处罚等非监禁刑的，占被告人被判处 3 年以下有期徒刑的案件总数的 90% 以上，占刑事和解案件总数的 85% 以上。〔1〕 这一比例，与笔者在中国裁判文书网所检索到的刑事和解案件情形相印证，在以“刑事诉讼法第二百七十九条”为索引所检索到的 18 986 件刑事案件中，适用缓刑的案件有 14 592 件，占刑事和解案件总数的 77%，可以说，刑事和解对缓刑适用的影响是极为显著的。

三、赔偿影响量刑案件范围的确定

通过前文的分析可以看出，司法实践中刑事和解的适用并没有局限于《刑事诉讼法》第 277 条所规定的案件范围的限制，在案件类型上《刑法》第二、三、四、五、六章的罪名均有所涉及，这与司法实践的一贯做法相一致。对于超出法定案件范围的和解，最高人民检察院的解释者认为：“当事人和解，从理论和立法精神上看，是允许和鼓励的，其范围也不应有任何限制。但是其和解是否能够产生刑事责任上的效果，则要根据刑事诉讼法的明确规定加以判定。……超出该范围的，则不具有这种（从宽处理）效力。”〔2〕 但是在实务中，经严格限制的刑事和解的立法规定在实践中已然成为摆设，只援引《刑事诉讼法》第 279 条“人民法院可以依法对被告人从宽处罚”的规定对积极赔偿的被告人以从宽处罚，而有意无意地忽略了第 277 条所规定的从宽处罚的前提条件。因而值得考虑的是，立法对于刑事和解范围的严格限制，是否在一定程度上抑制了刑事和解的价值实现，难以满足司法实践中的需求，因而，适用范

〔1〕 周长军：“刑事和解与量刑平衡”，载《法律适用》2010 年第 4 期。

〔2〕 孙谦主编：《〈人民检察院刑事诉讼规则（试行）〉理解与适用》，中国检察出版社 2012 年版，第 343～344 页。

围的适度扩大可能是刑事和解制度构建和完善中所需要面对的最为迫切的问题。

《刑事诉讼法》对于刑事和解制度的规定与相关的司法解释对于赔偿对刑罚的裁量影响的规定在范围上是不同的。刑事和解制度只能使用能够与法定的范围，即民间纠纷引起的、涉嫌《刑法》分则第四章和第五章规定的、可能判处 3 年以下有期徒刑刑罚的案件，以及除渎职犯罪以外的可能判处 7 年有期徒刑以下刑罚的案件。2013 年 1 月 1 日《人民检察院刑事诉讼规则（试行）》对和解案件进行进一步的限制，根据其第 510 条的规定，和解的案件同时需要符合属于侵害特定被害人的故意犯罪或者有直接被害人的过失犯罪的条件。2013 年 1 月 1 日《公安机关办理刑事案件程序规定》中对“民间纠纷”进行了排除性的界定，即“雇凶伤害他人的、涉及黑社会性质组织犯罪的、涉及寻衅滋事的、涉及聚众斗殴的、多次故意伤害他人身体的以及其他不宜和解的”都不属于因民间纠纷引起的犯罪案件。可见，在新刑事诉讼法出台后，一旦将赔偿作为量刑情节定位为“刑事和解”，其适用范围都受到了严格的限制。

而在将赔偿作为影响刑罚裁量的情节加以规定的场合，司法解释并没有在适用的案件类型上进行规定。2012 年 12 月 20 日《最高人民法院关于适用〈中华人民共和国刑事诉讼法〉的解释》第 139 条规定：“被告人非法占有、处置被害人财产的，应当依法予以追缴或者责令退赔。被害人提起附带民事诉讼的，人民法院不予受理。追缴、退赔的情况，可以作为量刑情节考虑。”第 157 条规定：“审理刑事附带民事诉讼案件，人民法院应当结合被告人赔偿被害人物质损失的情况认定其悔罪表现，并在量刑时予以考虑。”2010 年 2 月 8 日《最高人民法院关于贯彻宽严相济刑事政策的若干意见》第 23 条规定：“被告人案发后对被害人积极进行赔偿，并认罪、悔罪的，依法可以作为酌定量刑情节予以考虑。因婚姻家庭等民间纠纷激化引发的犯罪，被害人及其家属对被告人表示谅解的，应当作为酌定量刑情节予以考虑。犯罪情节轻微，取得被害人谅解的，可以依法从宽处理，不需判处刑罚的，可以免予刑事处罚。”《最高人民法院关于常见犯罪的量刑指导意见》中更是将赔偿作为量刑情节予以规定并进行了量化，“对于退赃、退赔的，综合考虑犯罪性质，退赃、退赔行为对损害结果所能弥补的程度，退赃、退赔的数额及主动程度等情况，可以减少基准刑的30%以下”。

对于部分刑事和解范围以外的特定犯罪，司法解释也将赔偿作为从宽处罚的依据。例如2017年1月1日《最高人民法院、最高人民检察院关于办理环境污染刑事案件适用法律若干问题的解释》第5条规定，“实施刑法第338条、第339条规定的行为，但行为人及时采取措施，防止损失扩大、消除污染，全部赔偿损失，积极修复生态环境，且系初犯，确有悔罪表现的，可以认定为情节轻微，不起诉或者免予刑事处罚；确有必要判处刑罚的，应当从宽处罚”。刑法条文中也对减少被害人损失的行为从宽处罚作出规定，例如《刑法》第276条之一第3款规定：犯拒不支付劳动报酬罪，“尚未造成严重后果，在提起公诉前支付劳动者的劳动报酬，并依法承担相应赔偿责任的，可以减轻或者免除处罚”。

从上述规定可以看出，我国刑事诉讼法对刑事和解的适用采取了极为审慎的态度，而在实务中作为更主要依据的司法解释则并没有将赔偿影响量刑的范围局限于轻罪案件。笔者认为，这恐怕与立法对于刑事和解的功能定位有关。

不可否认的是，赔偿作为填补被害人损害、降低犯罪人的人身危险性的重要措施和判断标准，不仅仅在侵犯公民人身权利、民主权利的范围以及侵犯财产罪中具有积极作用，在其他客体不仅仅是公民个人法益，也侵犯社会利益、公共利益的犯罪中，只要有现实、具体的被害人，也具有积极作用。同样地，被告人的赔偿行为不仅对于轻微犯罪及其被害人具有重要的价值，同时对重罪及其被害人也具有重要的价值。问题在于，刑事诉讼法所建构的刑事和解制度是包括不追究刑事责任在内的，除了在量刑上从宽处罚之外，刑事和解还具有在程序上将案件分流的功能，即“犯罪情节轻微，不需要判处刑罚的，可以作出不起诉的决定”[1]。

“和解”一词本身就具有案结事了、平息纠纷的含义，所以立法在规定刑事和解制度时尤为慎重，避免将大范围的刑事案件纳入和解制度，唯恐消减刑罚的报应与一般预防功能，使公众产生“以钱赎刑”的担忧。这一点在《最高人民法院关于适用〈中华人民共和国刑事诉讼法〉的解释》中也有所体现，作为修订后的刑事诉讼法的解释，第496条、第497条重申了刑事和解的适用必须符合《刑事诉讼法》第277条关于和解适用范围的规定，但是在附带民事诉讼部分的解释中，第139条、第157条也将赔偿作为被告人悔罪态度的判断材料，在量刑时予以考虑，此时并没有对其适用范围加以限制。在司法实践中，刑事和解的适用往往是在侦查、起诉阶段就开始由检察机关牵头组织双方当事人协商和解，而检察机关是可以在其职能范围内做出不起诉决定的。正因为不起诉是刑事和解的法律效果之一，将和解范围限制在一个相对较小的范围也是对检察机关权力的制约，具有一定的合理性。因而可以认为，刑事诉讼法对于刑事和解的规定主要是从程序法的角度作出的，刑事和解的定位更加侧重于不起诉这一不追究刑事责任的功能，所以并未涵盖赔偿作为量刑情节的全部情形。

我国的刑事和解实践起源于轻伤害案件的改革，最早关于刑事和解的规范性文件——北京市朝阳区人民检察院2002年《轻伤害

---

〔1〕 在国外法律实践中，也有赔偿终止诉讼程序的规定，例如，《俄罗斯联邦刑事诉讼法典》第25条规定：“对第一次因涉嫌或被指控实施轻罪或中等严重犯罪而受到刑事追究的人，如果他与受害人和解并弥补给受害人造成的损害，法院、检察长以及侦查员和调查人员经检察长同意，有权根据被害人或其法定代理人的申请终止刑事诉讼程序。”又如《德国刑事诉讼法》第153条第1项规定：“在法院同意的前提下，检察官如果认为行为人罪责轻微且没有牵涉公共利益时，对于轻罪的起诉可予以停止。”

案件处理程序实施规则（试行)》，其中规定了轻伤害案件中，被害人与犯罪嫌疑人达成和解的，检察机关可以作出相对不起诉的决定。该院检察官称，将致轻伤的犯罪嫌疑人送上法庭不是实现法律公正的最好途径，而扩大适用不起诉决定是适宜的，提高轻伤害案件诉讼效益的根本目的在于，节约司法成本，减少诉讼环节，体现法律的公正与效率。[1] 后来刑事和解的实践在全国范围内推广，适用范围也逐渐扩大到未成年人犯罪、在校大学生犯罪、轻微侵财犯罪以及过失犯罪等案件中。[2] 可以说，刑事和解这一刑事司法改革的试验作品，自产生伊始就是以不追究犯罪人刑事责任的主要目的构建起来的，包括自诉案件的自行和解、公安机关撤诉、检察机关相对不起诉等方式，随着适用范围的不断扩大，从轻、减轻处罚等也逐渐纳入刑事和解程序中，但刑事和解这一术语的使用始终是与不起诉联系在一起的。学者们在讨论刑事和解制度时，也多从非刑事化的角度进行的，如陈瑞华教授认为刑事和解的“非刑事化”处理方式，意味着司法机关开始将一些轻微犯罪视为“侵权行为”，使得犯罪与侵权之间的严格界限出现了松动。[3] 但是现行刑事诉讼法所规定的刑事和解制度是包括从宽处罚在内的，司法实践中也将赔偿作为一种重要的量刑情节予以广泛适用，如前所述，适用范围也远远超过了刑事诉讼法的规定，那么对于这一功能而言，刑事诉讼法限制在 3 年有期徒刑以下的侵犯公民人身权利、民主权利罪和侵犯财产罪，以及 7 年有期徒刑以下的过失犯罪，显然就过于狭窄了。

---

〔1〕“北京朝阳检察院扩大轻伤害案件不起诉范围”，http：//news. sina. com. cn/c/2002 - 12 - 16/0431841968. html，2016 年 1 月 2 日访问。

〔2〕张朝霞、谢财能：“刑事和解：误读与澄清——以与恢复性司法比较为视角”，载《法制与社会发展》2010 年第 1 期。

〔3〕陈瑞华：“刑事诉讼的私力合作模式——刑事和解在中国的兴起”，载《中国法学》2006 年第 5 期。

早在刑事和解制度化之前，学者们对和解范围就有了广泛的讨论，对和解的范围界定或以案件轻重为标准，或以案件种类为标准。第一种观点主张以犯罪性质限制和解的适用，如陈光中教授认为刑事和解不仅适用于轻罪，也可以有条件地适用于严重犯罪甚至死刑案件，但危害国家安全案件、危害公共安全案件、有组织暴力犯罪、不具有侵权性质的职务犯罪案件、累犯、惯犯不能适用刑事和解。[1] 第二种观点从案件轻重、犯罪性质来界定和解范围，如有学者认为可以参照自诉案件的范围，对公诉案件的和解程序适用的范围进行划分，放宽刑期限制、细化案件性质，刑事诉讼法的规定即采用该标准。[2] 第三种观点以犯罪客体作为和解范围界定的唯一标准，只有侵害个人法益的犯罪被害人才有刑事处分权，才能够适用刑事和解。[3]

本书认为，对刑事和解的适用范围应当根据案件的性质加以限制，不限于罪之轻重。之所以否定刑期对和解的适用的限制，是因为重罪的被害人与轻罪的被害人同样应当受到民事赔偿。一方面，重罪通常对被害人造成的财产损失更大，没有积极赔偿从宽处罚的奖励，被告人很难愿意主动对被害人进行赔偿，并且由于刑期较长，在服刑期间没有收入不足以负担其民事赔偿责任，加之被告人长期远离社会，在服刑期满后复归社会的能力较低，难以保障被害人的经济损失得到赔偿。另一方面，对刑事和解的被告人从宽处罚的根据是，被告人的认罪悔过赔偿的行为体现了被害人应予刑罚处罚的人格因素的降低，这种行为与罪行轻重无关。并且轻罪重罪也

---

〔1〕 陈光中："刑事和解再探"，载《中国刑事法杂志》2010 年第 2 期。

〔2〕 参见马荣春、徐伟："刑事和解、社会交换及其均衡功能"，载《重庆社会科学》2013 年第 11 期；王洪宇："中法比较视阈下我国公诉案件和解程序之再完善"，载《中国法学》2013 年第 6 期。

〔3〕 于志刚："论刑事和解视野中的犯罪客体价值——对误入歧途的刑事和解制度的批判"，载《现代法学》2009 年第 1 期。

并没有清晰的标准，“轻微与严重，本来就是社会主体意志的认识，其评判标准具有相对性，随着社会主体价值评判标准的变化而变化。以这样一个模糊、易变的界限来区分案件是否适用刑事和解，既可能限制刑事和解的正确适用，又可能不慎将其置于滥用、误用的尴尬触地”[1]。当然，肯定刑事和解在重罪中的适用并不是无条件地对被告人从宽处罚，如同刑法对自首、立功制度规定的是“可以从轻或者减轻处罚”一样，刑事诉讼法对刑事和解的法律效果规定的是“可以依法对被告人从宽处罚”，所以无论罪行轻重，应当都可以适用刑事和解，根据犯罪行为的社会危害性，可以在从轻处罚的程度上予以不同幅度的宽缓化处理，和解协议也并不必然带来从宽处罚的后果。

本书也不赞同仅以犯罪客体来界定刑事和解的适用范围的观点。根据该观点，只有客体仅涉及个人法益时，可以适用刑事和解，而涉及社会、国家等公共法益的犯罪，则不能适用刑事和解，理由在于对于此类案件被害人并没有实体处分的权利，而涉及公共利益的犯罪是具体侵害人所不能代表和处分的。[2] 这一观点乍一听十分具有说服力，没有处分权的被害人如何能够代表国家和社会谅解犯罪人并减轻其刑罚呢？但是能否认为刑事和解的当事人因具有刑事实体处分权而对犯罪人加以谅解，免除其罪或减轻其刑呢？所谓的刑事实体处分权，在刑事和解制度中，也无非是被害人对于其民事权利的追求或者放弃的权利，即便是在侵犯人身罪、财产罪中，也不能认定被害人具有不追究犯罪人刑事责任的权利。根据本书的观点，犯罪人的悔罪、赔偿、道歉行为之所以能够对其刑事责任产生影响，原因在于这些行为都是犯罪人预防必要性、再犯可能

---

〔1〕 于志刚：“论刑事和解视野中的犯罪客体价值——对误入歧途的刑事和解制度的批判”，载《现代法学》2009年第1期。

〔2〕 于志刚：“论刑事和解视野中的犯罪客体价值——对误入歧途的刑事和解制度的批判”，载《现代法学》2009年第1期。

性的判断材料，因为犯罪人的再犯可能性较小、人身危险性降低，因而给予其刑事处罚的必要性也由此而降低，所以在量刑上给予优待，并不是因为被害人的谅解而由被害人放弃对其刑事责任的追究，这种观点一方面批判将刑事和解作为“私了”的做法，但同时其实质上也仍然是将其与私了等同看待。刑事和解并不等同于刑事自诉，被害人既不具有决定起诉或不起诉的权利，也无法决定是否对犯罪人从轻处罚，和解的情形仍然是作为司法机关的一项普遍意义上的刑罚裁量的情节加以考量。从这一点来说，和解与自首、立功、坦白等量刑情节并没有区别，甚至可以说和解比坦白更具有从宽处罚的价值。因而，作为一种量刑情节，和解的适用应当无关于犯罪客体如何。并且即使是公共利益，在具体案件中也都可以还原为个人法益，正如有学者指出的，社会可被还原为其构成要素的“个人”，而给予“社会”超越个人的独立存在性是错误的，在侵害社会利益的场合，应当考虑这种犯罪究竟是对个人利益产生多大的侵害，把个人法益看作该犯罪的保护法益。[1] 对这一认识，本书是持赞同观点的，如果仅以个人法益为判断标准，那么在我国《刑法》中只有第四章、第五章的犯罪属于侵犯个人法益犯罪，这样刑事和解显然丧失了其设立的初衷，适用空间过于狭窄。并且某一犯罪究竟是侵犯个人法益的犯罪还是侵害社会法益的犯罪，这与立法技术具有直接关系，例如 1979 年《刑法》中原属于流氓罪的强制猥亵、侮辱妇女罪、猥亵儿童罪，在 1997 年《刑法》中却被置于第四章之中；再如破坏社会主义市场经济秩序罪中的合同诈骗罪、信用卡诈骗罪、强迫交易罪等，难以认为其对个人财产权利的侵犯占据次要的地位，以刑法分则具体章名来限制刑事和解的适用，欠缺科学性和合理性。

对此，本书认为，从通常意义讲，刑事和解应当普遍适用，只

---

〔1〕 童伟华：“犯罪客体研究”，武汉大学 2004 年博士学位论文。

是在具体犯罪的性质上来讲，存在无法适用刑事和解制度，或是不适宜刑事和解制度的情形，具体而言，有以下几种情形：

第一，适用刑事和解的案件的首要条件是有直接的、具体的被害人，这样首先就排除了《刑法》第一章危害国家安全罪、第三章破坏社会主义市场经济秩序罪中客体为单一客体、不侵犯公民人身、财产权利的犯罪（第二章中金融诈骗罪、侵犯知识产权罪、扰乱市场秩序罪中的部分罪名均可适用刑事和解），第六章扰乱社会管理秩序罪中的大部分罪名，第七章危害国防利益罪，第八章贪污贿赂罪，第九章渎职罪，以及第十章军人违反职责罪。上述罪名中，所侵犯的大多数都是国家利益，首先国家利益难以以金钱数额来衡量，不具有和解的基础和目标。其次，当被害人是国家时，被害人同时也是追究、惩罚犯罪的主体，这不同于具体的自然人、单位在刑事诉讼中处于相对弱势的诉讼地位，以及难以获得积极赔偿客观现实的情况。所以对这种不存在代表不同利益的双方就民事赔偿责任的协商妥协的目标的罪名，实无适用和解的必要。此外，职务犯罪中的刑讯逼供罪、暴力取证罪、虐待被监管人罪等犯罪，妨害公务罪以及妨害司法的犯罪，虽然可能直接侵犯公民的人身权利，但由于加害人职务身份的特殊性，以及被侵犯的公务行为、司法行为的重要性，也不得适用刑事和解。

第二，刑事和解的被害人应当是犯罪行为所直接侵害的“被害人”。如前文所列举的廖某、龚某某、马某某掩饰、隐瞒犯罪所得案〔1〕，池某某拒不执行判决、裁定案〔2〕，于某某非法处置查封、扣押财产案〔3〕等案件中，虽然适用了刑事和解制度，但是，与犯罪人达成和解的“被害人”恐难以认定为掩饰、隐瞒犯罪所得罪，

〔1〕（2014）塔刑初字第133号刑事判决书。

〔2〕（2014）滦刑初字第9号刑事判决书。

〔3〕（2014）青法刑初字第133号刑事判决书。

犯罪所得收益罪，拒不执行判决、裁定罪，非法处置查封、扣押财产罪的被害人。以掩饰、隐瞒犯罪所得、犯罪所得收益罪为例，通说认为该罪的客体为司法机关追查犯罪、追缴犯罪所得及其收益的活动，并不涉及个人法益，虽然赃物的掩饰、隐瞒行为影响其所有人对财物的追回，但是，财物的转移占有是该罪的上游犯罪行为诸如盗窃、诈骗、抢夺等行为所造成的，掩饰、隐瞒行为并未改变被害人丧失财物占有的状态，也就是说，所谓的被害人，是盗窃罪、诈骗罪、抢夺罪的被害人，而并不是掩饰（隐瞒）犯罪所得罪、犯罪所得收益罪的被害人，因而不应适用刑事和解制度。此外，刑事和解之赔偿，应针对法律所保护的公民的合法利益，例如聚众斗殴罪的斗殴双方能否适用刑事和解则需要具体分析。在通常聚众斗殴的场合，斗殴双方所实施的相互攻击的行为，及其行为所可能造成的损害后果都应当是在斗殴双方承诺的范围之内的，也即斗殴行为的是经承诺的行为，那么在通常情况下，斗殴行为并不存在所谓的被害人，斗殴双方的人身权利也属于经承诺而放弃，并且不受到法律所保护的权利。但是斗殴行为的升级，造成重伤、死亡后果的，根据通说被害人承诺是有限度的，对于生命造成严重危险的重伤或者死亡的承诺是无效的，对此《刑法》第 292 条第 2 款也规定了，聚众斗殴，致人重伤、死亡的，依照《刑法》第 234 条、第 232 条的规定定罪处罚，即对斗殴的另一方造成重伤、死亡结果的认定为故意伤害罪、故意杀人罪。因而在聚众斗殴罪中并不存在刑事和解的适用空间，因为此时斗殴双方对对方的伤害行为都是同意的，不存在被害人，只有在聚众斗殴行为所难以涵盖的故意伤害行为、故意杀人行为的场合，才可以适用刑事和解。例如在邓某等人聚众斗殴案中，被告人邓某与柯某分别邀约肖某、温某、吕某、柯某等人互殴，在斗殴过程中，造成吕某重伤，柯某、黄某轻微伤，在该案审理过程中，被告人邓某、肖某、文某的家属与“被害人”吕某、柯某、黄某达成赔偿协议，并且对被告人均认定为聚众斗殴罪、量刑时分别得到从轻处罚。[1] 对此，本书认为该案的判决是有不当之处的，如上所述，聚众斗殴罪的双方都并不是对方的被害人，斗殴行为所造成的轻微伤也是法律所不保护的经同意的伤害行为，因而就柯某、黄某的轻微伤而言，不应适用刑事和解制度，只有被造成重伤的吕某才是刑事和解的适格主体，且吕某是故意伤害罪的被害人，应对造成其重伤的行为人认定为故意伤害罪，在此基础上才有适用刑事和解制度的空间。

第三，双方地位严重不平等的犯罪不适用刑事和解，即黑社会性质组织犯罪、恐怖组织犯罪、邪教组织犯罪、集团犯罪等。首先，这些犯罪通常社会危害性极其严重，主观恶性极大，难以通过认罪赔偿降低其所造成的危害结果和犯罪人的人身危险性，对于个人权益的侵犯也只是对公共安全、社会利益的破坏的一部分体现，即便个人法益得到恢复也难以修复对社会公众造成的危害、威胁。其次，直接被害人与犯罪人的地位严重不平等，难以保障在协商过程中被害人受到威胁而被迫“和解”，被害人极易受到犯罪人及其同伙的压力，不具有双方平等对话、解决纠纷的基础。同样地，累犯、再犯、惯犯也不适用刑事和解，其所体现的人身危险性、再犯可能性反而是从重处罚的依据，不具有轻缓化处理的条件。

第三节　刑法中的赔偿与死刑的限制适用

在我国现阶段的国情决定了死刑的废除并不现实的大背景下，通过司法控制死刑，减少和限制死刑的适用，不失为相对理想的选择。[2] 而在诸多司法控制措施中，酌定量刑情节是最为活跃、最

---

〔1〕（2015）习刑初字第114号刑事判决书。

〔2〕胡云腾、周振杰：“严格限制死刑与严厉惩罚死罪——当代死刑制度的基本特点与未来走向”，载《中国法学》2007年第2期。

为现实的途径之一。近年来，作为酌定量刑情节的民事赔偿、被害人谅解在死刑裁量时发挥着重要的作用，已经成为对死刑适用影响最大的酌定量刑情节，但也是引起争议最大的情节，特别是在“李某某案”“孙伟铭案”等社会影响力较大的案件中，赔偿对于死刑裁量的影响引起了社会公众对于“花钱买刑”“同命不同价”的批判和质疑。可以说，赔偿与死刑的适用关系非常微妙，一方面，赔偿与死刑相关联能够有效保障被害人及其家属经济赔偿的落实，安抚被害人一方的愤怒情绪，同时也是“少杀、慎杀”、宽严相济刑事政策的贯彻，对于死刑的限制适用具有积极的作用。但是同时，二者关系一旦处理失当，则面临着对于法律面前人人平等原则的背离，造成“花钱买刑”的事实，并且会引发社会公众对于刑罚适用的公平性的质疑，因此，学界对于赔偿作为死刑裁量情节的适用不乏批判和否定的声音。但是，不可否认的是，在审判实践中被告人的认罪悔过、积极赔偿、被害人的谅解已经成为死刑裁量、死刑改判的案件中被考量最多的因素，对于死刑的减少、控制具有重要的意义。

一、赔偿影响死刑裁量的依据

（一）赔偿影响死刑裁量的法律依据

我国刑法并未对赔偿作为一项法定的量刑情节作出规定，因而赔偿对于量刑影响需要在量刑的一般原则中寻找依据。我国《刑法》第 61 条规定：“对于犯罪分子决定刑罚的时候，应当根据犯罪的事实、犯罪的性质、情节和对于社会的危害程度，依照本法的有关规定判处。”根据通说，该条所规定的犯罪的情节，既包括部分罪名中的情节，也包括罪前、罪后情节，既包括法定量刑情节，也包括酌定量刑情节，[1] 因而《刑法》第 61 条被认为是酌定量刑情

〔1〕 高铭暄、马克昌主编：《刑法学》，北京大学出版社 2007 年版，第 277 页。

节在作为量刑时的考量因素的基础性法律依据。[1] 犯罪对于社会的危害程度是量刑时必须予以考虑的因素，就赔偿而言，作为最主要的罪后情节，积极赔偿、退赃的行为，一方面减轻了被害方的损害，在客观上降低了犯罪行为的危害后果，可以认为是犯罪行为对社会的危害程度的评价材料；而另一方面，更主要的是，积极赔偿的行为反映了犯罪人的人身危险性、再犯可能性等状况。因而，赔偿作为一项酌定量刑情节，其地位和作用是得到刑法的认可的。

从死刑的适用条件来看，赔偿应当作为人身危险性的重要判断标准予以重视。根据《刑法》第 48 条的规定，死刑适用于“罪行极其严重的犯罪分子”，而死刑缓期执行的适用条件则为“应当判处死刑”“不是必须立即执行”。在 1979 年《刑法》中，对于死刑的规定为“死刑只适用于罪大恶极的犯罪分子。对于应当判处死刑的犯罪分子，如果不是必须立即执行的，可以判处死刑同时宣告缓期两年执行，实行劳动改造，以观后效”。1997 年《刑法》将“罪大恶极”修改为“罪行极其严重”，对此，高铭暄教授指出，“罪大恶极”这一标准在理论上有多种解释，实践中理解和执行标准不一，势必造成司法的不统一，故应当将其具体化为犯罪性质和危害后果特别严重，而且犯罪人的主观恶性特别巨大。[2] 从文字表述上看，“罪大”是指犯罪的客观危害性极其严重，“恶极”则是从主观上的人身危险性加以界定，而“罪行极其严重”似乎则抛弃了“恶极”的标准，仅仅强调犯罪性质、犯罪情节、犯罪后果等客观危害，而不包括主观上的“恶极”。“罪行极其严重”是死刑的适用标准，对于“罪行极其严重”究竟是否包括犯罪人的主观恶性，学界观点不尽相同。肯定的观点，如马克昌教授认为，罪行极其严

---

〔1〕 林亚刚、袁雪：“酌定量刑情节若干问题研究”，载《法学评论》2008 年第 6 期。

〔2〕 参见高铭暄：《中华人民共和国刑法的孕育诞生和发展完善》，北京大学出版社 2012 年版，第 225 页。

重要从犯罪的性质、手段、危害后果等考察，同时也要从行为人的一贯表现、犯罪动机等反面，来考察行为人的人身危险性，即罪行极其严重包括犯罪行为以及人身危险性均达到极其严重的程度。[1]陈兴良教授也认为，“罪行极其严重”的含义应从“罪大”与“恶极”的角度来把握，即“罪大”是指犯罪行为及其后果极为严重，给社会造成的损失特别巨大，体现出犯罪在客观上所造成的危害后果，而“恶极”是指“犯罪分子的主观恶性和人身危险性特别大，是一种主观评价，表现为犯罪分子蓄意实施犯罪行为、犯罪态度坚决、极端背弃法制秩序和道德准则”[2]。否定的观点，如储槐植教授主张，“罪行极其严重”与“罪大”的基本含义相同，是指犯罪客观上的危害极其严重，1979 年《刑法》与 1997 年《刑法》在死刑的适用标准上有异，即“恶极”的规定使得 1979 年《刑法》的法定死刑范围小，而 1997 年《刑法》的法定死刑范围大。具体而言，“罪行极其严重”的规定在适用上的区别在于，死缓适用于“罪大”但不“恶极”的犯罪分子，而“必须立即执行”则是由“罪行极其严重”以外的主观恶性加以决定的。[3]

本书认为根据文字表述，将“罪行极其严重”理解为犯罪的客观危害极其严重是合适的。即“罪行极其严重”是死刑适用的一般标准，而“恶极”与否则是区分死刑立即执行与死刑缓期执行的标准，如此则可以清晰地将死刑立即执行和死刑缓期执行区分开来，对于死缓的适用具有重要的意义。虽然死刑立即执行与死刑缓期执行同属于死刑这一刑种，只是在执行方式上不同，但是执行方式的不同在效果上却存在着“生刑”与“死刑”的天壤之别，因而对于死缓适用标准的正确解读是减少死刑、少杀慎杀最为积极的路

---

〔1〕 马克昌：“有效限制死刑的适用刍议”，载《法学家》2003 年第 1 期，

〔2〕 参见陈兴良：《刑法疏议》，中国人民公安大学出版社 1997 年版，第 139 页。

〔3〕 储槐植：“遵从立法多判死缓：罪大但不恶极”，载赵秉志主编：《刑法评论(2012 年第 1 卷)》，法律出版社 2012 年版，第 237 ~ 240 页。

径。如果犯罪人“罪行极其严重”但主观恶性并没有达到“恶极”的程度，则意味着犯罪分子依然具有可改造性，那么就应当认定为“不是必须立即执行”的情形，适用死缓，[1] 反之，如果犯罪性质、犯罪后果极其严重，同时犯罪人的主观恶性极大，彰显出严重的对规范的背反性、犯罪态度坚决、毫无悔罪态度和表现等，则反映出犯罪分子改造可能性、悔过自新的可能性极小，则属于“必须立即执行的”情形。

“恶极”，也就是犯罪人的主观恶性的判断，储槐植教授主张从罪前、罪中、罪后的情况对犯罪人进行“人格”调查加以确定。罪前包括犯罪人的基本生活状况、为人处世一贯社会表现、犯罪有无准备、有无图谋、预谋的程度等；罪中情况包括犯罪动机卑劣或者情有可原、被害人有无过错即过错程度等；罪后情况包括有无湮没证据，有无自首，对犯罪损害的态度，有无弥补损害，有无积极退赃、进行补偿等。[2] 其中，犯罪人的积极赔偿、退赃行为属于最能够体现犯罪人悔罪态度、再犯可能性的罪后情节之一，并且在实践中也成为对死刑适用影响最大、出现最多的酌定量刑情节，对此，司法解释以及相关规范性文件均予以肯定。例如，1997 年 10 月 27 日最高人民法院《全国法院维护农村稳定刑事审判工作座谈会纪要》中规定：“对故意杀人犯罪是否判处死刑，不仅要看是否造成了被害人死亡结果，还要综合考虑案件的全部情况。对于因婚姻家庭、邻里纠纷等民间矛盾激化引发的故意杀人犯罪，适用死刑一定要十分慎重，应当与发生在社会上的严重危害社会治安的其他故意杀人犯罪案件有所区别。”2001 年 1 月 21 日《全国法院审理金融犯罪案件工作座谈会纪要》规定：“对于犯罪数额特别巨大，

---

〔1〕 黎宏：“死刑缓期执行制度新解”，载《法商研究》2009 年第 4 期。

〔2〕 参见储槐植：“遵从立法多判死缓：罪大但不恶极”，载赵秉志主编：《刑法评论（2012 年第 1 卷）》，法律出版社 2012 年版，第 240 页。

但追缴、退赔后，挽回了损失或者损失不大的，一般不应当判处死刑立即执行。”2007年1月15日《最高人民法院关于为构建社会主义和谐社会提供司法保障的若干意见》指出：“对于因婚姻家庭、邻里纠纷等民间矛盾激化引发的案件，因被害方的过错行为引发的案件，案发后真诚悔罪并积极赔偿被害人损失的案件，应慎用死刑立即执行。”2007年8月28日《最高人民法院关于进一步加强刑事审判工作的决定》中指出：“贯彻执行‘保留死刑，严格控制死刑’的刑事政策。对于具有法定从轻、减轻情节的，依法从轻或者减轻处罚，一般不判处死刑立即执行。对于因婚姻家庭、邻里纠纷等民间矛盾激化引发的案件，因被害方的过错行为引起的案件，案发后真诚悔罪积极赔偿被害人经济损失的案件等具有酌定从轻情节的，应慎用死刑立即执行。”按照上述规范性文件的精神，在犯罪分子“罪行极其严重”、应当判处死刑的场合，对积极赔偿的犯罪人，特别是因婚姻家庭、邻里纠纷等民间矛盾而发生的案件，应当慎用死刑立即执行，这也为赔偿对死刑适用的影响提供了一定的依据。

（二）赔偿与宽严相济刑事政策的实现

如高铭暄教授所指出的：“酌定量刑情节与宽严相济的刑事政策具有天然的密切联系。”〔1〕宽严相济的刑事政策对于包括赔偿在内的酌定量刑情节的适用具有指导意义，同时量刑作为与犯罪人权利直接相关的刑事司法活动，量刑科学、合理与否，直接影响到宽严相济刑事政策的实现。我国的刑事政策，经历了1979年《刑法》所确立的“惩办与宽大相结合”—“严打”刑事政策—宽严相济刑事政策的发展。1979年《刑法》将惩办与宽大相结合的政策列入法典之中，成为我国的基本刑事政策，而自1979年8月后，由于全国刑事案件增加幅度较大，特别是恶性案件的频繁发生，使得

〔1〕高铭暄：“宽严相济刑事政策与酌定量刑情节的适用”，载《法学杂志》2007年第1期。

社会治安形势面临了严峻的挑战，在这一背景下，中共中央提出了对极少数杀人、抢劫、强奸、放火、爆炸和其他严重破坏社会秩序的犯罪依法从重从快打击的方针。但是，虽然“严打”政策在1984年起了作用，但是其后犯罪率仍然居高不下，以高压的方式打击严重犯罪分子并没有取得预期的效果，[1] 不仅如此，过度倚靠刑法打击刑事犯罪还带来了相当的副作用。因此，基于对“严打”的批判与反思，最终被宽严相济刑事政策所取代。2006年最高人民法院、最高人民检察院的报告提出，我国今后将实行宽严相济刑事政策，即“坚持区别对待，对严重刑事犯罪坚决严厉打击，依法快捕快诉，做到该严则严，对主观恶性较小，犯罪情节轻微的未成年人、初犯、偶犯和过失犯，贯彻教育、感化、挽救方针，慎重逮捕和起诉，可捕可不捕的不捕，可诉可不诉的不诉，做到当宽则宽”[2]。2006年10月11日《中共中央关于构建社会主义和谐社会若干重大问题的决定》提出：“实施宽严相济的刑事司法政策，改革未成年人司法制度，积极推行社区矫正。”

为了贯彻落实宽严相济刑事政策，2010年2月8日《最高人民法院关于贯彻宽严相济刑事政策的若干意见》出台，正式提出将宽严相济刑事政策作为我国的基本刑事政策。根据该意见，宽严相济刑事政策的基本要求为该宽则宽、当严则严以及宽严相济这三个方面的内涵。“当严则严”，即“严”的部分“严”，主要是指罪行十分严重、社会危害性极大，依法应当判处重刑或死刑的，要坚决地判处重刑或死刑；对于社会危害大或者具有法定、酌定从重处罚情节，以及主观恶性深、人身危险性大的被告人，要依法从严惩处，并且强调“被告人非法占有、处置被害人财产不能退赃的，在决定

---

〔1〕 参见马克昌：《宽严相济刑事政策研究》，清华大学出版社2012年版，第64页。

〔2〕 2006年3月11日第十届全国人民代表大会第四次会议上的《最高人民法院工作报告》《最高人民检察院工作报告》。

刑罚时，应作为重要情节予以考虑，体现从严处罚的精神”。“当宽则宽”，是指对于情节较轻、社会危害性较小的犯罪，或者罪行虽然严重，但具有法定、酌定从宽处罚情节，以及主观恶性相对较小、人身危险性不大的被告人，可以依法从轻、减轻或者免除处罚；对于具有一定社会危害性，但情节显著轻微危害不大的行为，不作为犯罪处理，并且将被告人悔罪、积极赔偿等作为酌定量刑情节。“宽严相济”则明确了“宽”与“严”的关系，即严中有宽、宽以济严，宽中有严、严以济宽。总之，宽严相济的刑事政策要求在量刑时对犯罪行为社会危害程度以及犯罪人的人身危险性予以综合考虑。就赔偿而言，不仅将其作为酌定量刑情节加以规定，区分了一般情形下的赔偿以及特殊案件中的赔偿，对于一般案件被告人积极赔偿、认罪悔罪的，“可以”作为酌定量刑情节，而因婚姻家庭等民间纠纷引发的犯罪，被害人谅解的，则“应当”作为酌定量刑情节；而且提出对于被告人非法占有、处置被害人财产而不退赃的，还应当作为从严处罚的情节加以考虑。不难看出，被告人赔偿的情况属于重要的酌定量刑情节，对量刑时实现宽严相济的政策具有不可小觑的作用。

在死刑裁量中，宽严相济刑事政策的贯彻要求严格执行“保留死刑，严格控制和慎重适用死刑”的死刑政策，“严”体现在死刑适用于罪行极其严重的犯罪分子。而“宽”不能理解为只能针对轻微犯罪予以从宽处理，重罪包括死刑案件中都能够体现“宽”的一面，这就要求对于罪行极其严重的，只要是依法可不立即执行的，就不应当判处死刑立即执行，也即死缓的合理适用是贯彻宽严相济刑事政策、少杀慎杀政策的要求。通过对确实存在情有可原的因素的犯罪人不立即执行死刑，给其改过自新的机会，[1] 以达到在刑

〔1〕 参见马克昌：《宽严相济刑事政策研究》，清华大学出版社2012年版，第91～92页。

事司法中控制死刑适用的目的，而这些因素，不仅仅包括法定的量刑情节，也包括酌定量刑情节。正如前文所述，被告人积极赔偿、认罪悔罪的行为正是“不是必须立即执行死刑”的考量因素之一，属于征表犯罪分子人身危险性较低、改造可能性较高的酌定量刑情节，因而，对于积极赔偿、认罪悔过的犯罪分子，可以不适用死刑立即执行，而酌情适用死刑缓期两年执行。

二、赔偿之于死刑裁量的影响力及其限度分析

（一）赔偿影响死刑裁量的案件范围确定

肯定赔偿对于死刑适用的影响，并不意味着所有死刑案件都可以基于被告人的赔偿行为而从宽处理，这是由于死刑案件通常造成了被害人死亡等不可逆转的危害后果，特别是可能被判处死刑立即执行的案件，往往犯罪情节极其严重、犯罪手段残忍、犯罪人的犯罪态度坚决、动机卑劣、主观恶性严重，引发社会的高度关注，因而，赔偿与死刑裁量之间的关系一旦处理失当，将会导致极为消极的社会效果，甚至突破刑事司法的公平正义之底线。如何确立赔偿影响死刑裁量的案件范围，是在死刑案件中适用赔偿这一酌定量刑情节所需要解决的首要问题。

从当前我国司法解释的态度来看，对于赔偿影响死刑适用主要是从案件性质上加以限制，即对于因婚姻家庭、邻里纠纷等民间矛盾激化引发的案件，以及因被害人过错引发的案件，[1] 而并不涉

〔1〕 2007年1月15日《最高人民法院关于为构建社会主义和谐社会提供司法保障的若干意见》中规定：“对于因婚姻家庭、邻里纠纷等民间矛盾激化引发的案件，因被害方的过错行为引发的案件，案发后真诚悔罪并积极赔偿被害人损失的案件，应慎用死刑立即执行。”2007年8月28日《最高人民法院关于进一步加强刑事审判工作的决定》中规定：“贯彻执行‘保留死刑，严格控制死刑’的刑事政策。对于具有法定从轻、减轻情节的，依法从轻或者减轻处罚，一般不判处死刑立即执行。对于因婚姻家庭、邻里纠纷等民间矛盾激化引发的案件，因被害方的过错行为引起的案件，案发后真诚悔罪积极赔偿被害人经济损失的案件等具有酌定从轻情节的，应慎用死刑立即执行。”

及具体的罪名。在学界对于赔偿与死刑适用的探讨中，肯定死刑可以适用刑事和解的学者对于可能和解的死刑案件范围的观点也并不一致。例如赵秉志教授主张不应对赔偿影响死刑适用的案件范围做出过多的限制，除了严重侵害国家法益的犯罪之外，其他犯罪案件中都具备赔偿影响死刑适用的可能性，包括危害公共安全、社会秩序的犯罪，也都可以从宽处罚。[1] 陈光中教授对案件范围作出更明确的限制，即只适用于因婚姻家庭、邻里纠纷、同学朋友间的民间矛盾激化的所引发的案件，并且主要限制在杀人案件中，而危害国家安全案件、有组织暴力犯罪案件、黑社会性质组织犯罪案件、职务犯罪案件，以及累犯、惯犯案件等都不能适用刑事和解。[2] 王志祥教授主张在具有特殊关系等相当的和解基础的案件中可以适用刑事和解，即青少年、在校大学生实施的严重暴力犯罪案件，以及双方当事人具有亲属、邻里、同事等关系的严重暴力犯罪案件。[3] 甄贞教授则认为，赔偿可以影响死刑适用案件首先要具备和解的案情基础，即发生在熟人之间的案件、偶发矛盾引起的案件以及加害人有宽宥情节的案件，其次，刑事和解只能适用于侵害个人法益的案件。[4]

上述观点对于赔偿影响死刑适用范围的界定，无外乎从具备可宽宥因素的角度，或者案件涉及的罪名角度做出限制，只是基于立场的不同，所限制的范围大小有所区别。如前文所述，本书主张赔偿对于量刑的影响应当及于有被害人的所有案件，即除了双方地位

---

〔1〕 赵秉志、彭新林："论民事赔偿与死刑的限制适用"，载《中国法学》2010 年第 5 期。

〔2〕 陈光中："刑事和解是否适用于死刑案件之我见"，载《人民法院报》2010 年 8 月 4 日，第 006 版。

〔3〕 王志祥："对严重暴力犯罪案件能否适用刑事和解的探讨"，载《学习论坛》2010 年第 3 期。

〔4〕 甄贞、郑瑞平："刑事和解在死刑案件中之适用初探：以适用的范围与条件为中心"，载《法学杂志》2014 年第 1 期。

严重不平等的、被告人人身危险性较高的犯罪以外，不应对刑事和解的适用范围做出过多限制。但是，对于死刑案件刑事和解的适用，应当慎之又慎，正如有学者所指出的，在现阶段大力提倡死刑案件的刑事和解确实超越了民众的接受度，难逃“以钱买命”的嫌疑，毕竟我们的社会尚未进化到超越报应与复仇的特定情境，民众的报应诉求在死刑案件中仍是需要得到关照的。[1] 死刑案件通常会造成被害人死亡的后果，而死亡确实难以通过金钱予以弥补，特别是在一些犯罪手段恶劣、犯罪后果极为严重的死刑案件中，被害人的报应诉求远远大于其对于被害恢复的要求，刑事和解在死刑案件中过于广泛的适用，恐怕在现阶段“杀人偿命”仍占据主导地位的报应情感的背景下，难以取得良好的社会效果。因而左卫民教授提出，刑事和解的适用应当以追求积极的社会效果为宗旨，需具备三个标准：即被害人得到适当赔偿，有利于被害人的改造与回归，以及相当的社会认同。[2] 本书赞同这一观点，并且认为，公众认同对于界定赔偿影响死刑适用的案件范围具有决定性的作用。

根据公共关系理论，“公众”是指与某一组织存在实际或者潜在利益关系和影响力的个人、群体或组织。[3] “认同”是一个心理学概念，是指个体对于某一事物在内心深处基于一种感性和理性的了解分析，进而形成的认可、接受乃至尊重、服从。[4] 就刑法的公众认同而言，则是指社会公众对于刑法规范、特别是刑事判决的了解、知悉以及接受、服从的程度。在刑事立法中，社会公众的认

---

〔1〕 朱文超：“死刑案件中‘积极引导刑事和解’的适用及其限制条件——王锁明故意杀人案”，载《审判前治观察》编辑委员会编：《审判前沿观察（2008 年第 2 辑）》，上海人民出版社 2008 年版，第 286 页。

〔2〕 左卫民等：“‘赔钱减刑’：怎样理性看待?”，载《人民法院报》2007 年 6 月 19 日，第 005 版。

〔3〕 参见余永跃：《公共关系学通识教程》，武汉大学出版社 2007 年版，第 163 页。

〔4〕 齐聚锋、叶仲耀：“刑法认同漫谈”，载《当代法学》2001 年第 11 期。

同体现在对于犯罪与刑罚之间关系的认可，而在刑事司法中，则体现为社会公众对依刑法而作出的判决的认可。[1] 由于个案判决对于社会公众具有警示作用，社会公众都有可能成为与个案相类似犯罪行为的加害人或者被害人，因而个案判决对于社会公众而言是具有极高的关注度的。公众对于个案中的犯罪人行为具有依个人价值标准而做出的评判，将之与刑事判决的定罪与量刑结果相比较，倘若二者差距不大、总体持平，那么可以认为社会公众对于判决予以认可，反之，判决结果与公众的个人判断之间差距较大，那么公众对于个案判决则是不予认同的，甚至将影响社会公众对于刑法的信赖和忠诚度。可以说，社会公众对于刑法规范的认同，是在体现公平正义的刑事司法活动中实现的，个案判决的公正与否，直接影响了社会公众对于刑法规范的认同度。

犯罪对人们造成痛苦，对于造成痛苦的犯罪行为给予报复是人类的本能反应，正如英国著名史学家詹姆斯·斯蒂芬所说的："报复之于刑法，与性欲之于婚姻具有同等重要的关系。"而在禁止复仇的现代社会中，被害人的报应情感则表现为对犯罪人进行刑事处罚的欲求、行使国家刑罚权的欲求，以及制定刑法的欲求上。[2] 这种对于犯罪的愤怒、仇恨、报应的情绪，"对于社会的正义是不可缺少的，长期以来，社会始终在尽力维护这种健康的愤恨情感"[3]。国家禁止私人复仇的代价，就是国家需要采取刑罚的手段对犯罪人实施公的报应，从而满足被害人的报应情感，因而刑法的制定是以处罚犯罪人的欲求为原动力的。

---

〔1〕 参见周光权："公众认同、诱导观念与确立忠诚——现代法治国家刑法基础观念的批判性重塑"，载《法学研究》1998 年第 3 期。

〔2〕 参见［日］西原春夫：《刑法的根基与哲学》，顾肖荣等译，法律出版社 2004 年版，第 97～98 页。

〔3〕［法］卡斯东·斯特法尼：《法国刑法总论精义》，罗结珍译，中国政法大学出版社 1998 年版，第 29 页。

就赔偿对死刑案件的影响范围而言，公众认同是其观念基础。法国社会学大师涂尔干在其《社会分工论》一书中，将人类社会分为“机械团结”的传统社会和“有机团结”的现代社会。在“机械团结”的传统社会中，刑法的基础在于“明确而又强烈的共同意识”，相应地，惩罚的作用在于维护这种共同意识进而“极力维持社会的凝聚力”[1]，在这种社会状态下，法律的运作模式是压制性的，以对犯罪人施加痛苦为目的。根据涂尔干的观点，现代社会则日益趋于“有机团结”，在这种社会背景下，集体意识确定性的平均强度日渐式微，[2] 制裁的目的也逐渐侧重于恢复，社会公众对于犯罪行为更加的宽容，以往被认为不可饶恕的犯罪行为对于集体意识的伤害，在如今的情况下已经并不那样严重了，因此随着社会和公众意识的发展，死刑等残酷的刑罚被逐渐废止、取代。这一观点得到了后世学者的普遍认可，如西原春夫教授所指出的，“民众的声音就是神的声音”，是否制定刑法、制定什么样的刑法，“必须考虑的是国民的欲求，当看到国民的欲求已经产生时，立法者就必须制定刑法。反之，不顾国民并没有要求制定刑法而制定刑法，这就不正确了”[3]。刑法和刑事政策的制定必须要反映社会公众的欲求和呼声，否则难以得到社会公众的认同。

在确定赔偿对于死刑适用的案件范围时，必须对社会公众的认同程度予以考量。如美国联邦最高法院在 1972 年 *Furman v. Georgia* 案对于死刑是否属于宪法第八修正案禁止的“残酷与非常的刑罚”的认定中，就以死刑和公众认同之间的关系作为标准之

---

〔1〕［法］涂尔干：《社会分工论》，渠东译，生活·读书·新知三联书店 2000 年版，第 70 页。

〔2〕［法］涂尔干：《社会分工论》，渠东译，生活·读书·新知三联书店 2000 年版，第 115 页。

〔3〕［日］西原春夫：《刑法的根基与哲学》，顾肖荣等译，法律出版社 2004 年版，第 99 ~ 100 页。

一，只有刑罚是武断的、相对于罪行过于严厉、社会正义感为刑罚所冒犯，以及死刑的适用并不比轻微的刑罚更加有效时，死刑才属于“残酷与非常的刑罚”[1]。因而，从社会认同的角度出发，可以对赔偿影响死刑适用的案件范围做出一个基本的判断：如果社会公众认为对极端的死刑案件可以在一定程度上予以谅解，不适用死刑也能够满足社会公众的报应感情，那么该案件则具有和解的空间；反之，如果社会公众认为只有死刑才能够满足公众对最极端犯罪报应的正义情感，那么则应当顺应公众的意志，对该案件适用死刑。[2] 相当的社会认同为刑事和解在死刑案件的适用提供了正当性依据。

以李某某故意杀人案为例，[3] 该案一审法院以故意杀人罪判处李某某死刑，剥夺政治权利终身，以强奸罪判处有期徒刑 5 年，决定执行死刑，剥夺政治权利终身。被告人提出上诉后，云南省高级人民法院经审理，完全认可了昭通市中院查明的事实，但认为李某某有自首情节，且李某某事后积极赔偿被害人经济损失，认罪、悔罪态度较好，因此改判李某某死缓。在各方质疑声中，云南省高级人民法院作出再审决定，认为李某某犯罪手段特别残忍，情节特别恶劣，后果特别严重，社会危害极大，虽有自首情节，但不足以对其从轻处罚，故改判死刑立即执行。经最高人民法院核准后，对李某某依法执行死刑。

---

〔1〕 *Furman v. Georgia*, 408, U. S. 238 (1972).

〔2〕 梁根林：“公众认同、政治抉择与死刑控制”，载《法学研究》2004 年第 4 期。

〔3〕 该案案情为：李某某与王某飞有感情纠纷。2009 年 5 月 16 日 13 时许，李某某在王某飞亲戚王庭金家门口遇见了王某飞，李某某当即同王争吵并抓打起来，抓打中，李某某将王某飞掐晕后强行与其发生了性关系。见王某飞被强奸后醒来开跑，李某某提起一把锄头打在王头部。王某飞当场倒地，李某某见状将王某飞拖入王庭金家房内。此后，李某某又提起站在一旁的王某飞的 3 岁弟弟王家红，用其头猛撞房门，撞晕后再用绳子分别将王家红和已经昏迷的王某飞的脖子勒紧，后逃离现场。2010 年 7 月，昭通市中级人民法院以强奸罪、故意杀人罪判处李某某死刑立即执行，并赔偿王家 3 万元。

李某某案的一审、二审以及再审引发了社会公众的高度关注和热议。在二审改判死缓后，云南省高级人民法院副院长在接受媒体采访时称，“理解网民对判决提出的异议，但这都是观念的问题，是杀人偿命的传统意识与现代司法理念、国家刑事政策的差异”，并认为应当革新杀人偿命的传统观念，“我们不能再冷漠了，不能向曾经那样，草率判处死刑”，“我们要引领、改造‘冤冤相报’‘杀人偿命’的传统观念”[1]。可以看出，云南省高级人民法院将死刑判决改判为死缓，试图突破“杀人偿命”的传统，并引领革新这一陈旧的观念，落实“少杀、慎杀”的死刑政策。不可否认，死刑的限制适用乃至废除是一个不可逆转的发展趋势，学界对于死刑的严格控制、废除的呼声也不绝于耳，但是立足于刑法轻缓、文明、人道的立场而主张对死刑的控制，甚至有学者主张采用“突然死亡法”一步到位地、立即废除死刑，显然脱离了现阶段我国的犯罪形势、国情与民意。云南省高级人民法院二审改判死缓的做法正是这一观点在刑事司法实践中的体现，这种一蹴而就的做法无视我国的司法现实和公众的集体意识，不仅难以达到该院“改造杀人偿命的陈旧观念”的目的，反而引起了更大的民意反弹。事实上，在李某某案二审改判死缓后，引起了社会公众的强烈质疑，在云南省高级人民法院召开新闻通气会试图澄清该案改判的情况后，也没有起到预期效果，有网友愤怒地质疑：“如果是你家的女儿被人强奸后杀害，3 岁的小儿子被人摔死，你会不会照样说要‘少杀慎杀’，继续判他死缓。”社会公众也对被害人家属应对再审建言献策、捐款捐物。在李某某案中，被告人强奸并杀害一名女性，又残忍地杀害了一名幼童，其犯罪性质、情节极为严重，犯罪手段特别残忍，并且在一审过程中，李某某并没有积极赔偿，被害人家属曾多次要

---

〔1〕 雷成：“云南省高级人民法院：不能以公众狂欢方式判一个人死刑”，《中国青年报》2011 年 7 月 8 日，第 7 版。

求李家就善后事宜进行赔偿，但李家拒不理会，经多次调解、做工作，李家仍拒绝赔偿，安葬费也是在政府强制变卖财产后才进行的赔偿。可见这种赔偿难以体现被告人的积极态度和认罪悔过的态度，不能作为一个如此恶劣的犯罪的从宽处罚的情节。对该案适用和解，对于社会公众来说显然难以接受，严重背离社会公众对于刑法的信赖和正义情感，事实证明，云南省高级人民法院的尝试失败了，不得不再审改判死刑，重归传统的“杀人偿命”的观念。

从李某某案一审死刑、二审改判死缓、再审判决死刑的一波三折的过程可以看出，在现阶段死刑案件刑事和解的适用，应当慎重地、循序渐进的推进，需要充分考虑社会公众的认同度，如果对于赔偿限制死刑适用的案件具有强烈的质疑和批判时，执意对被告人从宽处罚会导致社会公众对于司法信心的降低，严重触犯社会集体意识的报应感情与正义感情。对此，本书认为，赔偿对死刑的限制适用的案件，应当仅限于侵害公民个人法益的犯罪，即故意杀人罪、故意伤害罪、强奸罪、绑架罪、拐卖妇女儿童罪以及抢劫罪中才具有适用刑事和解的空间，而以不特定或多数人为对象的危害公共安全犯罪、危害国家安全犯罪等侵害社会利益、国家利益的犯罪，即使犯罪造成了具体被害人的人身、财产损害，具有和解基础的，也应当慎重适用，因为此类案件以社会的公共安全和整体利益为侵害对象，行为本身的社会危害性较大，客观上也极易造成严重的、涉及面较广的犯罪后果，行为人的人身危险性也非常大，对于此类案件适用刑事和解，难以得到社会公众的广泛认同。而司法解释所确立的适用条件，即对于故意杀人罪、故意伤害罪等，“因婚姻家庭、邻里纠纷等民间矛盾激化引发的案件，因被害方的过错行为引发的案件”，被告人积极赔偿的，也不能一概适用刑事和解，例如李某某故意杀人案就是因婚恋纠纷而引发的故意杀人案，对于这类案件，同样需要考虑社会的认同度。当然，社会认同是一个非常主观、抽象的概念，将其作为判断标准则需要进一步提出具体的的依据。正如西原春夫教授所指出的："国民中间存在着具有各种各样不同欲求的人……在制定刑法的深处要承认起作用的是国民每个人的欲求，认为立法者在立法时所应当考虑的人的欲求是与此不同的。"西原春夫教授进而提出了国民欲求的形式标准为，"如果一般的平均水平的国民对不良行为的状况和对此而制定刑法的意义有了正确的认识，那就可以算具备这种欲求了"〔1〕。对于死刑案件来说，通过赔偿来限制死刑的适用能否得到公众的认同，需要"考虑进入刑事司法视野的'经验上通常的事实'：即考虑哪些判决结论或理论解释是一般的国民可以接受的，符合一般国民的规范意识，从而肯定国民的经验、情理、感受的合理性，肯定生活利益的重要性"〔2〕。那么如何使公众认同具体化，本书认为应当以犯罪人特殊预防和再犯可能性为必要限度。

（二）赔偿影响死刑适用案件类型的确定

自 2007 年 1 月 15 日《最高人民法院关于为构建社会主义和谐社会提供司法保障的若干意见》明确提出"严格执行'保留死刑、严格控制死刑'"的死刑政策之后，最高人民法院于 2009 年至 2012 年先后公布了多个死刑裁量中调解适用的案例以及相关公报案例、指导性案例，〔3〕对死刑条件的适用提供了指导性意见，本书拟就此类典型案件进行梳理，从而考察被告人赔偿与死刑裁量之间的关系。

---

〔1〕［日］西原春夫：《刑法的根基与哲学》，顾肖荣等译，法律出版社 2004 年版，第 98 ~ 102 页。

〔2〕周光权："论刑法的公众认同"，载《中国法学》2003 年第 1 期。

〔3〕指导案例 4 号：王某某故意杀人案；指导案例 12 号：李某故意杀人案；《最高人民法院关于印发对依法可不判处死刑案件全力做好民事调解工作的典型案例的通知》，转引自陈明："死刑适用中的酌定因素研究——兼议〈关于办理死刑案件审查判断证据若干问题的决定〉第 36 条"，载《中国刑事法杂志》2010 年第 10 期；"法官跨三省调解马涛案起死回生""死刑案如女人绣花般精细""死刑复核考验法官群众工作能力""马福生死伴着死刑复核环节跌宕""如何保住一条命又不影响稳定"，载《法制日报》2009 年 7 月 28 日至 2009 年 8 月 4 日。

表3-3-1 死刑改判典型案件

序号	案 件	影响改判的因素
1	王某某故意杀人案	1. 婚恋纠纷引发 2. 坦白 3. 悔罪 4. 积极赔偿被害人损失 5. 平时表现较好
2	李某故意杀人案	1. 民间矛盾引发 2. 被告人亲属协助抓捕 3. 亲属代为赔偿 4. 认罪态度好 5. 被害人不予谅解
3	马某故意杀人案	1. 民间纠纷引发 2. 积极赔偿 3. 真诚悔罪 4. 取得被害人谅解
4	任某故意杀人、盗窃案	1. 民间矛盾激化 2. 事先无预谋 3. 认罪悔罪态度诚恳 4. 初犯、偶犯 5. 被告人无赔偿能力 6. 被害人谅解
5	陈某故意杀人案	1. 民间纠纷引发 2. 自首 3. 积极赔偿 4. 被害人家属谅解

续表

序号	案　件	影响改判的因素
6	冯某故意伤害案	1. 邻里纠纷引发 2. 激情杀人 3. 认罪态度好 4. 积极赔偿被害人损失 5. 取得被害人家属谅解 6. 群众反映被告人平时表现良好
7	范某某故意杀人案	1. 家庭矛盾引发 2. 有悔罪表现，拨打 120 抢救被害人 3. 家属代为赔偿 4. 取得被害人家属谅解 5. 群众反映被告人平时表现良好
8	邓某某故意杀人案	1. 婚恋纠纷引发 2. 有悔罪表现，抢救被害人 3. 家属代为赔偿 4. 取得被害人家属谅解
9	陈某某故意杀人案	1. 被害人家属具有一定责任 2. 认罪悔过 3. 家属代为赔偿 4. 取得被害人家属谅解
10	马某故意伤害案	1. 民间纠纷引发 2. 悔罪态度较好 3. 有抢救被害人的行为 4. 家属代为赔偿

续表

序号	案　件	影响改判的因素
11	杨某某故意杀人案	1. 婚恋纠纷引起 2. 被害人具有一定过错 3. 被告人积极赔偿 4. 取得被害人家属谅解 5. 当地群众表示被告人有可谅解之处
12	邵某某故意杀人案	1. 婚恋纠纷引发 2. 被害人具有一定过错 3. 坦白 4. 悔罪态度较好 5. 家属代为赔偿 6. 取得被害人家属谅解
13	周某某故意杀人案	1. 婚恋纠纷引发 2. 认罪悔过态度较好，犯罪后自杀未遂 3. 家属代为赔偿 4. 取得被害人家属谅解
14	娄某某故意杀人案	1. 婚恋纠纷引发 2. 认罪悔过态度较好，积极抢救被害人 3. 家属代为赔偿 4. 取得被害人家属谅解
15	王某某故意杀人案	1. 婚恋纠纷引发 2. 被害人过错 3. 家属代为赔偿 4. 取得被害人家属谅解

续表

序号	案　件	影响改判的因素
16	何某某故意杀人案	1. 邻里纠纷引发 2. 家属代为赔偿 3. 取得被害人家属谅解
17	王某某故意杀人案	1. 婚恋纠纷引发 2. 被害人过错 3. 认罪悔过态度较好 4. 家属代为赔偿 5. 取得被害人家属谅解 6. 当地群众反映被告人平时表现较好，请求从轻处罚
18	刘某某故意杀人案	1. 民间纠纷引发 2. 认罪悔过态度较好 3. 取得被害人家属谅解
19	龙某故意杀人案	1. 民间纠纷引发 2. 认罪悔过态度较好 3. 积极赔偿 4. 取得被害人家属谅解
20	郭某某故意杀人案	1. 婚恋纠纷引发 2. 犯罪动机不卑劣 3. 认罪悔过态度较好 4. 坦白 5. 家属代为赔偿
21	葛某故意杀人案	1. 被害人与被告人系恋爱关系 2. 帮助被害人自杀，被告人自杀未遂 3. 取得被害人家属谅解 4. 当地群众表示被告人品行良好，杀人属一时冲动。

通过对上述最高人民法院公布的21例死刑改判案件的梳理，可以看出：首先，在这类案件中，对于死刑改判起到重大作用的多为酌定量刑情节，仅在王某某故意杀人案、郭某某杀人案中具有坦白情节，陈某故意杀人案中具有自首的情节，其余案件都是依据酌定量刑情节而予以从宽处罚，将死刑改判为死刑缓期两年执行。其次，上述21个案件中，所依据的酌定量刑情节有民间纠纷、悔罪态度、赔偿、被害人谅解、当地群众表示可以谅解、被害人过错、初犯偶犯、激情杀人等（各情节的适用频次详见图3－3－1），可以看出，对于死刑案件从宽处罚影响最大、适用最多的分别为民间纠纷引发、被告人积极赔偿、被害人家属谅解以及被告人的认罪悔过态度。再次，2010年6月13日最高人民法院、最高人民检察院、公安部等出台的《关于办理死刑案件审查判断证据若干问题的规定》第36条规定，量刑时应审查的酌定量刑情节包括案件起因、被害人有无过错及其程度、被告人近亲属是否协助抓获被告人、被告人平时表现及有无悔罪态度、赔偿情况、被害人谅解情况以及其他影响量刑的情节。可以看出，最高人民法院不核准死刑、发回重审改判所依据的情节，与上述法律文件所列举的死刑案件应审查的酌定量刑情节完全吻合。最后，上述21个案件中，所有案件所依据的酌定量刑情节都在三个以上，就赔偿而言，没有一例案件仅仅依据被告人或其家属的积极赔偿行为而不判处死刑的，也就是说，通常酌定量刑情节对于死刑裁量的影响，是通过数个从轻情节共同作用而致，而从轻情节越多，则适用死刑的条件越不充分、死缓的适用越加合理。

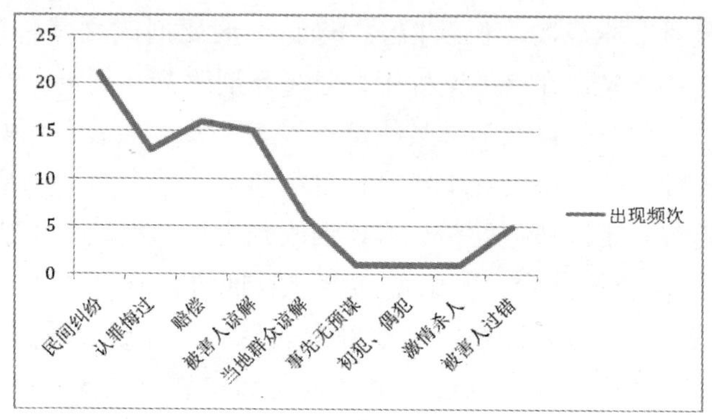

图3-3-1　酌定量刑情节适用频次

通过上述分析本书认为，赔偿对于死刑适用的影响，应当与其他从轻处罚情节共同适用，包括自首、立功等法定量刑情节，也包括认罪态度、被害人谅解等酌定量刑情节，如果被告人具有多项从轻处罚情节的，即使责任刑是死刑立即执行，也不应当核准死刑，也即在具有多项从轻处罚情节时，赔偿影响死刑适用的公众认同度越高，“赔钱减刑”“花钱买命”的质疑越少。以适用较多的民间纠纷、认罪悔过态度为例，对于民间纠纷而引发的案件而言，由于民间纠纷能够直接反映被害人与犯罪人双方之间的关系，以及被害人在受到外因刺激的状态下的反应状况，因而可以成为犯罪人人身危险性以及犯罪行为社会危害性的判断依据。[1] 因民间纠纷引发的犯罪，或事出有因，或发生在特定关系的人群中，犯罪人的人身危险性要小于一般的刑事案件，并且改造的可能性非常大，对于这类案件执意判处死刑反而可能会导致双方家庭形成世仇，不仅不利于纠纷的化解，反而可能会加剧双方的冲突。被告人的认罪悔过态

〔1〕 黄晓亮：“论民间矛盾对暴力犯罪死刑适用的影响”，载《河南省政法管理干部学院学报》2011年第1期。

度，表明了被告人对自己所实施的犯罪行为的反省与检查，是被告人认识到自己的罪行和罪行反规范性的体现，反映出被告人的再犯可能性、人身危险性得到减少，改过自新的可能性较大，可以说，认罪悔过态度是犯罪人特殊预防必要性减少最重要的表现和依据，其重要性绝不亚于坦白等法定从轻处罚情节。从上述死刑改判案件中可以看出，民间纠纷引发的案件、被告人的认罪悔过态度以及被告人的赔偿通常是共同发挥限制死刑适用的作用的，仅因赔偿，或是仅因民间纠纷引发难以印证死刑的不必要性，特别是赔偿的适用，必须能够表明被告人的认罪悔过态度，否则赔偿则沦为不适用死刑的等价交换，而非被告人特殊预防必要性减少的判断依据。例如李某某故意杀人一案，在一审过程中，李某某并没有积极赔偿，被害人家属曾多次要求赔偿，但李家拒不理会，经多次调解、做工作，李家仍拒绝赔偿，安葬费也是在政府强制变卖财产后才进行的赔偿，这种赔偿行为难以认定为“积极赔偿”，更不能体现出被告人的认罪悔过态度，因而云南省高院在二审中以积极赔偿受害人家属经济损失对李某某判处死刑缓期两年执行，这一依据的适用显然是不恰当的。所以，赔偿对于死刑适用的影响，必须与认罪悔过态度相结合共同作用，单纯的赔偿不能反映被告人的再犯可能性、人身危险性的减少，当然，多个从轻处罚情节的情况下，被告人积极赔偿的，应当肯定其对于限制死刑适用的作用。

需要特别说明的是，死刑案件的限制适用中，赔偿与被害人家属谅解的关系。根据《刑事诉讼法》第 277 条的规定，刑事和解的适用需要具备被告人真诚悔罪、赔偿损失、赔礼道歉，同时需要得到被害人谅解。显然即使被告人赔偿了全部损失，被害人不谅解的，也不能适用刑事和解。但是在死刑案件中，不能将死刑的限制适用与被害人谅解直接挂钩，因为死刑案件通常造成了被害人死亡甚至更为严重的后果，被告人即使赔偿再多的金钱也难以挽回逝去的生命，因而在死刑案件中，被害人与加害人的对抗情感往往十分激烈，被害人对于报应的诉求可能远远超过了对于被害恢复的要求，因而，司法实践中被害人家属拒绝接受赔偿、拒绝谅解，要求处以极刑的场合时有发生，根据学者对G省的调查，被害方的诉求中，“不接受被告人经济赔偿，只要求从严判处死刑立即执行”的占了53.64%。“要求被告人承担根本无力支付的巨额赔偿，否则要求从严判处死刑立即执行”的，占了31.82%。[1] 对此，我们需要考察的是赔偿影响死刑适用的依据究竟是否为双方当事人的和解？需要肯定的是，被告人或其家属积极赔偿，被害人家属也予以谅解，如果根据案件的社会危害性程度来看不是必须判处死刑的，不适用死刑应当是没有问题的。但是影响死刑适用的依据是，赔偿作为被告人悔罪态度、再犯可能性以及主观恶性的判断材料，表明了被告人改造可能性较大，即使不处以极刑其再犯罪的可能性也较小，因而其特殊预防必要性减少，即采取较死刑更轻微的刑罚是可以达到教育、惩罚的目的的，从而可见死刑的适用是不必要的。如徐岱教授所指出的，倘若司法机关根据被害人一方要求“杀人偿命”、拒绝和解，因而对被告人判处死刑的，虽然满足了被害人及其家属朴素的“报应论”的正义情感，但无疑使得死刑的司法控制沦为一种“空想”。[2] 因而本书认为，对于刑事和解而言，核心在于赔偿、道歉和认罪，以被害人谅解作为标准可能会抑制该制度应有价值的发挥，当然被害人谅解与被害人不予谅解的，在从宽幅度上应当有所区分。对于死刑案件而言，可以借鉴《德国刑法典》第46条规定的“努力与被害人达成和解，其行为全部或大部分得到补偿，或努力致力于对其行为进行补偿的”，即赔偿影响死刑适用的条件在于被害人赔偿的积极态度和为了赔偿所付出的努力，而不

---

〔1〕 徐岱、刘银龙：“论被害方诉求与死刑的司法控制”，载《吉林大学社会科学学报》2015年第4期。

〔2〕 徐岱、刘银龙：“论被害方诉求与死刑的司法控制”，载《吉林大学社会科学学报》2015年第4期。

以是否全面赔偿、赔偿金额以及被害人的谅解为标准。

正如学者所指出的，非规范因素应当如何介入死刑案件的裁判过程，以及介入程度，完全的制度性规制是不现实的，但在有可能进行具体操作的情况下，进行一定的制度性规制是非常有必要的。[1] 对此，本书认为在死刑这种生死之间的裁决，无论是死刑的适用，还是应当适用死刑但基于非法定的量刑情节而不适用死刑的，都应当慎重把握。在死刑控制与满足社会公众的正义感情之间寻求相对平衡的支点，对于这一支点的选择应当以尽可能多的从轻情节为依据，如此才能够充分地反映被告人的人身危险性，这是对死刑案件裁量更加规范、科学、理性，更加为公众所认同的保证。

---

〔1〕 张心向："死刑案件裁判中非刑法规范因素考量"，载《中外法学》2012 年第 5 期。

第四章

刑法中的赔偿制度的适用

第一节 刑法中的赔偿制度的适用前提

本节将对刑法中的赔偿制度的适用前提加以阐述，明确在何种情况下可以适用赔偿制度。根据我国《刑法》第36条的规定，由于犯罪行为而使被害人遭受经济损失的，对犯罪分子除依法给予刑事处罚外，并应根据情况判处赔偿经济损失，即“判处赔偿经济损失”的适用前提为犯罪行为对被害人造成经济损失，那么只要行为构成犯罪，并且被害人的经济损失是由犯罪所引起的，犯罪人即负有赔偿损失的责任，对于这一点的判断并没有太多疑问，因而在此不再赘述。而对于“责令赔偿损失”而言，根据《刑法》第37条的规定，其适用前提为“免予刑事处罚”即在“犯罪情节轻微不需要判处刑罚”的情况下适用的非刑罚处罚方法，对于第37条规定的“免予刑事处罚”应当如何理解？在犯罪人不具备刑法所规定的免除处罚情节时，能否直接依据第37条的规定免予刑事处罚？对此，理论上的观点和司法实践中的做法并不统一。

一、现行刑法所规定的免除处罚情节

作为免除处罚的根据，我国《刑法》以及相关司法解释规定了具体的免除处罚情节，总结见表4-1-1：

表 4 –1 –1

<table>
<tr><td rowspan="10">总则规定</td><td rowspan="5">可以免除处罚</td><td>领域外犯罪在外国已经受过刑罚处罚的（第 10 条）</td></tr>
<tr><td>又聋又哑的人或者盲人犯罪（第 19 条）</td></tr>
<tr><td>预备犯（第 22 条第 2 款）</td></tr>
<tr><td>自首的犯罪分子，犯罪较轻的（第 67 条第 1 款）</td></tr>
<tr><td>重大立功的（第 68 条）</td></tr>
<tr><td rowspan="5">应当免除处罚</td><td>正当防卫超过必要限度造成重大损害的（第 20 条第 2 款）</td></tr>
<tr><td>紧急避险超过必要限度造成不应有的损害的（第 21 条第 2 款）</td></tr>
<tr><td>没有造成损害的中止犯（第 24 条第 2 款）</td></tr>
<tr><td>从犯（第 27 条第 2 款）</td></tr>
<tr><td>胁从犯（第 28 条）</td></tr>
<tr><td rowspan="7">分则规定</td><td rowspan="7">可以免除处罚</td><td>行贿人被追诉前主动交代受贿行为的（第 164 条第 4 款）</td></tr>
<tr><td>拒不支付劳动报酬，尚未造成严重后果，在提起公诉前支付劳动者的劳动报酬，并依法承担相应赔偿责任的（第 276 条之一第 3 款）</td></tr>
<tr><td>非法种植罂粟或者其他毒品原植物，在收获前自动铲除的（第 351 条）</td></tr>
<tr><td>犯贪污罪，在提起公诉前如实供述自己罪行，真诚悔罪，积极退赃，避免、减少损害结果的发生，可以从轻、减轻或者免除处罚（第 383 条第 3 款）</td></tr>
<tr><td>行贿人在被追诉前主动交代行贿行为的（第 390 条第 2 款）</td></tr>
<tr><td>介绍贿赂人在被追诉前主动交代介绍贿赂行为的（第 392 条第 2 款）</td></tr>
<tr><td>国家工作人员隐瞒境外存款不报，情节较轻的，由其所在单位或者上级主管机关酌情给予行政处分（第 395 条）</td></tr>
</table>

除了刑法典中对规定了免除处罚的情节以外，部分司法解释中，也规定了免予刑事处罚的情形。例如：

1. 2013年4月2日《最高人民法院、最高人民检察院关于办理盗窃刑事案件适用法律若干问题的解释》第7条:“盗窃公私财物数额较大,行为人认罪、悔罪,退赃、退赔,且具有下列情形之一,情节轻微的,可以不起诉或者免予刑事处罚……①具有法定从宽处罚情节的;②没有参与分赃或者获赃较少且不是主犯的;③被害人谅解的;④其他情节轻微、危害不大的。”

2. 2011年3月1日《最高人民法院、最高人民检察院关于办理诈骗刑事案件具体应用法律若干问题的解释》第3条:“诈骗公私财物虽已达到本解释第1条规定的‘数额较大’的标准,但具有下列情形之一,且行为人认罪、悔罪的,可以根据刑法第37条、刑事诉讼法第142条的规定不起诉或者免予刑事处罚:①具有法定从宽处罚情节的;②一审宣判前全部退赃、退赔的;③没有参与分赃或者获赃较少且不是主犯的;④被害人谅解的;⑤其他情节轻微、危害不大的。”

3. 2013年11月11日《最高人民法院、最高人民检察院关于办理抢夺刑事案件适用法律若干问题的解释》第5条:“抢夺公私财物数额较大,但未造成他人轻伤以上伤害,行为人系初犯,认罪、悔罪,退赃、退赔,且具有下列情形之一的,可以认定为犯罪情节轻微,不起诉或者免予刑事处罚;必要时,由有关部门依法予以行政处罚:①具有法定从宽处罚情节的;②没有参与分赃或者获赃较少,且不是主犯的;③被害人谅解的;④其他情节轻微、危害不大的。”

4. 2013年4月23日《最高人民法院、最高人民检察院关于办理敲诈勒索刑事案件适用法律若干问题的解释》第5条:“敲诈勒索数额较大,行为人认罪、悔罪,退赃、退赔,并具有下列情形之一的,可以认定为犯罪情节轻微,不起诉或者免予刑事处罚,由有关部门依法予以行政处罚:①具有法定从宽处罚情节的;②没有参与分赃或者获赃较少且不是主犯的;③被害人谅解的;④其他情节轻微、危害不大的。”

5. 1998年4月29日《最高人民法院关于审理挪用公款案件具体应用法律若干问题的解释》第2条第1款第1项：“挪用正在生息或者需要支付利息的公款归个人使用，数额较大，超过3个月但在案发前全部归还本金的，可以从轻处罚或者免除处罚。”第2条第1款第2项：“挪用公款数额较大，归个人进行营利活动的，构成挪用公款罪，不受挪用时间和是否归还的限制。在案发前部分或者全部归还本息的，可以从轻处罚；情节轻微的，可以免除处罚。”

上述等等，不再一一列举。

二、免除处罚适用的实践考察

本书以“刑法第三十七条”为索引，在中国裁判文书网上进行检索，在检索结果中选取了2015年1月1日至2015年12月31日H省的96份裁判文书，进行梳理，以考察《刑法》第37条在司法实践中的适用情况，其中涉及赔偿损失的判决书有48份，其他的判决书48份。

（一）涉及赔偿的免除处罚案件

表4－1－2　免予刑事处罚案件中的赔偿适用

案号	案由	判决书载明的理由	法定免除处罚情节	酌定免除处罚情节	判决情况
（2015）鄂保康刑初字第00019号	王某、韩某失火案	如实供述犯罪事实，属自首，依法可从轻处罚。鉴于二被告人已全部赔偿了被烧山林的损失，并取得被害人谅解，情节显著轻微，依法可对二被告人免予刑事处罚	无	赔偿损失	免予刑事处罚

续表

案号	案由	判决书载明的理由	法定免除处罚情节	酌定免除处罚情节	判决情况
(2015)鄂浠水刑初字第00142号	姜某甲故意伤害案	案发后达成了和解，并取得被害人的谅解。本案系民间纠纷引发，且被告人认罪态度较好，依法均可从轻处罚。其犯罪情节轻微不需要判处刑罚，可以免予刑事处罚	无	赔偿、和解	免予刑事处罚
(2015)鄂丹江口刑初字第00238号	李某盗窃案	鉴于被告人李某归案后能坦白认罪，如实供述犯罪事实；并能当庭自愿认罪，认罪态度较好，具有一定的悔罪表现，且被盗赃物已被追加并返还给了被害单位，挽回了被害单位的损失，取得了被害单位的谅解，加之被告人李某系临时见财起意实施盗窃，属于初犯、偶犯	无	坦白、返还财产、初犯、偶犯	免予刑事处罚
(2013)鄂恩施刑初字第00156号	夏某侮辱案	鉴于被告人夏某犯罪情节轻微，其亲属积极赔偿了被害人的经济损失，本院决定对其从宽处理	无	积极赔偿	免予刑事处罚

续表

案号	案由	判决书载明的理由	法定免除处罚情节	酌定免除处罚情节	判决情况
(2015)鄂点军刑初字第00025号	王某甲犯故意伤害案	被告人王某甲主动投案，归案后积极赔偿了被害人王某乙的经济损失，取得了王某乙的谅解，认罪态度较好，依法可以认定为自首	自首	赔偿损失	免予刑事处罚
(2015)鄂黄州刑初字第00028号	喻某甲故意伤害案	被告人喻某甲在庭审中自愿认罪，并积极赔偿受害人的全部经济损失，得到了受害人的谅解，依法可以从轻处罚	无	赔偿损失、取得谅解	免予刑事处罚
(2015)鄂枣阳刑一初字第00229号	黄某盗窃案	鉴于被告人黄某确因生活困难而盗窃，在被害人发觉后能主动承认盗窃行为，犯罪情节轻微；且归案后如实供述自己的罪行，退还了赃款，取得被害人的谅解	无	退赃、悔罪表现、动机	免予刑事处罚

续表

案号	案由	判决书载明的理由	法定免除处罚情节	酌定免除处罚情节	判决情况
(2015) 鄂沙市刑初字第00241号	黄某某故意毁坏财案	被告人黄某某到案后，如实供述自己的犯罪事实，具有坦白情节，被告人黄某某积极赔偿被害人经济损失，取得了被害人的谅解，可酌情从轻处罚。本案因民间借贷纠纷引起，被害方有一定的过错责任，被告人黄某某犯罪情节较轻微，可以免予刑事处罚	无	坦白、赔偿、被害人过错	免予刑事处罚
(2015) 鄂浠水刑初字第00103号	杨某某故意伤害案	本案因民间矛盾引发，被告人犯罪情节尚属轻微，主观恶性不大，有悔罪表现，且系初犯、偶犯，对其犯罪行为可不给予刑事处分	无	坦白、赔偿损失、和解	免予刑事处罚
(2015) 鄂浠水刑初字第00116号	杨某甲故意伤害案	被告人在被公安机关传唤后，如实供述了犯罪事实，具有坦白情节；被告人已赔偿了被害人的经济损失，取得了被害人的谅解；被害人在本案中有一定过错	无	坦白、赔偿损失、被害人过错	免予刑事处罚

续表

案号	案由	判决书载明的理由	法定免除处罚情节	酌定免除处罚情节	判决情况
(2015) 鄂西陵刑初字第00254号	覃某交通肇事案	鉴于被告人覃某归案后有悔罪表现，且主动赔偿了被害人的全部经济损失，取得了被害人亲属的谅解，其犯罪情节轻微，可以免予刑事处罚	自首	赔偿损失、悔罪表现	免予刑事处罚
(2015) 鄂巴东刑初字第00021号	向某故意伤害案	被告人坦白认罪，依法可以从轻处罚。被告人向某积极赔偿了被害人的经济损失并获得被害人谅解，本院依法对其从轻处罚	无	坦白、赔偿损失、被害人过错	免予刑罚处罚
(2015) 鄂黄石港刑初字第00114号	胡某故意伤害案	被告人胡某主动到公安机关投案并如实供述自己的犯罪事实，系自首，可以从轻或者减轻处罚。其积极赔偿被害人全部经济损失，并取得被害人的谅解，可以酌情从轻处罚	自首	积极赔偿	免予刑事处罚
(2015) 鄂茅箭少刑初字第00003号	方某甲、方某乙等犯故意伤害案	被告人方某甲、方某乙、邬某主动投案，如实供述，系自首，可从轻处罚。被告人方某甲、方某乙、邬某积极赔偿被害人的损失并取得被害人的谅解，可酌情从轻处罚	自首	积极赔偿	免予刑事处罚

续表

案号	案由	判决书载明的理由	法定免除处罚情节	酌定免除处罚情节	判决情况
（2015）鄂汉川刑初字第00370号	李某甲故意伤害案	被告人李某甲如实供述事实，当庭自愿认罪，并与被害人自愿刑事和解，赔偿了经济损失，取得了谅解，依法可从宽处罚	无	赔偿损失、和解	免予刑事处罚
（2015）鄂汉川刑初字第00389号	焦某故意伤害案	被告人焦某具有自首情节，并积极赔偿了被害人的经济损失，取得了被害人的谅解，且系民事纠纷引起，犯罪情节轻微，依法可免予刑事处罚	自首	赔偿损失	免予刑事处罚
（2015）鄂蔡甸刑初字第00009号	魏某故意伤害案	被告人魏某的犯罪情节轻微，不需要判处刑罚，可以免予刑事处罚	无	民事纠纷引发、被害人过错、赔偿损失	免予刑事处罚

续表

案号	案由	判决书载明的理由	法定免除处罚情节	酌定免除处罚情节	判决情况
（2015）鄂团风刑初字第00010号	潘某某故意伤害案	被告人潘某某案发后主动到公安机关投案自首，如实交代所犯罪事实，系自首，依法可减轻处罚；被告人与被害人徐某某达成了赔偿协议，取得被害人徐某某的谅解；本案因双方会车引起纠纷，被害人亦有过错	自首	赔偿损失、初犯、偶犯、被害人过错	免予刑事处罚
（2015）鄂新洲刑初字第00160号	胡某某故意伤害案	胡某某在案发后主动向公安机关投案，并如实供述自己的罪行，在庭审中自愿认罪，系自首，依法从轻处罚。胡某某积极赔偿、补偿了被害人经济损失，取得了被害方的谅解，可酌情从轻处罚	自首	赔偿损失、被害人过错	免予刑事处罚
（2015）鄂新洲刑初字第00290号	喻某交通肇事案	鉴于喻某系在履行职务过程中过失犯罪，同时综合考虑其具有自首、积极赔偿和补偿被害方经济损失并取得谅解、真诚悔罪等情节，可认定其犯罪情节轻微	自首	赔偿损失、取得谅解	免予刑事处罚

续表

案号	案由	判决书载明的理由	法定免除处罚情节	酌定免除处罚情节	判决情况
(2015)鄂洪山刑初字第00278号	代某、卢某甲、卢某乙故意伤害案	案发后，被告人卢某乙、卢某甲主动到公安机关投案并当庭认罪，系自首。被告人代某对纠纷的发生负次要责任且情节轻微不需要判处刑罚。三被告已就赔偿事宜达成谅解协议	自首	赔偿损失	免予刑事处罚
(2015)鄂点军刑初字第00012号	徐某信用卡诈骗案	案发后，徐某已偿还银行全部透支款息。被告人徐某犯罪情节轻微，可以免予刑事处罚	无	返还财产	免予刑事处罚
(2015)鄂来凤刑初字第00079号	唐某甲、唐某乙寻衅滋事案	案发后，被告人唐某甲自首，可以从轻或者减轻处罚；被告人唐某乙如实供述自己的罪行，可从轻处罚；二被告人积极赔偿被害人的全部经济损失，并取得被害人的谅解，可酌情从轻处罚	自首、从犯	赔偿损失	免予刑事处罚
(2015)鄂巴东刑初字第00046号	高某故意伤害案	鉴于本案因民事纠纷所引发，被害人有一定过错，根据被告人高某的犯罪情节和悔罪表现，犯罪情节轻微不需要判处刑罚，可以免予刑事处罚	自首	赔偿损失、被害人过错	免予刑事处罚

续表

案号	案由	判决书载明的理由	法定免除处罚情节	酌定免除处罚情节	判决情况
(2015) 鄂保康刑初字第00008号	王某甲故意伤害案	鉴于本案的发生被害人有一定过错，被告人王某甲有悔罪表现，且是因婚姻家庭纠纷引起，其犯罪情节轻微，依法可免予刑事处罚	自首	赔偿损失、悔罪表现、民间纠纷引发	免予刑事处罚
(2015) 鄂茅箭少刑初字第00084号	朱某故意伤害案	被告人朱某积极赔偿被害人的损失并取得被害人的谅解，可酌情从轻处罚。被告人朱某当庭自愿认罪，可从轻处罚	无	赔偿损失、认罪悔过态度好	免予刑事处罚
(2015) 鄂浠水刑初字第00083号	陈某故意伤害案	案发后被告人陈某主动向公安机关投案，并如实供述自己的罪行，是自首；被害人对矛盾激化负有责任，事后，被告人与被害人就民事部分已达成赔偿协议，且已履行并取得了谅解，均可依法酌定从轻处罚	自首	赔偿损失	免予刑事处罚

续表

案号	案由	判决书载明的理由	法定免除处罚情节	酌定免除处罚情节	判决情况
(2015)鄂宜都刑初字第00072号	侯某信用卡诈骗案	其主动投案，并如实供述犯罪事实，是自首，可以减轻处罚；被告人侯某犯罪系因从事养殖亏损导致的，且其透支数额不大，犯罪情节轻微，在公安机关立案后已全部偿还了透支本息，取得了被害单位的谅解	自首	返还财产	免予刑事处罚
(2015)鄂张湾刑初字第00262号	袁某交通肇事案	考虑到被告人袁某自愿认罪，态度较好，此次事故仅造成自身伤害，未伤及他人，且案发至今一直瘫痪在床，可以对其酌情从轻处罚	无	认罪态度好	免予刑事处罚
(2015)鄂保康刑初字第0034号	雷某故意伤害案	案发后被告人主动投案并如实供述犯罪事实，属自首，依法可减轻处罚。被告人雷某积极赔偿被害人经济损失，并取得被害人的谅解，对其可酌定从轻处罚	自首	赔偿损失	免予刑事处罚

续表

案号	案由	判决书载明的理由	法定免除处罚情节	酌定免除处罚情节	判决情况
(2015) 鄂红安刑初字第00150号	刘某交通肇事案	被告人刘某积极抢救伤员，委托他人报警，到案后如实供述其犯罪事实，是自首，可以减轻处罚。案发后积极赔偿被害方经济损失，与被害方达成刑事和解并取得谅解，可酌情从轻处罚	自首	赔偿损失、和解	免予刑事处罚
(2015) 鄂来凤刑初字第00010号	兰某某交通肇事案	案发后被告人及时打电话报警、积极施救并在现场等候处理，到案后如实供述其犯罪事实，系自首。被告人兰某某积极赔偿被害人亲属经济损失，并取得对方谅解，可以酌情从轻处罚	自首	赔偿损失	免予刑事处罚
(2015) 鄂浠水刑初字第00099号	王某甲故意伤害案	被告人王某甲犯罪后经传唤，到公安机关交代了自己的犯罪事实，是坦白；被告人已赔偿了被害人的经济损失，取得了被害人的谅解；被害人在本案的起因、纠纷过程中，有较大过错	无	坦白、赔偿损失、被害人过错	免予刑事处罚

续表

案号	案由	判决书载明的理由	法定免除处罚情节	酌定免除处罚情节	判决情况
(2014) 鄂云梦刑初字第00145号	张某某故意伤害案	鉴于被告人张某某犯罪情节轻微，又得到被害人的谅解，可以免予刑事处罚	无	被害人谅解	免予刑事处罚
(2015) 鄂嘉鱼刑初字第00077号	魏某某故意伤害案	被告人魏某某能当庭自愿认罪，赔偿了被害人全部经济损失并取得了谅解，其犯罪情节轻微，可免予刑事处罚	无	赔偿损失	免予刑事处罚
(2015) 鄂云梦刑初字第00017号	冯某故意伤害案	鉴于被告人冯某犯罪情节轻微，得到被害人的谅解，可以免予刑事处罚	无	赔偿损失	免予刑事处罚
(2015) 鄂恩施刑初字第00021号	沈某信用卡诈骗案	鉴于被告人沈某自愿认罪，且在公安机关立案后已偿还全部透支款息，犯罪情节轻微，本院决定对其从轻处理	无	认罪态度较好、退赔	免予刑事处罚；责令被告人退赔106 200元(已全部退赔)

续表

案号	案由	判决书载明的理由	法定免除处罚情节	酌定免除处罚情节	判决情况
(2014) 鄂浠水刑初字第00039号	吴某某故意伤害案	归案后，被告人主动赔偿被害人的经济损失，有悔罪表现，可酌定从轻处罚。由于本案系民间纠纷引起，主观恶性和社会危害性不大，属情节轻微，不需要判处刑罚	无	赔偿损失、悔罪表现、民间纠纷引起	免予刑事处罚；被告人赔偿附带民事诉讼原告人人身损害损失6765元
(2015) 鄂汉川刑初字第00368号	陈某故意伤害案	被告人陈某能如实供述自己的罪行，当庭自愿认罪，并与被害人自愿刑事和解，赔偿了经济损失，取得了谅解，依法可从宽处罚	无	坦白；赔偿损失	免予刑事处罚
(2014) 鄂仙桃刑初字第00415号	成某某故意伤害案	成某某到案后揭发别某某犯罪行为，经查证属实，有立功表现，可以从轻处罚。成某某自愿认罪，案发后主动赔偿被害人别某某经济损失，可酌情从轻处罚	立功	赔偿损失、被害人过错	免予刑事处罚

续表

案号	案由	判决书载明的理由	法定免除处罚情节	酌定免除处罚情节	判决情况
(2015) 鄂咸安刑初字第00274号	阮某故意伤害案	被告人阮某在犯罪时已满75周岁，犯罪情节轻微，依法可以从轻、减轻或者免予刑事处罚。本案系因民间纠纷引起，且阮某的亲属已代其赔偿了被害人的经济损失，可以酌情对阮某从轻处罚	年满75周岁	赔偿损失、民间纠纷引发	免予刑事处罚
(2015) 鄂团风刑初字第00044号	姜某某交通肇事案	被告人于案发后主动投案，并如实供述犯罪事实，具有自首情节。其归案后认罪、悔罪，积极就民事赔偿与被害人亲属协商并达成调解协议，取得被害人亲属的谅解，依法可从轻处罚	自首	赔偿损失、认罪悔过态度较好	免予刑事处罚
(2015) 鄂荆州区刑初字第00122号	冯某故意伤害案	被告人冯某犯罪以后自动到公安机关投案，如实供述了自己的罪行，是自首，对其可从轻处罚；被告人冯某赔偿了被害人的经济损失并取得谅解，对其可酌情从轻处罚	自首	赔偿损失	免予刑事处罚

续表

案号	案由	判决书载明的理由	法定免除处罚情节	酌定免除处罚情节	判决情况
（2015）鄂枣阳刑二初字第00095号	王某某故意伤害案	案发后，被告人王某某有自首情节，且就民事赔偿部分与被害人达成和解协议，并取得被害人的谅解，其犯罪情节轻微，依法可免予刑事处罚	自首	赔偿损失、和解	免予刑事处罚
（2015）鄂荆州区刑初字第00123号	蔡某故意伤害案	鉴于本案系邻里纠纷引发，且被告人蔡某甲犯罪情节轻微，对其可免予刑事处罚	无	坦白、赔偿损失	免予刑事处罚
（2015）鄂枝江刑初字第00112号	张某甲、李某甲等故意毁坏财物案	案发后，被告人李某甲主动投案，如实供述犯罪事实，是自首，且能主动预交赔偿款，根据被告人李某甲犯罪的事实、性质、情节及对社会的危害程度，其犯罪情节轻微，可免予刑事处罚	自首	赔偿损失	免予刑事处罚；判决赔偿经济损失（已预交）

续表

案号	案由	判决书载明的理由	法定免除处罚情节	酌定免除处罚情节	判决情况
(2015) 鄂应城刑初字第00172号	丁某故意伤害案	案发后被告人主动到公安机关投案，如实供述犯罪事实，属自首；又因被害人属有过错在先，且双方属邻村关系，被告人能主动为受伤的被害人耕作农田，并与被害人达成民事赔偿协议，取得了被害人及亲属的谅解，故被告人丁某具有法定和酌定从轻处罚情节	自首	赔偿损失、被害人谅解、被害人过错	免予刑事处罚

（二）免除处罚的适用前提状况

通过对全部96份刑事判决书进行分析，可以将免予刑事处罚的案件分为具有法定免除处罚情节的案件以及不具有法定免除处罚情节的案件。其中，大部分案件都是在不具有刑法所规定的具体的免除处罚情节的情况下，直接适用《刑法》第37条的规定给以免除处罚的。具体来说，在全部的免除处罚的案件中，具有法定免除处罚情节的为41件，占96件免除处罚案件的43%，而不具有法定免除处罚情节的则有55件，占全部案件的57%，详见表4－1－3：

表4－1－3　具有/不具有法定免除处罚情节的案件情况

<table>
<tr><td></td><td colspan="3">具有法定免除处罚情节</td><td colspan="3">不具有法定免除处罚情节</td></tr>
<tr><td rowspan="2">案件数量（件）</td><td rowspan="2">41</td><td>涉及赔偿的案件</td><td>不涉及赔偿的案件</td><td rowspan="2">55</td><td>涉及赔偿的案件</td><td>不涉及赔偿的案件</td></tr>
<tr><td>25</td><td>16</td><td>23</td><td>32</td></tr>
<tr><td rowspan="2">占全部案件的比例</td><td rowspan="2">43%</td><td>涉及赔偿的案件比例</td><td>不涉及赔偿的案件比例</td><td rowspan="2">57%</td><td>涉及赔偿的案件比例</td><td>不涉及赔偿的案件比例</td></tr>
<tr><td>26%</td><td>17%</td><td>24%</td><td>33%</td></tr>
</table>

（三）非刑罚处罚方法适用情况

在本书所考察的援用《刑法》第37条的案件中，绝大部分案件仅仅宣告犯罪分子有罪，免予刑事处罚，而没有判处第37条所规定的非刑罚处罚方法，适用非刑罚处罚方法的案件仅有2件（详见表4－1－4）。在犯罪行为直接侵犯被害人的人身、财产权利并造成经济损失的案件中，无一例外地没有判处非刑罚处罚方法，即训诫、责令具结悔过、赔礼道歉、行政部门行政处罚或者行政处分等非刑罚处罚方法在这96例案件中没有得到任何的适用。而仅有的两例适用了非刑罚处罚方法的案件，都是涉及赔偿的案件，其中一例在审判前就已赔付完毕，只是在判决中予以确认，另外一例则是对原告所提起的附带民事诉讼进行的判决。也就是说，在涉及赔偿的48件案件中，46件案件的赔偿损失都不是法院以判决的形式作出的，而是在案发后、侦查起诉过程中、审判过程中，犯罪人就已经向被害人支付赔偿金，或是原被告双方就赔偿达成协议，取得被害人的谅解，在此情况下人民法院才对被告人作出免予刑事处罚的判决，即在所有涉及赔偿的免除处罚的案件中，刑事和解的适用率高达96%，也正因为刑事和解的广泛适用，直接影响了赔偿损失作为非刑罚处罚方法的适用空间（详见表4－1－5）。

表 4-1-4　非刑罚处罚方法的适用率

	适用非刑罚处罚方法	单纯宣告有罪
案件数量	2	94
占全部案件比例	2%	98%

表 4-1-5　赔偿损失的适用情况

	判决赔偿损失	刑事和解
案件数量	2	46
占全部赔偿案件比例	4%	96%

三、刑法中的赔偿制度适用前提的明确

赔偿制度的适用前提中需要予以着重讨论的问题是，《刑法》第 37 条能否作为免除处罚的独立依据而加以援引，即在不具备刑法总则和分则所规定的具体的免除处罚情节时，能否直接依据《刑法》第 37 条的规定免予刑事处罚。对此，多数著述都认为，《刑法》第 37 条可以作为免除处罚的依据而独立援引。例如，有的教科书指出："免除处罚的前提是行为人的行为已经构成犯罪，只是由于犯罪情节轻微不需要判处刑罚，或者是犯罪人具有刑法所规定的免除处罚的情节，因此才免除其本来应当判处的刑罚。"[1] 又如，有观点认为《刑法》第 37 条免予刑事处罚的规定有其单独的内容，即"当犯罪人虽不具刑法总则和分则所规定的具体的免刑情节，但其犯罪性质不严重，整个案情一般，或者具有多个酌定从宽情节，也可以免除处罚"[2]。根据这一观点，《刑法》第 37 条的规定与具体的免除处罚情节的规定是一般与特殊、概括与具体的关

〔1〕 王作富主编：《刑法》，中国人民大学出版社 2007 年版，第 278 页。

〔2〕 蒋明：《量刑情节研究》，中国方正出版社 2004 年版，第 214 页。

系，《刑法》第 37 条还有独立的内容，即在有具体的免除处罚情节时，免除处罚的适用要以第 37 条为指导；在不具有刑法所规定的免除处罚情节，但是犯罪情节轻微，判处刑罚又会过重的话，可以直接依据第 37 条的规定免予刑事处罚。司法实践也持这一观点，如上文所摘录的裁判文书中，没有法定免除处罚情节但是直接依据第 37 条的规定免予刑事处罚的案例，占全部免除处罚案例的 55%。

相对立的观点则认为，《刑法》第 37 条是对免除处罚原则的规定，而且着重讲免除处罚后可以适用哪些非刑罚处罚方法；免除处罚情节的适用则是针对刑法总则和单行刑法所规定的免刑情节的适用而言的，它们与《刑法》第 37 条的规定是一般原则与具体内容的关系。[1] 即《刑法》第 37 条只是其他具体的免除处罚情节的概括性规定。本书认为，《刑法》第 37 条可以作为免除处罚的事由而予以独立适用，理由如下：

第一，"情节轻微"的模糊性是相对的，不足以否定该条规定的适用价值。否定《刑法》第 37 条是独立的免除处罚事由的理由之一，是认为刑法所规定的免除刑罚的情节都是具体的，而不是抽象的，而第 37 条并没有规定具体的免除处罚的情节，其中的"情节轻微"是一个相当抽象的概念，将其作为独立的、具体的免除处罚情节不合适。[2] 刑法规定要具有明确性，这是罪刑法定原则的实质性要求，否则不明确的立法用语会导致司法权的滥用、处罚范围的扩大，并且削弱刑法的信条性价值以及刑法的平等性。所谓的明确性，一是构成要件的明确，即罪状的明确；二是刑罚效果的确定，即法定刑的明确。[3] 作为司法人员的裁判行为的适用依据，刑法语言越精确，操作性就越强，适用时的难度也越小，因而，刑

---

〔1〕 马克昌主编：《刑罚通论》，武汉大学出版社 2007 年版，第 347 页。

〔2〕 张明楷：《责任刑与预防刑》，北京大学出版社 2015 年版，第 428 页。

〔3〕 参见陈兴良：《罪刑法定主义》，中国法制出版社 2010 年版，第 55～56 页。

法规定的明确性总是司法人员以及民众的美好希冀和追求。但是明确性只能是一种相对的要求，要求刑法明确到无须解释的程度只是一种幻想。[1]

特别是与国外刑法采用“立法定性、司法定量”的定罪模式不同，我国刑法的犯罪定义是采取了“立法定性、立法定量”的模式，不仅以行为类型作为犯罪化的依据，同时以不法行为在量上的危害程度作为刑罚介入的程度性边界，也是对不法行为科处不同档次的刑罚的标准，以情节为定义的核心要素形成了阶梯型的定量体系，即“情节显著轻微”“情节轻微”“情节较轻”“情节严重”“情节特别严重”，其中，根据《刑法》第 13 条但书，“情节显著轻微”为出罪的标准，其余的几类情节性规定都是作为刑罚由免除到加重的适用依据。大量的情节性规定显然都不是明确而具体的，需要司法解释以及法官在裁判时进行进一步的解释适用，即刑法规定的模糊性和法律解释的明确性是并存的。以“情节轻微”的模糊性来否定第 37 条独立适用的价值，显然与我国刑法规定是不相符合的。如前文所列举的盗窃罪、抢夺罪、敲诈勒索罪等财产犯罪的司法解释，也规定了免予刑事处罚的情形，例如具有法定从宽处罚情节的、没有参与分赃或者获赃较少且不是主犯的、被害人谅解的、其他情节轻微、危害不大的等，这类免除处罚的规定与刑法所规定的免除处罚的具体情节不同，实质上正是对“情节轻微”从罪前、罪中、罪后等各种情节角度进行的解释和限制，推而广之，即使是没有相关司法解释进行明确的犯罪，法官也可以根据犯罪本身的轻微程度以及犯罪后犯罪人可谅解程度加以解释明确，“情节轻微”则并不会是一个模糊到司法人员完全无法适用的规定。

第二，立法的不协调性根源在于酌定减轻处罚程序的不合理。

---

〔1〕 张明楷：“明确性原则在刑事司法中的贯彻”，载《吉林大学社会科学学报》2015 年第 4 期。

否定《刑法》第37条独立适用的理由之二，在于《刑法》第63条第2款规定，对不具有刑法规定的减轻处罚情节而又需要减轻处罚的，只有经过最高人民法院核准，才可以减轻处罚；如果可以直接根据《刑法》第37条的规定免除处罚，也不必经最高人民法院核准，显然立法是不协调的。[1] 应当承认，肯定《刑法》第37条作为免除处罚的独立适用事由的最大的障碍在于，其与酌定减轻处罚程序的不协调。免除处罚对于犯罪人的从宽力度显然远远大于减轻处罚，那么对于超法规的减轻处罚刑法设定了严格的适用程序，反而免除处罚则没有这方面的限制，这是不合理的。但是这种矛盾并不是《刑法》第37条自身的问题，而是酌定减轻处罚程序设置地过于严格所致。酌定减轻处罚程序的限制，旨在防止减轻处罚制度的滥用，限制地方法院的裁量权，但是这种限制严重影响了限制减刑的适用空间。由于超法规的减轻处罚，需要地方法院逐级上报至最高人民法院核准，其程序之繁琐、办案时间之漫长、资源耗费之巨大，直接导致了司法实践中酌定减轻处罚的适用率极低。[2] 反而由于免予刑事处罚没有程序上的严格限制，在司法实践中存在着本应当减轻处罚的案件，由于酌定减轻处罚程序的繁琐，经常会出现弃减轻处罚不用而直接适用免除处罚的现象，反而造成了免予刑事处罚的滥用。因而，为了缓解酌定减轻处罚被弃之不用的司法现状，以及其与免予刑事处罚的不协调，应当修改酌定减轻处罚的程序，将核准权下放至下一级法院甚至各级法院的审判委员会，同样的，免予刑事处罚的适用程序也当作出同样的规定。

第三，如果肯定第37条的规定是独立的免除处罚事由，将导致对任何犯罪，不问罪质轻重都可以免除处罚，违反罪刑相适应原

---

〔1〕 张明楷：“明确性原则在刑事司法中的贯彻”，载《吉林大学社会科学学报》2015年第4期。

〔2〕 张永红、孙涛：“酌定减轻处罚刍议”，载《国家检察官学院学报》2007年第5期。

则，导致法官的自由裁量权过大等问题。[1] 肯定第37条为独立的免除处罚事由，并不意味着对“任何犯罪”“不问罪质轻重”都可以免除处罚，免予刑事处罚必须具备“情节轻微”以及“不需要判处刑罚”的条件。“情节轻微”一般认为具有两种情形：一种情形是犯罪整体情节轻微，如犯罪人不具备法定的免除处罚情节，但是综合考量犯罪的各方面情况，认为不需要判处刑罚的；另一种情形是案件整体属于情节轻微，例如犯罪后果不轻微，但是犯罪人在罪中或者罪后具有法定的免除处罚事由，从而导致整个案件被认为是情节轻微不需要判处刑罚的。[2] “不需要判处刑罚”则是针对犯罪人的人身危险性的角度进行限制，即使对其不判处刑罚也可以实现预防犯罪的目的。“情节轻微”“不需要判处刑罚”是免予刑事处罚适用的条件，严格把握免予刑事处罚的适用条件并不会出现与罪刑法定原则、刑法适用的平等原则相抵触的情形。显然对“任何犯罪不问罪质轻重都可以免除处罚”指摘，只可能发生在司法人员乱用、滥用免除处罚权的情况下，这类实践问题应当通过严格司法、加强法律监督的途径予以避免。“法律规定的数量与法官自由裁量权的大小成反比，法律的模糊度与法官的权力成正比，法律精确度与法官自由裁量权成反比。”[3] 如前所述，精准、完美的成文法只是美好但却不切实际的幻想，相应地法官也不可能如适用法律的机器一般重复工作，法律是以语言为载体的，无论是日常用语还是专业术语都可能具有抽象性、多义性以及模糊性，因而为了使不确定的语言具有确定的含义，法官的自由裁量权是不可避免的。我国刑法条文中大量的情节严重、情节恶劣的规定都是通过解释加以

〔1〕 参见张明楷：《责任刑与预防刑》，北京大学出版社2015年版，第428～429页。

〔2〕 皮勇、王刚、刘胜超：《量刑原论》，武汉大学出版社2014年版，第475页。

〔3〕 徐国栋：《民法基本原则解释——成文法局限性之克服》，中国政法大学出版社1992年版，第361页。

明确进而才得以应用的，例如缓刑制度的适用，同样需要法官对“犯罪情节较轻”“没有再犯罪的危险”等概括性、抽象性的条件进行解释和判断，再如刑事诉讼法规定的酌定不起诉制度，对于检察官赋予的自由裁量权限绝不低于免除处罚的权限，这种裁量权不仅是不可避免的，而且对于我国现行的重刑主义刑罚结构具有软化、补充作用，正如储槐植教授所指出的：“罪刑法定与司法官员的自由裁量功能互补，罪刑法定并未堵塞司法自由裁量权的空间，甚至可以认为罪刑法定本身就要求司法裁量。司法能动机制是罪刑法定原则得以实现法律效果与社会效果双优的方法和过程。”〔1〕总而言之，司法权力的滥用难以否定《刑法》第 37 条独立适用的价值，当然在免予刑事处罚的适用必须要慎重，一方面可以通过颁布司法解释、指导性案例作为免除处罚适用的参考，同时对于滥用免予刑事处罚权的案件，应当通过上诉、抗诉、审判监督程序等司法程序予以纠正和救济。

第四，当前我国刑法总则以及分则所规定的免除处罚情节一共只有 16 种，在这 16 种免除处罚事由之外，必然会存在着其他刑罚处罚不是必要的情形。“法有限而情无穷”，要求法律详尽地规定无穷的具体案情显然是不现实的，能够反映犯罪人的人身危险性以及犯罪行为的社会危害性的因素非常之多，并且在具体的个案中也会表现出不同的情形，而这些因素对于个案的刑罚裁量是具有极大影响的，法律无法做到列举穷尽，只能对表现突出的、典型的、常态的情形加以法定化，因而一个概括性、抽象性的条文是必需的。《刑法》第 37 条的规定正是为了解决不具有刑法所规定的免除处罚事由，但是又犯罪情节轻微，具有可以宽恕谅解之处，并且即使减轻处罚之后也仍嫌过重的案件。盗窃罪、抢夺罪、敲诈勒索罪等财产犯罪的司法解释对于免于处罚的情形作出的解释，也印证了《刑

〔1〕储槐植：“现在的罪刑法定”，载《人民检察》2007 年第 11 期。

法》第 37 条适用的独立性。当然，免除处罚毕竟是免除了犯罪人的一切刑罚，从宽力度之大是从轻处罚、减轻处罚所不可比拟的，司法解释的规定对分则部分犯罪免予刑事处罚的条件作出的限制也是较为详细、严格的，因此，本书主张，对于《刑法》第 37 条免予刑事处罚的适用条件可以做出进一步的限制。对此，可以借鉴我国台湾地区“刑法”的规定,[1] 将免予刑事处罚的案件限制在轻罪的范围之内，即可能判处 3 年有期徒刑以下刑罚的故意犯罪，以及可能判处 7 年有期徒刑以下的过失犯罪。这样，将免予刑事处罚的情形限制在轻罪范围内，避免司法过程中滥用权限、对于较重的犯罪也免除其刑的司法不公现象，同时这样的规定，也与我国《刑事诉讼法》第 277 条刑事和解适用条件相协调。

第二节　刑法中的赔偿制度的适用主体

刑法中的赔偿制度的适用主体，即因犯罪而产生的赔偿责任的权利义务主体，哪些人享有请求赔偿的权利以及哪些人负有赔偿义务。根据《刑法》第 36 条的规定，刑法中赔偿责任的权利义务主体即为“被害人”与“犯罪分子”，然而事实上并不限于此，作为刑法中赔偿责任的前提，犯罪行为与侵权行为具有密切的关联，那么对于赔偿责任主体的认定是否应当依照民事法律的规定确定，这是本章所要探讨的主要问题。

---

〔1〕 我国台湾地区免除处罚的情形为：①罪重本刑为 3 年以下有期徒刑、拘役或者专科罚金之罪。但第 132 条第 1 项、第 143 条、第 145 条、第 186 条、第 272 条第 3 项及第 276 条第 1 项，不在此限。②第 320 条、第 321 条的窃盗罪。③第 335 条、第 336 条第 2 项的侵占罪。④第 339 条、第 341 条的诈欺罪。⑤第 342 条的背信罪。⑥第 346 条的恐吓取财获得利罪。⑦第 349 条第 2 项的赃物罪。

一、赔偿权利主体

根据《刑法》第36条的规定，享有赔偿权利的主体原则上应当为被害人，即人身权、财产权等合法权益受到犯罪行为直接侵害的人。但是将赔偿权利主体等同于犯罪的被害人显然过于狭窄，因而《刑事诉讼法》第99条规定："被害人由于被告人的犯罪行为而遭受物质损失的，在刑事诉讼过程中，有权提起附带民事诉讼。被害人死亡或者丧失行为能力的，被害人的法定代理人、近亲属有权提起附带民事诉讼。如果是国家财产、集体财产遭受损失的，人民检察院在提起公诉的时候，可以提起附带民事诉讼。"即因犯罪而遭受损害的赔偿权利主体大致分为两类：

（一）被害人

1. 刑事犯罪的被害人不同于民事侵权行为的受害人。应当如何理解"由于被告人的犯罪行为而遭受物质损失的"？对此，本书认为对被害人的认定需要具备两个条件：

第一，直接性，即被害人为直接承受犯罪行为作用的对象，不包括间接受害人。犯罪行为不仅能够对其意欲侵犯的对象造成一定的损害，并且可能因直接被害人的损害，间接波及该被害人的亲友以及其他社会公众。例如强奸罪不仅直接侵害了被害人的性自主权、健康权，而且往往对会被害人的婚姻家庭造成严重的伤害，被害人的亲人可能会受到更严重的心理创伤。但是，只有直接被害人才属于赔偿权利主体，具有附带民事诉讼的原告资格。而直接被害与间接被害的区分，可以借鉴我国台湾地区学者的观点，即对于侵害个人生命、身体、名誉法益的犯罪，被害人指并且仅指该法益直接受到侵害的个人；对于侵害财产法益的犯罪，被害人包括该财产的所有人及事实上的使用、管理人。[1]

第二，损害后果须为刑法保护法益的直接反映，即犯罪所侵犯的对象要么为刑法所保护的法益的主体，或者为法益的物质表现。这里需要讨论的是，并非犯罪行为所直接指向的对象，而是因实施犯罪行为而盗窃、毁损的财物，或是为犯罪行为所误伤的对象是否为赔偿责任的权利主体。例如，故意伤害数人的犯罪，造成轻微伤的对象，或是在杀人过程中盗窃路人摩托车进行追击的情形，受到轻微伤的对象、被盗窃财物的所有人不应认定为故意伤害罪、故意杀人罪的被害人。对于其财产权利、人身权利的保护应当通过民事诉讼救济，而非附带民事诉讼的适格主体。这是因为附带民事诉讼的设置是基于效率原则，在刑事诉讼的过程中就查明的犯罪事实、证据附带处理被告人的赔偿责任，倘若过于扩大被害人的范畴，则可能使附带民事诉讼受案范围扩大化，导致刑事案件的审判过分延迟，违背其设立初衷，因而对于犯罪所直接侵害的对象以外的赔偿事由，通过民事诉讼予以救济即可。

2. 被害人的法定代理人、近亲属也属于赔偿权利主体。在被害人不具有民事行为能力或者是限制民事行为能力时，被害人不能自己行使损害赔偿请求权，应由其法定代理人代为行使。当然在这种情况下，赔偿案件的当事人仍为被害人本人，法定代理人的身份只是“法定代理人”。在被害人死亡的情况下，被害人的近亲属也是赔偿权利主体，有权提起附带民事诉讼。已经死亡的被害人，是生命权受到犯罪直接侵犯的对象，但是由于已经死亡，民事权利能力终止，显然无法行使其赔偿权利。但是被害人所受的损失，如为被害人支付的医疗费、丧葬费等实际上已经转化为其继承人的损失，因而作为其继承人的近亲属可以行使被害人的赔偿权利。刑事诉讼

---

〔1〕 参见林钰雄：《刑事诉讼法（下册）》，中国人民大学2005年版，第29～31页。

法并没有将已死亡被害人的继承人列为赔偿权利主体，但是继承人应当有优先权，即当继承人与近亲属不一致时，继承人实为被害人死亡之后的债权主体，享有优先权。但是由于被害人死亡而遭受的精神损失事实上是由被害人的近亲属所承担的，进而精神损害赔偿的请求权应由被害人的近亲属享有。而当已死亡的被害人近亲属与继承人重合时，也应以继承人优先。[1]

（二）人民检察院

根据刑事诉讼法和司法解释的规定，国家财产、集体财产遭受损失，受损失的单位未提起附带民事诉讼，人民检察院可以提起附带民事诉讼，并应当列为附带民事诉讼的原告人。然而这一规定值得斟酌。首先，人民检察院并不是犯罪所直接侵犯的被害人。国有财产、集体财产即便受到损失，该财产的管理人也就是受到直接侵害的单位，才是犯罪的被害人，与案件具有直接的利害关系。财产权利是公民、法人、其他组织的民事权利，权利主张或者放弃都由所有人决定，当私人不就其财产权利提出主张时人民检察院也并不会代替个人或者私有企业主张权利，那么仅因财产性质作出区分，显然是“重公轻私”观念的产物。[2] 其次，人民检察院并非民事法律关系的适格主体，并不具有对财产的处分权利，也不具有民事诉讼的处分权利，例如在附带民事诉讼中，倘若被告人提出反诉，则缺乏民事诉讼的一方当事人作为反诉的被告。总之，在刑事诉讼中，人民检察院居于公诉人地位，在附带民事诉讼中又将其列为原告人，这种将主体资格完全不同，权利、义务和法律地位等截然不同的两种身份牵强地糅合在一起的做法与现代刑事诉讼理论也是相悖的。[3]

---

〔1〕 参见房保国：《被害人的刑事程序保护》，法律出版社2007年版，第322页。

〔2〕 参见唐文胜：《犯罪损害赔偿研究》，中国人民公安大学出版社2014年版，第135～137页。

〔3〕 参见房保国：《被害人的刑事程序保护》，法律出版社2007年版，第322页。

二、赔偿义务主体

根据《刑法》第36条、《刑事诉讼法》第99条以及《最高人民法院关于适用〈中华人民共和国刑事诉讼法〉的解释》第143条的规定，因犯罪产生的赔偿责任的义务主体包括：①犯罪人，即刑事被告人以及没有被追究刑事责任的其他共同致害人；②未成年刑事被告人的监护人；③已经执行死刑的犯罪人的遗产继承人；④共同犯罪案件中，案件审结前死亡的被告人的遗产继承人；⑤对被害人的物质损失依法应当承担赔偿责任的其他单位和个人。

在此需要讨论的问题是亲友代偿的情形。通常在被告人没有经济能力履行赔偿责任的情况下，可能会出现被告人的亲友代为偿还的情形。

1. 赔偿责任的民事责任属性肯定了亲友可以代为偿还。虽然根据本书的观点，刑法中的赔偿制度具有复合责任属性，也属于刑事责任的实现方式之一，而刑事责任是具有一身专属性的，即刑事责任只能够由犯罪人本人承担，罪责自负、反对刑罚株连是我国刑法的基本原则之一。犯罪必然产生刑事责任，而刑事责任则专属于犯罪人本人，牵连责任、替代责任都是不允许的，即使犯罪人已经死亡或逃亡在外或责任能力丧失等，也不能由他的亲戚、朋友等任何其他人代其负担刑事责任，只能导致刑事责任消灭或中断。[1] 例如罚金刑、没收财产等财产刑的执行中，需要严格区分犯罪人的个人财产和犯罪人家属所有的财产，否则则违反了刑罚的一身专属性，也丧失了使犯罪人产生受刑观念的目的。那么同样具有刑事责任属性的赔偿倘若由亲友代偿，是否违反了刑罚的个人责任和一身专属性原则呢？对此，我们认为，在赔偿制度的功能中，填补损害是首位的，而惩罚制裁是次要的。赔偿制度的惩罚功能是通过利益

〔1〕 王晨：《刑事责任的一般理论》，武汉大学出版社1998年版，第62页。

机制实现的，即注重对被害人的保护，在此基础上通过对加害人违法所得的剥夺，达到防止侵权行为发生、稳定社会公共秩序的目的。刑法中的赔偿是以全面赔偿为原则，即剥夺的是犯罪人的违法所得或与造成损害等价的财物，并没有超出损失的范围，也就是说赔偿的填补损害总是第一位次的，这也是赔偿制度的民事责任属性的体现。那么惩罚在一定程度上是要让位于被害人保护的，在犯罪人无力赔偿时，亲友自愿代为偿付当然是允许的。

2. 代为赔偿亲友并非赔偿义务主体，不具有附带民事诉讼的被告人地位。司法解释规定“刑事附带民事诉讼被告人的亲友自愿代为赔偿的，应当允许”。这并不意味着亲友也能够成为赔偿义务人。赔偿义务主体应为犯罪人或者其他依法应当承担赔偿责任的人。有学者将亲友代偿的行为认为是一种侵权之债的债务转移，在犯罪人亲属向法庭提交同意代为承担赔偿责任的书面文件后，意味着由该亲属自愿承担侵权之债的债务，这属于民事义务的转移，而在审判结束前，这种义务并没有得以确认。[1] 本书不赞同这一观点，亲友代为赔偿的情形并不意味着赔偿义务的转移，而应当视为亲友与被告人之间的赠予或借贷关系，赔偿义务应当依然由被告人承担。那么亲友不能被列为附带民事诉讼的被告人是必然的，不仅如此，亲友反悔不愿代为赔偿的，被害人也不能向被告人亲友主张权利或者申请强制执行被告人亲友的财产，这一点需要明确。

3. 在审判结束前，被告人亲属代为赔偿并且实际履行的，能否对被告人从宽处罚。《最高人民法院关于适用〈中华人民共和国刑事诉讼法〉的解释》第498条规定：“被告人的近亲属经被告人同意，可以代为和解。……被告人的法定代理人、近亲属依照前两款规定代为和解的，和解协议约定的赔礼道歉等事项，应当由被告人

〔1〕 何帆：《刑民交叉案件审理的基本思路》，中国法制出版社2007年版，第380页。

本人履行。”那么按照司法解释的精神，赔礼道歉、赔偿损失应当都是由犯罪人本人履行，否则赔偿的从宽处罚效力则不应及于犯罪人本人。而在司法实践中，存在着大量的被告人亲友代为赔偿达成刑事和解的情形，可以说只要被害人的赔偿权利得以实现，无论是否由犯罪人本人履行，都可以对犯罪人从宽处罚。本书认为，通常，犯罪人的积极赔偿、赔礼道歉等行为，之所以能够影响到刑事责任的裁量，是因为这些行为实质上都是犯罪人人身危险性、再犯可能性的判断资料，即积极的最后行为可以反映出犯罪人对于其所实施的行为的危害性和后果有了清晰的认识，并产生了后悔、悔过的心理，那么在一定程度上就已经实现了对犯罪人的教育矫正目的，再次犯罪的可能性减少，因而减轻处罚程度。而对于有悔过认错心理，但是客观上不具有赔偿能力的人，事实上他的特殊预防的必要性也有所减少，只是客观不能赔偿而已。而对于亲友赔偿并非基于犯罪人赔偿意思的情形，张明楷教授认为亲友的赔偿由于能够缓解被害人的报应感情与社会的处罚感情，可以认为一般预防的必要性减少。本书并不赞同将一般预防效果作为量刑时的衡量因素，无论是消极的一般预防还是积极的一般预防，都是针对潜在的犯罪人和公众作为预防对象，这种预防效果都是通过犯罪与处罚的关联实现的，并且针对的是抽象的一般人，显然以被告人亲属赔偿对犯罪人从宽处罚的做法，不仅没有使社会公众对犯罪严重性产生认识，反而可能会导致重罚，因为只有加重处罚才能够加强社会公众对犯罪的认识和对法的忠诚度。犯罪人也沦为实现一般预防目的的工具，这种观点为本书所不取。本书认为，犯罪人亲属代为赔偿的可以在一定程度上影响犯罪人的刑事责任，这是因为赔偿行为在客观上减轻了犯罪的后果，这种从宽事由显然无法与犯罪人本人进行赔偿所体现出来的处罚必要性同日而语，因而在从宽的幅度上应当进行明显的区分，显然司法实践中的做法并没有注重从宽处罚事由的实质，只要赔偿得以实现则一概从宽，这种做法是不恰当的。

第三节 刑法中的赔偿制度的适用范围

一、"损失"的一般理解

赔偿责任的产生是以损失的客观存在为前提，只有在犯罪行为造成了实际损害的条件下，才产生了犯罪人的赔偿责任，所以刑法中的赔偿制度适用的根据，除了行为构成犯罪之外，还需要具备客观上的损失，不仅如此，对于损失的界定直接影响到了赔偿范围、附带民事诉讼受案范围，与被害人权利的实现直接相关，所以本书将从对损害事实的不同分类的角度，对"损失"加以明确。需要说明的是，我国刑法中规定的是"赔偿经济损失""赔偿损失"，使用了"损失"这一概念，而侵权行为法中，"损失"和"损害"是两个不同但是又经常使用的概念，我国的《民法总则》以及《侵权责任法》中，也同样使用了"损失"以及"损害"的概念，因而有必要首先明确这二者之间的关系。《布莱克法律词典》将"损害"（damage）定义为因过失、故意或意外事故而对他人的人身或财产所造成的损失（loss）、伤害（injury）；而"损失"（loss）则是指丧失或遗失，与"损害""损害赔偿""剥夺"等词语同义，[1] 即"损害"与"损失"含义相同。《牛津法律大词典》中损失仅指经济上的损害，而损害的形式可以是对人身、名誉、经济利益、财产以及其他方面的损害。[2] 我国学者王利明教授也持这一观点，认为损害与损失是种属关系，损害不仅包括财产方面的，也包括非财产方面或精神方面，而损失则仅仅是指财产方面的损失。[3] 本

---

〔1〕 *Black's Law Dictionary*(*8th edn.*), Thomson West, 2004, p. 1172.

〔2〕 参见《牛津法律大辞典》，光明日报出版社 1988 年版，第 238、569 页。

〔3〕 王利明主编：《人格权法新论》，吉林人民出版社 1994 年版，第 588 页。

书认为损害与损失应当是一个通用的概念，都是指被侵害人因侵权行为而导致的财产上的不利益，二者实质上是同一概念，但是使用时侧重的角度存在略微差异，在使用“损害”一词时，通常强调的是侵害行为所造成的不利后果，而“损失”则侧重于利益的丧失，表现为以金钱衡量的损害后果的大小，例如《侵权责任法》第 8 条规定，“二人以上共同实施侵权行为，造成他人损害的，应当承担连带责任”。第 15 条规定的承担侵权责任的方式之一为赔偿损失，可见“损害”与“损失”含义基本相同，只是在使用上有所侧重。在明确了这一点的基础上，刑法中的赔偿制度、刑法规定的赔偿损失也应当与民法上所使用的“损失”做同一理解，都是因为不法行为所导致的损害事实而造成了财产上的损失。

二、精神损害应属于赔偿的范畴

刑法上的赔偿制度的范围是否包括被害人因犯罪行为所遭受的精神损害，对此，《刑法》并没有明确，但是《刑事诉讼法》以及相关的司法解释却明确地将精神损害赔偿剔除出刑事附带民事诉讼的受案范围。《刑法》第 36 条规定：“由于犯罪行为而使被害人遭受经济损失的，对犯罪分子除依法给予刑事处罚外，并应根据情况判处赔偿经济损失。”第 37 条规定：“对于犯罪情节轻微不需要判处刑罚的，可以免予刑事处罚，但是可以根据案件的不同情况，予以训诫或者责令具结悔过、赔礼道歉、赔偿损失，或者由主管部门予以行政处罚或者行政处分。”《刑事诉讼法》第 99 条规定：“被害人由于被告人的犯罪行为而遭受物质损失的，在刑事诉讼过程中，有权提起附带民事诉讼。”2013 年 1 月 1 日《最高人民法院关于适用〈中华人民共和国刑事诉讼法〉的解释》第 138 条规定：“被害人因人身权利受到犯罪侵犯或者财物被犯罪分子毁坏而遭受物质损失的，有权在刑事诉讼过程中提起附带民事诉讼。……因受到犯罪侵犯，提起附带民事诉讼或者单独提起民事诉讼要求赔偿精神损失的，人民法院不予受理。”根据《刑事诉讼法》以及上述司法解释的规定可以看出，精神损害并不属于我国刑事附带民事诉讼的受案范围，赔偿的范围仅限于犯罪所造成的物质损失。

而就《刑法》第 36 条、第 37 条的规定而言，有学者认为第 36 条所规定的“判处经济损失”仅仅适用于犯罪行为给被害人造成经济损失的情况，而第 37 条所规定的“责令赔偿损失”除了给被害人直接造成经济损失外，对犯罪行为侵害了被害人其他法益的，也可能通过赔偿损失给予补偿，即包括赔偿物质损失和赔偿精神损失。[1] 应当承认，无论是《刑事诉讼法》第 77 条第 2 款的“物质损失”、第 77 条第 2 款的“财产损失”。还是《刑法》第 36 条的经济损失，虽然表述不同，但都没有超出“物质损失”的范畴，从文义解释的角度来看，《刑法》第 37 条的“赔偿损失”则是能够将精神损害涵盖在内的。但是，如前文所述，判处赔偿经济损失与责令赔偿损失应为性质相同的责任实现方式，兼具民事责任与刑事责任的双重属性，只是因为是否判处刑罚不同才采用了不同的程序，同主刑与附加刑的关系相类似，作为一种非刑罚处罚方法，可以将责令赔偿损失理解为是独立适用的处罚方法，而判处赔偿经济损失则是附加适用的，二者的区别仅此而已，在赔偿范围上不应当区别对待。并且通常情况下，适用责令赔偿损失的情况下，犯罪行为的性质、后果要比判处刑罚同时赔偿经济损失的犯罪行为要轻微，那么犯罪行为轻微、对于被害人造成的伤害较小的犯罪分子，在赔偿物质损失的同时，也需要赔偿其对被害人造成精神损害，继而举轻以明重，判处刑罚的情况下更应当赔偿精神损害。因而，对现行《刑法》中“赔偿经济损失”与“赔偿损失”的不同规定应当予以纠正，无论是否判处刑罚，犯罪行为对被害人造成精神损害的都应当予以赔偿。

---

〔1〕 张明楷：《刑法学》，法律出版社 2011 年版，第 562 页。

刑事诉讼法之所以将精神损害赔偿排除在外，理由之一在于，虽然犯罪行为对被害人造成了精神上的损害，但是通过刑事诉讼程序追究犯罪分子的刑事责任，对其判处一定的刑罚处罚本身，就已经在一定程度上起到了精神抚慰的作用。[1] 但是这一理由显然是不能够成立的。国家的刑罚权和被害人的精神损害赔偿请求权是两种完全不同的权利。刑罚权是由司法机关代表国家追究犯罪的刑事责任，其目的在于惩罚与预防犯罪，保护公民的人身、财产权利、公共安全以及社会秩序，刑罚的追求虽然能够在一定程度上抚慰被害人及其家人的精神创伤，但是这种安抚作用并不主要作用于个人权利，只是刑罚的附随效果。而精神损害赔偿通常认为具有三种功能：一是填补功能，填补被害人精神上的不利益或精神上的损害；二是克服功能，即通过给付金钱，使被害人获得经济生活上的利益，有助于被害人克服精神上的损害；三是抚慰功能，即对于遭受重大损害，并且这种损害不能得到恢复的被害人，金钱虽然不能填补或者克服精神上的痛苦，但是可以使被害人在金钱上得到满足而获得抚慰。[2] 显然上述通过金钱来填补、克服、抚慰被害人精神创伤的功能是发动刑罚权远不能满足的，以判处刑罚来抚慰被害人精神损害的观点无疑是一种国家本位主义的观念，以公共利益代替个人利益，不仅没有对公民的个人法益予以充分保护，甚至被害人的民事赔偿权利也由于刑罚权的发动而被减损，因而，这一理由是不能成立的。

否定精神损害赔偿的理由之二在于，如果肯定犯罪行为对被害人造成精神损害可以赔偿，那么只要有具体的被害人的犯罪，都存在着被害人精神遭受痛苦的可能性，如此则意味着刑事案件的所有

---

〔1〕 廖中洪："论刑事附带民事诉讼制度的立法完善——从被害人民事权益保障视角的思考"，载《现代法学》2005 年第 1 期。

〔2〕 郭卫华等：《中国精神损害赔偿制度研究》，武汉大学出版社 2003 年版，第 146～147 页。

被害人都有权利请求赔偿精神损害，这不仅严重影响了刑事诉讼的效率，而且也可能导致被害人的附带民事诉讼判决的执行更加困难。[1] 首先，支持被害人的精神损害赔偿请求权并不意味着，犯罪会对任何被害人造成精神损害，也不意味着被害人的任何精神伤害都能够得到赔偿。《侵权责任法》第 22 条规定："侵害他人人身权益，造成他人严重精神损害的，被侵权人可以请求精神损害赔偿。"即构成法律上的精神损害需要具备两个条件：侵犯"人身权益"以及"严重的"精神损害。首先，精神损害赔偿仅限于侵害人身权益所造成的精神损害，并不包含因财产权利受到侵犯而造成的精神损害。人身权益包括人格权和身份权。人身权包括精神性人格权益和物质性人格权益，[2] 精神性的人格权益受到侵犯，直接产生的即为精神损害，例如侮辱罪、诽谤罪、诬告陷害罪等犯罪行为直接侵犯了公民的名誉权等人格权，此时精神损害赔偿是没有疑义的；而物质性的人格权益则表现为公民的健康权、生命权、身体权受到侵害时，不仅会造成物质损害，也会对被害人造成精神损害。而侵犯身份权益的场合，哪些身份属于精神损害赔偿的范畴则存在疑问，《最高人民法院关于确定民事侵权精神损害赔偿若干问题的解释》第 2 条规定了非法使被监护人脱离监护的场合，监护人享有精神损害赔偿权。即监护权是毫无疑问的，在不法行为构成犯罪的情况下，例如拐卖儿童罪，被拐卖儿童的父母的监护权受到了侵犯，可以就此请求精神损害赔偿。其次，精神损害需具备严重性，严重性是对于精神损害的程度性要求，所谓的"轻微损害不赔"规则，目的在于协调侵权责任法的两种核心价值，即权利与自由。因而，因他人的不法行为造成的沮丧、颓唐等精神以及情绪上

〔1〕 廖中洪："论刑事附带民事诉讼制度的立法完善——从被害人民事权益保障视角的思考"，载《现代法学》2005 年第 1 期。

〔2〕 张俊浩主编：《民法学原理（修订第三版）（上册）》，中国政法大学出版社 2000 年版，第 139 页。

的轻微不适，都属于日常生活中的惯常现象，应当自我承受。[1] 另外，在物质性人格权益遭受侵犯的场合，被害人的人身权利被侵犯的程度并不严重的，例如故意伤害致人轻伤的，难以认为对被害人造成了严重的精神损害。总之，《侵权责任法》以及相关司法解释对于精神损害赔偿设置了一定的门槛，在附带民事诉讼中则更不可能出现任何刑事案件的被告都有权利提起精神损害赔偿请求的情形。

应当说将精神损害赔偿排除在附带民事诉讼范围之外，是当前对于附带民事诉讼制度的最大的诟病。之所以设置附带民事诉讼制度，其宗旨就在于犯罪行为所造成的损害后果与犯罪行为之间具有因果关系，将民事诉讼与刑事诉讼合并有利于在投入较少的司法资源的情况下同时解决被告人的刑事责任和民事责任，倘若将精神损害赔偿排除在外，与刑事部分分开审理，则难以发挥附带民事诉讼高效便捷、减少诉累的价值。不仅如此，《最高人民法院关于适用〈中华人民共和国刑事诉讼法〉的解释》第 138 条第 2 款规定："因受到犯罪侵犯，提起附带民事诉讼或者单独提起民事诉讼要求赔偿精神损失的，人民法院不予受理。"根据该规定，不仅附带民事诉讼不受理精神损害赔偿请求，单独提起民事诉讼、另行提起民事诉讼的都不受理，也即犯罪造成的精神损害在任何情况下都丧失了救济的可能性。在我国《民法总则》《侵权责任法》以及相关的司法解释明确确立了精神损害赔偿制度的情况下，刑事法律包括刑法以及刑事诉讼法都将精神损害赔偿排除在附带民事诉讼受案范围之外，造成了民法与刑法的矛盾，并且附带民事诉讼应当以民事法律为依据，在受案范围、赔偿原则、赔偿标准等方面都应当依据民法规定以及民法原理，刑事诉讼法的这一规定显然是与民法规定相背离的。对此，本书建议将《刑法》第36条修改为："由于犯罪行

---

〔1〕 谢鸿飞："精神损害赔偿的三个关键词"，载《法商研究》2010 年第 6 期。

为而使被害人遭受损失的，对犯罪分子除依法给予刑事处罚外，并应根据情况判处赔偿损失。”将《刑事诉讼法》第99条第1款修改为：“被害人由于被告人的犯罪行为而遭受损失的，在刑事诉讼过程中，有权提起民事诉讼。……”

三、死亡赔偿金、残疾赔偿金属于赔偿范围

精神损害赔偿在附带民事诉讼中的缺席引起了理论研究者的广泛关注，然而死亡赔偿金、伤残赔偿金在附带民事诉讼的司法实践中也呈现出适用混乱的状态，各地法院做法不一，“同案不同判”的现象十分明显。而作为附带民事诉讼审理依据的刑事诉讼法以及相关司法解释对于死亡赔偿金、残疾赔偿金的适用情况规定也并不明确。

不同于精神损害赔偿在刑事诉讼法中被附带民事诉讼受案范围所规定“物质损失”所直接排斥，死亡赔偿金、残疾赔偿金是否能够得到支持，现行刑事诉讼法并没有予以明确排除。《最高人民法院关于适用〈中华人民共和国刑事诉讼法〉的解释》第155条第2款规定：“犯罪行为造成被害人人身损害的，应当赔偿医疗费、护理费、交通费等为治疗和康复支付的合理费用，以及因误工减少的收入。造成被害人残疾的，还应当赔偿残疾生活辅助具费等费用；造成被害人死亡的，还应当赔偿丧葬费等费用。”虽然死亡赔偿金、残疾赔偿金没有明确规定在应当赔偿的范畴，但是“等费用”的规定也并未明确将其排除在受案范围之外，即《刑事诉讼法》以及相关司法解释对于死亡赔偿金、残疾赔偿金的规定处于不明确的状态。因而，实践中是否支持死亡赔偿金、残疾赔偿金则直接取决于司法解释将死亡赔偿金、残疾赔偿金界定为物质损害赔偿还是精神损害赔偿，倘若将其作为精神损害赔偿，根据现行刑事诉讼法的规定，显然则不属于附带民事诉讼的受案范围。

我国司法解释对于死亡赔偿金的定性经历了从精神损害到物质

损害的发展过程。2001 年 3 月 10 日《最高人民法院关于确定民事侵权精神损害赔偿责任若干问题的解释》明确规定的死亡赔偿金，并将其定位于精神损害抚慰金，因而犯罪行为导致死亡、伤残的，不予支持死亡赔偿金、残疾赔偿金。2003 年 12 月 4 日《最高人民法院关于审理人身损害赔偿案件适用法律若干问题的解释》（以下简称“法释〔2003〕20 号”）则将死亡赔偿金的性质明确规定为人身损害赔偿，属于死者因死亡而造成的收入损失。在这一司法解释颁布之后，大多数法院对于死亡赔偿金、残疾赔偿金是支持的。但是在 2006 年最高人民法院召开“第五次全国刑事审判工作会议”确定了“死亡赔偿金不列入附带民事赔偿范围”指导意见之后，各地法院在附带民事诉讼是否支持死亡赔偿金、残疾赔偿金的问题上做法不一。[1] 例如江苏、广西高级人民法院制定的规范性文件明确将死亡赔偿金列入附带民事诉讼赔偿义务人的赔偿范畴内，而北京、天津高级人民法院所颁布的《关于审理刑事附带民事诉讼案件若干问题的解答（试行）》《关于在审判刑事附带民事诉讼案件中认真贯彻落实最高人民法院领导讲话精神的通知》等文件明确将附带民事诉讼的受案范围规定为犯罪行为所直接造成的物质损失，死亡赔偿金不能作为确定赔偿数额的根据。

对此，本书认为，无论是死亡赔偿金、残疾赔偿金，还是精神损害赔偿都应属于附带民事诉讼的受案范围。犯罪行为首先侵犯的是被害人的人身权利、财产权利等民事权利，那么对于受损的民事权利的恢复当然应当依据民事法律的相关规定。我国《刑法》第 36 条第 2 款也肯定了被害人民事赔偿应当优先受偿，既然是民事赔偿责任，则不存在因为不法行为构成犯罪反而减少赔偿义务的理由。根据《侵权责任法》第 16 条的规定，侵害他人造成人身损害

〔1〕 参见陈学权：“论死亡赔偿金在我国刑事附带民事诉讼中的适用”，载《法学杂志》2013 年第 8 期。

的，应当赔偿医疗费、护理费、交通费等为治疗和康复支出的合理费用、因误工减少的收入、残疾生活辅助具费、残疾赔偿金、丧葬费、死亡赔偿金，那么犯罪行为对被害人造成人身损害的，上述费用都应该得到法院的支持。之所以将死亡赔偿金、伤残赔偿金排除出附带民事诉讼的范围，据最高人民法院工作人员的解释，是由于“将死亡赔偿金、残疾赔偿金纳入附带民事赔偿范围，导致空判现象突出，缠讼、闹访普遍，严重影响案件裁判的法律和社会效果”[1]。这种做法显然还是传统的重国家利益、社会利益，轻个人利益的国家本位观念的产物，虽然近年来被害人权益保护的问题逐渐引起关注，但是对被害人权利保护不力，甚至以牺牲被害人的合法权利来达到追求社会稳定、平纷息讼目的的做法仍然存在，正是这一观念作祟，导致被害人的民事权利难以得到法律应有的保障。例如，在引起社会广泛关注的药家鑫故意杀人案、长春盗车杀婴案中，被害人近亲属所提出的死亡赔偿金请求都没有得到支持，药家鑫案法院判决的赔偿数额为 45 498.5 元，[2] 长春盗车杀婴案最终仅判决赔偿 17 098.5 元，对此，最高人民法院政策研究室主任胡云腾解释：“对于刑事犯罪，承担的是刑事责任，被告人已受到了很严厉的惩罚，再让其承担过重的民事赔偿，有二罚之嫌。”[3] 故意杀人行为造成被害人死亡的情况下，被害人家属只能得到寥寥数万元的赔偿，严重损害了被害人的合法权利，也难以得到社会公众的认同。

退一步来说，即便在现行《刑事诉讼法》附带民事诉讼受案范围的规定没有修改的情况下，死亡赔偿金、残疾赔偿金也因属于物

[1] 江必新主编：《〈最高人民法院关于适用《中华人民共和国刑事诉讼法》的解释〉理解与适用》，中国法制出版社 2013 年版，第 263 页。

[2] (2011) 西刑一初字第 68 号刑事附带民事判决书。

[3] “‘长春盗车杀婴案判“赔偿 1.7 万”’，最高法回应质疑”，http://www.infzm.com/content/91503，2016 年 2 月 10 日访问。

质损害而应得到支持。如果说由于立法规定的不明确，死亡赔偿金的性质不能够确定，那么在2003年“法释〔2003〕20号”出台之后，死亡赔偿金就已经被确定为有别于精神损害赔偿的财产赔偿的性质了。自此之后的其他法律和司法解释也持这一立场。《侵权责任法》将死亡赔偿金规定于第16条侵害他人造成人身损害应当赔偿的费用，与医疗费、护理费、交通费、丧葬费等，同作为物质性的损害予以规定。而精神损害赔偿则规定于第22条之中，即死亡赔偿金与精神损害赔偿是性质上相并列的关系。《国家赔偿法》也是在第34条、第35条分别规定了残疾赔偿金、死亡赔偿金与精神损害赔偿。可见，自“法释〔2003〕20号”至今，死亡赔偿金的性质已被立法确定为财产赔偿的性质了，那么显然符合《刑事诉讼法》第99条第1款所规定“被害人由于被告人的犯罪行为而遭受物质损失的”情形，无论这种损失是直接的，还是损害的是被害人未来可得利益，都属于附带民事诉讼的受案范围，即肯定死亡赔偿金、残疾赔偿金的物质损失属性，就必然不可能将其排除在附带民事赔偿范围之外。对此，为了结束死亡赔偿金、残疾赔偿金在我国附带民事诉讼中的适用乱象，可以对司法解释加以修改，在《最高人民法院关于适用〈中华人民共和国刑事诉讼法〉的解释》第155条第2款中增加死亡赔偿金与残疾赔偿金，将其修改为：“犯罪行为造成被害人人身损害的，应当赔偿医疗费、护理费、交通费等为治疗和康复支付的合理费用，以及因误工减少的收入。造成被害人残疾的，还应赔偿残疾生活辅助具费、残疾赔偿金等费用；造成被害人死亡的，还应当赔偿丧葬费、死亡赔偿金等费用。”

第四节　刑法中的赔偿标准的确定

一、完全赔偿原则——以损失为标准

完全赔偿原则是侵权损害赔偿的基本原则，即侵权损害赔偿责任范围的大小，应当以行为人对其违法行为所造成的财产损害的大小为依据，承担全部责任，即赔偿要以造成的损失为限，损失多少就赔多少。[1] 这是因为赔偿责任的最主要的目的在于补偿、填补损害，那么责任范围就只能以受到的损害的大小为标准来确定。倘若在受害人不具有过错的情况下，赔偿数额小于其所受到的损失的数额，那么其中的差额则由受害人本人承担，受害人的损失则不能得到全部补偿。因犯罪行为引起的赔偿责任与因侵权行为引起的赔偿责任具有相同的性质，附带民事诉讼程序的设置是基于诉讼效果的合目的性以及诉讼效率的经济性，将刑事诉讼与民事诉讼合并审理，但实质上审理的依然是加害人的民事责任承担的问题，只是加害人由于实施了犯罪行为而在身份上具有了特殊性，但本质上犯罪人的赔偿责任依然是民事赔偿责任，对其适用范围、原则、标准都应当依据民法原理以及民事法律的相关规定进行。在肯定了这一点的基础上，应当承认完全赔偿原则也是附带民事诉讼赔偿的适用原则，即在赔偿数额的确定上，依据并且只应当依据犯罪行为对被害人造成的损失大小加以确定，而在赔偿范围上，既包括犯罪行为所造成的直接损失，也包括犯罪行为所造成的间接损失，不仅包括犯罪行为造成的物质损失，也包括犯罪行为造成的精神损失。

---

〔1〕 杨立新：《侵权损害赔偿》，法律出版社 2008 年版，第 321 ~ 322 页。

二、当事人能力标准之否定

我国现行的刑法、刑事诉讼法以及司法解释并没有坚持完全赔偿的原则，不仅在赔偿范围上否定精神损害赔偿，在赔偿数额的确定上，也并未坚持损害填补的原则，而是采用了当事人能力标准。我国《刑法》第36条规定："由于犯罪行为而使被害人遭受经济损失的，对犯罪分子除依法给予刑事处罚外，并应根据情况判处赔偿经济损失。"《最高人民法院关于适用〈中华人民共和国刑事诉讼法〉的解释》第155条第1款规定："对附带民事诉讼作出判决，应当根据犯罪行为造成的物质损失，结合案件具体情况，确定被告人应当赔偿的数额。"法律以及司法解释中的"根据情况""结合案件具体情况"的表述，对完全赔偿原则的背离提供了空间，即根据的"情况"是"犯罪人的经济情况""犯罪人的赔偿能力"，为将精神损害赔偿、死亡赔偿金等排除出附带民事诉讼受案范围提供了依据。司法解释的制定者表示："通过判决结案，应当充分考虑刑事案件被告人多为没有正常收入的无业人员和进城务工人员、赔偿能力很低的实际情况，实事求是地仅就被害人遭受的物质损失作出判决。……除被告人确有赔偿能力的以外，原则上不应将死亡赔偿金、残疾赔偿金纳入判决赔偿的范围。"〔1〕不仅如此，最高人民法院先后召开的审判工作座谈会上也重述了这一观点。〔2〕

基于司法解释以及最高人民法院的上述观点，司法实践中附带

〔1〕江必新主编：《〈最高人民法院关于适用《中华人民共和国刑事诉讼法》的解释〉理解与适用》，中国法制出版社2013年版，第263页。

〔2〕2006年5月23日召开的全国刑事审判工作座谈会、2006年11月8日召开的第五次全国刑事审判工作会议以及2007年4月25日召开的部分法院刑事审判工作座谈会先后指出："如果经查被告人确无赔付能力，则不宜作出实际根本无执行可能的判决，而应当仅就丧葬费等犯罪造成的物质损失，作出实事求是的判决，以确保'案结事了'。""确定附带民事诉讼的赔偿数额，应当以犯罪行为直接造成的物质损失为基本依据，并适当考虑被告人的实际赔偿能力。"

民事诉讼的判决多置全面赔偿原则于不顾，以犯罪人的经济能力为依据确定赔偿额，而不支持死亡赔偿金、残疾赔偿金的判例，也正是因为死亡赔偿金、残疾赔偿金往往数额高昂，犯罪人不具有赔偿的能力而在判决中不予支持。但是，这种做法首先是与侵权责任法的赔偿原则相悖的，以当事人能力作为标准实质上并没有坚持统一的标准，从根本上说损害了法律秩序的稳定性和法的安定性，而直接反映在被害人身上的则是被害人的民事权利没有得到充分尊重和保障，以全面赔偿为标准和以当事人能力为标准所确定的赔偿额往往天差地别，以当事人不具备赔偿能力为由不支持死亡赔偿金、残疾赔偿金的后果是，被害人所能得到的实际赔偿与应当得到的赔偿相差数十倍，从被害人的利益出发应当将全面赔偿作为附带民事诉讼的首要原则和标准。

需要说明的是，完全赔偿标准与当事人能力标准是基于不同的立场作出的选择。当事人能力标准是以惩罚当事人的目的设立的标准，如同罚金刑一般，注重处罚措施带给犯罪人的痛苦的受刑感受，因而数额的确定根据犯罪人的具体情况而定，数额定得低了，则不会起到惩罚的作用，也难以让犯罪人感受到犯罪后果的严厉性和痛苦性，而数额制定得过高，则难以执行，所以借鉴罚金刑的做法，决定赔偿数额是考虑犯罪人的客观经济条件。而完全赔偿标准则是以被害人的权利为立场，“损失多少赔偿多少”是侵权损害赔偿的基本原则，一方面，受害人的权利损害是侵权人造成的，侵权人有义务将损害恢复到侵权行为发生之前的状态。另一方面，受害人不能因侵权行为而受益，所以损失的数额既是确定赔偿数额上限，也是其下限。那么究竟应当以惩罚犯罪人还是以保护被害人为视角呢？如前文所述，惩罚与补偿均为刑法中赔偿制度的功能和目的，但是补偿是第一性的，惩罚是第二性的，刑法中赔偿制度的惩罚功能主要体现在两个方面：首先，惩罚是附随与补偿功能而产生的，它的作用发生机理是通过对犯罪的否定评价和剥夺违法所得而产生，惩罚功能对于赔偿数额的确定不具有实质作用，并未超出损失数额可以额外的赔偿。其次，惩罚作用的发挥，还体现于赔偿对于刑事责任量的影响上。显然惩罚性并非直接由赔偿方法所体现。填补损害是赔偿制度的首要目的，因而应以被害人为核心确定赔偿数额。

三、完全赔偿标准之缓和

以当事人能力为标准并不是全然不合理的，完全赔偿原则也需要一定程度的柔化和缓和。对此，杨立新教授提出了“考虑当事人经济状况原则”，认为在加害人确无能力赔偿的情况下，可以根据具体情况适当减免加害人赔偿责任。[1] 也有学者提出了类似的“相衡利益原则”。[2] 该原则是对全面赔偿原则在规范内的一种调适和补充，“这种调适旨在最大限度地满足现代多元社会中多元价值、多元利益的需求”[3]，以实现法律效果和社会效果的统一。但是，正如有学者所指出的，这种观点过于感性和轻率，适当原则确实是有必要的，但是不能毫无限制地加以适用。在国外立法实践中也规定了完全赔偿原则的例外，即“生计酌减原则”，但其适用具有严格的限制条件，例如瑞士、韩国适用生计酌减原则，不仅考量侵权人的经济状况，而且要求仅在赔偿对侵权人生计具有重大影响时，方可酌减赔偿额，且排除了故意侵权和重大过失侵权的适用，仅在一般过失侵权或侵权人无过错仍承担责任时，方可适用。[4]

生计酌减原则基于保留侵害人及其家属的生计的宗旨，在特定情况下酌情减轻侵害人的赔偿责任，以保障个案的实质公正。在我

---

〔1〕 杨立新：《侵权损害赔偿》，法律出版社2008年版，第334页。

〔2〕 参见汪渊智：《侵权责任法学》，法律出版社2008年版，第471页。

〔3〕 杨立新、刘洪林：“刑事附带民事诉讼的基础理论问题”，载《国家检察官学院学报》2013年第6期。

〔4〕 参见徐银波：《侵权损害赔偿论》，中国法制出版社2014年版，第339~344页。

国现行《民法总则》《侵权责任法》没有规定这一原则的情况下，在犯罪行为——最为严重的侵权行为造成的损害赔偿中，广泛地适用当事人能力标准，没有赔偿能力的犯罪人可享受大幅度的减免责任，显然已经突破了生计酌减原则的初衷和适用标准。一方面严重牺牲了被害人的权利，被害人与犯罪人都应当是法律关怀的对象，盲目地适用当事人能力标准无疑漠视了更加需要法律保护的被害人。另一方面，当事人能力标准的广泛适用，在很大程度上成了犯罪人逃避其法律责任的“尚方宝剑”，“使责任法成为慈善法，且鼓励懒汉继续懒惰”[1]。综上，本书认为，对于我国附带民事诉讼中大量适用当事人能力标准的做法应当予以深刻地反思，完全赔偿原则应当是犯罪赔偿的首要原则和标准，只有在极其例外的情况下，可以根据当事人的经济状况予以酌情减轻，这种例外应当具有严格的限制，如适用于过失犯罪行为造成的损害，并且被害人的经济状况不仅仅由于贫困所致，而且应当具备受到自然灾害、家庭不幸等使其贫困状态受到更多的同情和关怀的事由，如此才能够在保障被害人权利的基础上，实现被害人与犯罪人利益的平衡，也能够保证法秩序的稳定性和侵权责任法的基础地位。

第五节 刑法中的赔偿制度的实现路径

一、建立健全犯罪人财产调查与控制制度

确保被害人赔偿权利的实现，执行情况是重中之重。在我国现阶段尚未建立起对刑事犯罪被害人的国家救助制度的情况下，被害人因犯罪受到了权利损害，完全倚仗犯罪人的赔偿。而执行难却是刑事附带民事诉讼一直以来的顽疾，一方面是由于部分犯罪人客观

〔1〕 参见徐银波：《侵权损害赔偿论》，中国法制出版社 2014 年版，第 343 页。

上确无财产可供赔偿，而另一方面也有部分犯罪人出于“打了不罚，罚了不打”的观念，在案发后就将财产予以转移、隐匿，营造出犯罪人无可供执行的财产的假象，严重影响了刑事判决书中财产部分的执行效果，使判决书沦为一纸白条。在这种背景下，有必要建立犯罪人财产调查制度，并完善现有的财产保全制度，以保障判决的执行和被害人赔偿权利的实现。

（一）建立犯罪人财产调查制度

建立犯罪人财产调查制度，是确保财产刑、刑事判决书中的财产部分得以顺利执行的前提。我国现行《刑事诉讼法》尚未规定犯罪人财产调查制度，但是已有的财产保全制度，以及司法解释中涉及的对当事人赔偿能力等规定都需要财产调查制度予以保障。首先，《刑事诉讼法》第100条所规定的查封、扣押、冻结等财产保全措施，主要是依据附带民事诉讼原告人的申请启动的，财产保全得以展开的前提是被害人能够向司法机关提供被告人所有财产的线索，而被告人的财产状况，例如股票账户、银行账户、房产情况等是一般人难以掌握的，被害人通常处于较为弱势的地位，不具有调查的能力和权力，因而由司法机关进行诉前财产调查时财产保全措施的前提和保障。其次，司法解释中涉及当事人赔偿能力等规定也需要财产调查制度提供支持。例如，2013年1月1日最高人民检察院《人民检察院刑事诉讼规则（试行)》第515条规定的，人民检察院对和解协议的审查内容其中就包括了“犯罪嫌疑人是否真诚悔罪，是否向被害人赔礼道歉，经济赔偿数额与其所造成的损害和赔偿能力是否相适应”。甚至司法实践中确定赔偿数额所采用的当事人能力标准也需要在调查的基础上作出。人都有趋利避害的本性，依据犯罪人提供的财产状况事实上可能存在着隐瞒、转移的情况，难以客观地判断犯罪人赔偿能力。2014年9月1日《最高人民法院关于刑事裁判涉财产部分执行的若干规定》第8条规定：“人民法院可以向刑罚执行机关、社区矫正机构等有关单位调查被执行人的财产状况，并可以根据不同情形要求有关单位协助采取查封、扣押、冻结、划拨等执行措施。”该项规定已经提出了犯罪人财产调查的规定，目的是为了对保全措施的实施提供依据，可以看出犯罪人财产调查制度是为司法实践所强烈需求的，财产保全、财产性、判决书中涉财部分的执行都需要财产状况的调查才能够顺利实施。

当前，已经有部分地区对犯罪人财产调查制度进行了一定的探索和试验，最早试点并出台相关文件的是云南省红河州中级人民法院、检察院、公安局制定的《红河州对犯罪嫌疑人（被告人）财产抽查与控制暂行规定》，规定了侦查、批捕、审查起诉、审判、执行等各个环节均可采取调查与控制措施。[1] 然而，犯罪人财产调查制度赋予公安机关、司法机关一定的权力，这种权力的行使又与公民的基本权利直接相关，就有私设公权之嫌。[2] 当然，在法律中确定一项制度需要大量的理论研究和实践探索的支持，当下建立犯罪人财产调查制度尚不具备成熟的条件，对于该制度适用的探索，是未来财产刑、刑事判决中的财产部分执行完善的发展方向。

（二）完善财产保全措施

以往在刑事附带民事诉讼判决之前，犯罪人转移、隐匿财产以逃避判决执行的情况时有发生，缺乏财产控制措施予以整治。对此2012年《刑事诉讼法》修订时在附带民事诉讼中增加了财产保全的规定，一类是人民法院依职权采取的财产保全措施，另一类是人民法院依原告人的申请采取的财产保全措施。根据法律规定，财产保全的主体为人民法院；适用阶段为立案之后、审判结束前，根据司法解释的规定，立案之后、提起公诉之前，有权提起附带民事诉讼的人因情况紧急，不立即申请保全将会使其合法权益受到难以弥

---

〔1〕“云南法院司法改革成果访谈录：锐意边疆司法改革”，http：//yn. yunnan. cn/html/2012－10/12/content_ 2438430_ 3. htm，2018年2月26日访问。

〔2〕魏汉涛、张卫波：“诉前财产调查与控制制度刍议：破解刑事涉财裁判‘执行难’的出路”，载《中国刑事法杂志》2012年第5期。

补的损害的，可以向被保全财产所在地、被申请人居住地或者对案件有管辖权的人民法院申请采取保全措施。

遗憾的是，刑事诉讼法并未在保全措施中规定先予执行。财产保全措施针对的是判决前可能出现的犯罪人转移财产的状况，而先予执行的着眼点则在于及时解决被害人生活上的困难。诉讼案件从起诉到作出判决之前需要经历较长的时间，刑事犯罪的被害人因犯罪行为所造成的人身伤害和财产损害，使得被害人的生活陷入困境，例如被害人经济条件较差，但是在医院救治需要大量的医疗费用，需要犯罪人提前支付赔偿金，否则难以及时救治，那么在这种特殊情况下，可以申请被告人现行支付一定的赔偿金。财产保全、先予执行都是保障受害人权利能够有效、及时恢复的措施，2000 年 11 月 20 日《最高人民法院关于审理刑事附带民事诉讼案件有关问题的批复》（已失效）曾经肯定了附带民事诉讼中可以采用先予执行措施，但修订后的《刑事诉讼法》仍然没有对此作出规定。那么在附带民事诉讼中能否裁定先予执行，唯一的依据只有 2012 年 11 月 5 日最高人民法院《关于适用〈中华人民共和国刑事诉讼法〉》第 163 条规定的："人民法院审理附带民事诉讼案件，除刑法、刑事诉讼法以及刑事司法解释已有规定的以外，适用民事法律的有关规定。"有学者指出，刑事诉讼法的修订之所以没有确立该制度，"主要考虑到人民法院采取先予执行要求当事人之间事实基本清楚、法律关系明确；而附带民事判决往往取决于刑事案件的审理结果，如果判决结果不相符合，就会存在执行回转的问题"[1]。对于这一问题，只要严格把握先予执行的条件，即当事人之间权利义务关系明确，不先予执行将严重影响申请人的生活或者生产经营的，且被申请人有履行能力。并且人民法院可以责令申请人提供担保。总之基

〔1〕 陈卫东、柴煜峰："刑事附带民事诉讼制度的新发展"，载《华东政法大学学报》2012 年第 5 期。

于对被害人的全面保护，应当在附带民事诉讼中规定先予执行措施，并且先予执行的情况可以在对被告人刑事责任的裁量中有所体现。

二、赔偿制度的程序协调

根据刑事诉讼法的规定，被害人民事赔偿权利的实现具有两种途径，即适用于全部犯罪赔偿案件的附带民事诉讼制度，以及适用于轻微犯罪的当事人和解程序，也就是刑事和解制度。刑事和解制度是在 2012 年对《刑事诉讼法》的修订中新增加的程序，而附带民事诉讼则是在 1979 年《刑事诉讼法》出台时就已经规定并一直适用至今，这样的新旧两项机制在基本理念、适用范围、运作规则等方面都具有一定的差异，特别是刑事和解制度的拓展适用，必然会侵蚀诉讼程序的生存空间。但是二者在对立的同时，由于在功能上具有补充性，刑事和解与附带民事诉讼必然具有相互结合、依赖的发展趋势。然而，《刑事诉讼法》并没有对二者关系加以明确，那么在实践中面临的二者在程序选择上的矛盾，特别是在《刑事诉讼法》也规定了附带民事诉讼的调解制度的情况下，与刑事和解的规定存在的冲突问题，都需要进一步的厘清。刑事和解与附带民事诉讼制度都是《刑事诉讼法》所规定的刑事犯罪被害人民事权利的实现途径，然而并不限于此，根据《刑法》第 37 条以及第 64 条的规定，责令赔偿损失以及责令退赔制度也关乎损害赔偿的实现，但是这两项制度在《刑事诉讼法》中并没有体现，因而，责令赔偿损失与责令退赔的以何种程序作出，其与附带民事诉讼的关系如何，都有必要加以探讨。

（一）责令赔偿损失的适用程序完善

作为免予刑事处罚的犯罪的法律后果之一的责令赔偿损失，适用于犯罪行为对被害人造成物质损失与精神损失的情形。对于责令赔偿损失，《刑法》第 37 条只进行了粗略的概括性规定，对于其适用的范围、程序等都没有规定，也缺乏相关的司法解释予以细化，因而责令赔偿损失如何适用并不明确，理论上对于责令赔偿损失也鲜有关注，有限的论述都是将责令赔偿损失作为法院依职权作出的司法行为，[1] 如“在作出责令赔偿损失的判决前，被害人也可能提起了民事诉讼，但是由于没有判处刑罚，责令赔偿损失实际上就不只是民事责任的实现方式，同时也是刑事责任的实现方式。……民事责任并不以被害人提起民事诉讼为前提，在免除刑罚的情况下，即使被害人没有提起民事诉讼，人民法院也可根据案件的具体情况责令赔偿损失”[2]。

从法条的表述来看，《刑法》第36条规定为“判处赔偿经济损失”，显然“判处”的规定直接指向了判决书的形式，那么就需要被害人提起附带民事诉讼之后法院才能够就民事赔偿作出实体判决。而《刑法》第37条规定的是责令具结悔过、责令赔礼道歉、责令赔偿损失等，显然“责令”是不同于“判处”的，在所有的非刑罚处罚方法中，只有1964年1月18日《最高人民法院关于训诫问题的批复》作出过规定，即“人民法院对于情节轻微的犯罪分子，认为不需要判处刑罚，而应予以训诫的，应当用口头的方式进行训诫。在口头训诫时，应当根据案件的具体情况，一方面严肃地指出被告人的违法犯罪行为，分析其危害性，并责令他努力改正，今后不再重犯；另一方面也要讲明被告人的犯罪情节尚属轻微，可不给予刑事处分”。可以看出，“责令”是指法院要求、促使犯罪人实施一定行为，带有法院依职权单方作出决定的意味，不需要被害人的申请。但是，本书认为，赔偿损失应当以被害人提起附带民事诉讼为前提，以法院判决的形式的作出，而不应当由法院依职权作出，理由如下：

---

〔1〕 刘志德、刘树德：“‘判处赔偿经济损失’、‘责令赔偿损失’及‘责令退赔’辨析”，载《法律适用》2005年第4期。

〔2〕 参见张明楷：《刑法学》，法律出版社2011年版，第562页。

第一，立足于个人本位的基础上，应当肯定被害人的民事赔偿权利属于私法上的权利，公民个人不仅具有在实体上具有对自己切身事务自由地作出决定的权利，作为民法最根本性的法律原则，私法自治原则在裁判过程中也有所要求，这体现为诉讼当事人在法律规定的范围内，具有自由决定自己依法享有的民事权和诉讼权利的权利，即处分原则。[1] 处分原则是构成民事诉讼制度的基石之一，反映出对个人人格尊严予以尊重的基本精神和对个人自由予以保障的基本价值取向。在私权诉讼领域，当事人对于个人权利的处分自由体现在：①纠纷发生后，只有当事人才有权决定是否起诉，法院处于被动地位，不得依职权自行开始民事诉讼；②何时起诉、起诉的内容、起诉何人、诉讼标的以及请求的范围均由原告决定；③诉讼进行中，当事人有权决定诉讼的继续或中介，对起诉的请求有自由处分权，具体包括撤诉权、放弃上诉权、和解权、请求的变更、对请求的放弃或认可权等。[2] 处分原则是通过对于法院职权的抑制，以全面地保障个人权利及其实现全部由当事人主导的准则。犯罪行为所直接的侵犯的仍然是公民的人身权利、财产权利等民事权利，作为犯罪行为的被害人，被侵犯的权利是否要求得到恢复与赔偿、需要在怎样的程度上得到赔偿都应当由被害人自我决定，法院不应当强行干涉。因而，只有在被害人提起附带民事诉讼的前提下，才有对犯罪人适用《刑法》第 37 条规定的责令赔偿损失这一非刑罚处罚方法，否则以法院强制的方式决定的赔偿，一方面，可能会造成被害人不要求赔偿、不愿意再与犯罪人有接触的情况下，强加双方之间的联系，伤害被害人的处分权利和造成对被害人的“二次被害”；另一方面，由于赔偿与犯罪人的刑事责任大小具有密切关联，肯定法院可以依职权作出赔偿损失的裁判，可能会导致在

[1] 常怡：《民事诉讼法学》，中国政法大学出版社 1999 年版，第 72 页。
[2] 江伟主编：《民事诉讼法学》，复旦大学出版社 2002 年版，第 80 页。

被害人拒绝赔偿、要求对犯罪人判刑的情况下，无视被害人的请求，通过强制犯罪人赔偿损失而直接免除刑罚的情况，不仅没有依被害人的请求保障其权利，反而是对被害人的再次伤害。例如，在付某故意伤害案中，被告人付某殴打被害人曾某并造成轻伤，在该案中被害人表示不在该案中一并提起附带民事诉讼，要求追究被告人付某的刑事责任，最终法院尊重了被害人的意见，判处被告人犯故意伤害罪，有期徒刑1年2个月。[1] 倘若肯定责令赔偿损失可由人民法院依职权作出，那么则可能导致法院在被害人拒绝提起附带民事诉讼的情况下，依然责令赔偿损失并对被告人作出定罪免刑的判决，显然于不利于对被害人的保护，并且容易形成司法权力滥用、司法腐败的空间。

第二，虽然本书认为非刑罚处罚方法属于刑事责任的实现方式，而刑事责任是具有强制性的，但是，赔偿损失不同于其他非刑罚处罚方法，在以赔偿损失作为刑事责任承担方式的场合，是需要以被害人主张为前提的，理由如下：首先，如上文所述，责令赔偿损失是对被害人实体权利作出的分配和负担决定，这首先要以被害人需要为基础，如果被害人不需要赔偿、拒绝赔偿的场合，这一民事责任的承担的基础如何、对象是谁则存在疑问。其次，在对象上，训诫、具结悔过、行政处罚、行政处分都与被害人无涉，这种责任的实现只体现于犯罪人与社会、国家之间的关系之中，双方主体并不具有平等的地位，因而表现为国家对于个人不法行为的谴责与惩罚，个人对于国家惩罚的承认与接受。而赔偿损失则是平等主体之间的财产关系与人身关系的处分，权利为人而设，人是权利的主体，这意味着需要对于个人的主体性价值予以尊重和保障，这是私权关系双方主体的平等性所决定的。因而，赔偿损失不同于其他的非刑罚处罚方法，不涉及国家与社会的公共利益，权利义务方是

---

〔1〕（2013）鄂武昌刑初字第00851号刑事判决书。

平等的主体，具有平等的法律地位，并不具有国家职权主义干涉的空间。

第三，肯定赔偿损失需要以被害人的申请为前提，有利于被害人赔偿权利的实现。

其一，如果法院可以依职权直接责令赔偿损失，而不需要附带民事诉讼的提起，那么被害人民事权利的实现则只能体现在刑事诉讼过程中，没有当事人的起诉行为，民事诉讼程序就不能够得以启动。而在刑事诉讼过程中就被害人民事权利而进行的诉讼，被害人显然不具有诉讼当事人的地位，也缺乏相应的诉讼程序保障对赔偿问题的审理，例如法庭调查、法庭辩论等程序，难以对与赔偿相关的实质性问题进行举证、质证、辩论，无论对于被害人还是被告人来说，在没有依照严格的民事诉讼程序进行的对双方实体权利的审理都是不公正的。并且，被害人或者是被告人对于责令赔偿损失结果不服的情况下，也难以依据《民事诉讼法》提起上诉，以及依照审判监督程序进行再审。可见，虽然在刑事诉讼中法院依职权对被害人的损害赔偿问题作出判决在一定程度下具有便捷性、经济性，但是却师出无名，对于平等主体之间的民事法律关系以及民事责任的承担应当通过法院的审判来确定，审判程序的不完整则必然会对实体结果的公正性产生影响，被害人以及被告人的程序性权益和实体性权益都难以得到保障。

其二，否定赔偿损失需要以被害人的申请为前提的观点，难以保障判决的执行。《刑法》第 37 条所规定的责令赔偿损失在司法实践中的运用较为罕见，特别是刑事和解制度法定化以来，免予刑事处罚和赔偿的关系发生了根本性的变化。根据《刑法》第 37 条的规定，在犯罪情节轻微、不需要判处刑罚的情况下，可以对犯罪人免予刑事处罚，此时如果犯罪行为对被害人造成物质或精神上的损失的，则可责令赔偿损失，即免予刑事处罚是前提，责令赔偿损失是后果。而在适用刑事和解对犯罪免除处罚的场合，被告人的悔罪、赔偿、赔礼道歉行为是和解的前提，免除处罚等从宽处理是后果。但是，刑事和解与非刑罚处罚方法在功能上具有一致性，刑事和解中的赔偿、赔礼道歉等行为也属于被害人权利实现的措施，并且在实践中刑事和解制度较之于“责令”赔偿更加具有亲和力，在这种情况下，刑事和解制度极大地充实了非刑罚处罚方法的适用空间。笔者以“《中华人民共和国刑法》第三十七条”为索引在中国裁判文书网上进行检索，在检索结果中选取了 2015 年 1 月 1 日至 2015 年 12 月 31 日 H 省的 96 份裁判文书，涉及赔偿损失的判决书有 48 份，而其中有 46 件案件都是通过刑事和解的方式就民事赔偿问题达成合意，占全部案件总量的 96%，而其余的两件案件，一件的赔偿已经在庭审前实施完毕，只在判决中进行了确认，而另外一件则是对被害人提起的附带民事诉讼进行了判决。这一以较少的样本量得出的数据从另外一个角度也得到了验证，笔者以“责令赔偿”和“《中华人民共和国刑法》第三十七条”为索引，在中国裁判文书网不限时间、不限地域、不限法院层级和审判程序进行了搜索，最终只取得了两份判决书，而这两件案例都是对玩忽职守罪进行的判决，被害人都是国家，[1] 那么大致可以得出这样一个结论：在司法实践中，适用《刑法》第 37 条免于刑事处罚的，犯罪情节轻微、涉及对具体的被害人赔偿问题的案件，基本上都是通过刑事和解制度解决的民事纠纷，责令赔偿损失较少适用。

但是，刑事和解的适用并不能完全取代责令赔偿损失，这体现在以下几种情况中：①双方对立情绪严重，矛盾难以化解，不具有和解基础；②和解过程中，对于赔偿金额双方分歧过大，难以达成

[1] 根据《刑事诉讼法》第 277 条的规定，渎职犯罪案件不能够适用刑事和解制度；以及根据《最高人民法院关于适用〈中华人民共和国刑事诉讼法〉的解释》第 156 条的规定，对于人民检察院提起的附带民事诉讼的案件，只能通过判决的方式结案，而不能调解结案。因而司法实践中对于职务犯罪等案件，即使免予刑事处罚的，也是通过判决的方式确定赔偿责任，而没有进行调解或和解。

和解协议；③被告人不具有赔偿能力，难以即时履行并且也不能提供有效担保、不具备分期履行的能力的情形。那么显然在这几种情形下，都具有法院作出赔偿损失判决的必要性。然而在程序法中能否对刑事判决书中的责令赔偿损失进行强制执行，则并不明确。根据《民事诉讼法》第224条的规定，执行的依据为发生法律效力的民事判决、裁定，以及刑事判决、裁定中的财产部分，责令赔偿损失的判决应当属于刑事判决中的财产部分，可以作为执行依据。但是《最高人民法院关于人民法院执行工作若干问题的规定（试行）》所列举的作为执行依据的生效法律文书，包括人民法院民事、行政判决、裁定、调解书，民事制裁决定、支付令，以及刑事附带民事判决、裁定、调解书等，没有将责令赔偿损失列入其中。当然，《民事诉讼法》的位阶显然高于司法解释，将责令赔偿损失的判决作为可执行的裁判文书应当是没有问题的，但是需要考虑的一个问题是，之所以规定"刑事判决、裁定中的财产部分"这一性质不明的裁判文书的意义何在，如果要求责令赔偿损失的作出须以附带民事诉讼的提起为前提，那么附带民事诉讼判决作为执行依据则不存在任何疑问。然而仅以刑事判决中判决结论的一句"责令赔偿损失××××元"作为执行依据，一方面，这一判决的性质并不明确，另一方面，作为执行依据的法律文书，应当充分体现出这一执行内容的举证、质证、认证过程，该文书应当对赔偿主体、赔偿对象、数额、期限作出明确的规定。如此，该法律文书具有强制执行效力则不会具有任何程度的疑问，显然责令赔偿损失的判决是不具备上述条件的。这一问题的产生的根源并不是《民事诉讼法》没有明确将责令赔偿损失的判决列入执行依据中，而是由于对赔偿这一实体权利和责任的确定并没有严格依据民事诉讼法的相关规定进行，它在责任承担的确定上本身就缺乏程序合法性，因而反映在法律文书上也仅仅只有最终的判决结论，而缺乏这一责任分配的过程。

综上，为了更好地保障被害人民事赔偿权利的实现，以及被告人赔偿责任的实体权利以及程序权利，《刑法》第 37 条所规定的“责令赔偿损失”应当以被害人提起附带民事诉讼为前提，即“责令赔偿损失”应修改为“判处赔偿损失”，正如前文所说的《刑法》第 36 条、第 37 条所规定的“判处赔偿经济损失”与“责令赔偿损失”性质相同，其赔偿范围、赔偿标准以及适用的程序不应当存在任何区别。

（二）责令退赔与附带民事诉讼的冲突与完善

对于责令退赔与附带民事诉讼在受案范围上存在的混乱关系本书第一章第一节第三目中已经予以说明，即从法律规定上来说，《刑法》第 36 条所规定的“赔偿经济损失”、第 37 条规定的“赔偿损失”以及《刑事诉讼法》第 99 条所规定的“物质损失”应当包含犯罪行为对被害人的人身、财产权利等造成的一切损失，那么只要是犯罪行为对被害人造成了经济损失的，都可以就此提起附带民事诉讼。然而司法解释将被害人的物质损失作出了区分，分别由附带民事诉讼和责令退赔制度予以救济，1999 年 10 月 27 日《全国法院维护农村稳定刑事审判工作座谈会纪要》中规定了，如赃款赃物尚在的，应一律追缴；已被用掉、毁坏或挥霍的，应责令退赔。《最高人民法院关于适用〈中华人民共和国刑事诉讼法〉的解释》第 138 条规定：“被害人因人身权利受到犯罪侵犯或者财物被犯罪分子毁坏而遭受物质损失的，有权在刑事诉讼过程中提起附带民事诉讼。”第 139 条规定：“被告人非法占有、处置被害人财产的，应当依法予以追缴或者责令退赔。被害人提起附带民事诉讼的，人民法院不予受理。追缴、退赔的情况，可以作为量刑情节考虑。”根据上述司法解释的精神，犯罪人非法占有、处置的被害人的财物，如财物尚在的，予以追缴，如财物已被用掉、毁坏、挥霍的，应责令退赔，并且不能就这一类财产损失提起附带民事诉讼，而附带民事诉讼所受理的财产损失仅指被犯罪分子毁坏而造成的物质损失，可以看出，同样是被害人的财产权利损失，司法解释的划分非常细致繁杂并且直接影响其财产权利的救济程序的选择。不仅如此，司法解释的规定还存在矛盾之处，即“已被用掉、毁坏、挥霍的”应当责令退赔，而“财物被犯罪分子毁坏”的则可以提起附带民事诉讼，同样是被犯罪分子毁坏的财物，同样是无法返还、需要赔偿的情况，却规定了不同的程序，这实在令人费解。

司法解释的规定显然是与《刑法》《刑事诉讼法》所规定的附带民事诉讼的受案范围相矛盾。实质上“责令退赔”包括退还和赔偿两种措施，即《民法通则》第117条所规定的“返还财产”以及“折价赔偿”，是侵权责任的承担方式，那么对于加害人与受害人之间的民事权利义务关系应当通过民事诉讼程序、根据民事法律的相关规定，以判决的形式进行责任的认定和分担，而“责令退赔”以法院的职权行为作出，与上文所述的责令赔偿损失相类似，存在着适用的实体法依据不明确、没有严格依照民事诉讼程序进行、能否强制执行存疑等问题。一种观点将责令退赔理解为程序性规定，认为“如果要等到人民法院作出判决后，才能对有关物品进行追缴、责令退赔或者返还，不但相关物品容易被转移、灭失，不利于刑事诉讼的顺利进行，而且有时会损害被害人的利益”[1]。将责令退赔理解为程序性措施，虽然不存在避开民事诉讼程序以及《侵权责任法》等实体法依据的情况下就对民事赔偿责任作出认定的问题，但是“退赔”这一措施本身就是对涉案财物的实体处分，司法解释也是做如此理解的，如《全国法院维护农村稳定刑事审判工作座谈会纪要》以及《最高人民法院关于适用〈中华人民共和国刑事诉讼法〉的解释》的相关规定，犯罪分子追缴、退赔的情况，可以作为量刑情节考虑，显然追缴、责令退赔都是对被害人民

---

〔1〕 曲升霞、袁江华：“论我国《刑法》第64条的理解与适用——兼议我国《刑法》第64条的完善”，载《法律适用》2007年第4期。

事权利损害的补偿方式，是实体性的处分而不是程序性措施。

本书认为，责令退赔制度是有其价值所在的，对于一些小额财产、权属明晰的财物，在刑事诉讼中，对案件刑事部分的审理过程中已经对部分财物的所有权作出确认的，那么基于诉讼效率的经济性，可以直接将财物返还被害人或者要求犯罪人予以等价赔偿，并且在刑事诉讼判决中对这一部分的财物的退赔情况进行确认。但是，不能以提高审判效率、减轻附带民事诉讼受案压力为由，剥夺被害人依据民事法律规定、通过民事诉讼程序得以受偿的权利，应当说附带民事诉讼以及单独提起民事诉讼是解决犯罪人民事赔偿责任的原则性、最主要的程序，而责令退赔只是基于诉讼效率、在不影响审判公正时予以例外适用。在侵犯财产权利的犯罪中，不仅仅只有盗窃钱包、抢劫手机这一类简单的、财物权属明确的案件，还有合同诈骗罪、集资诈骗罪、票据诈骗罪等犯罪事实复杂、涉及被害人众多、涉案财产数额较大，需要对案件事实、证据严格依照诉讼程序进行调查、认定的案件。程序简单、实体法依据不明、上诉权利被剥夺、缺乏强制执行程序保障的责令退赔制度显然难以承担对复杂案件财产损失的赔偿责任认定。此外，根据司法解释的规定，经过追缴或退赔仍不能弥补被害人经济损失时，被害人可以向人民法院民事审判庭另行提起民事诉讼，人民法院可以受理。首先这一规定是违反一事不再理原则的，对于被害人因犯罪行为遭受的物质损失，刑事判决书已经做出了责令退赔的判决，如果是因为执行难等问题不能全部补偿被害人损失，再另行提起民事诉讼，显然是对同一法律关系、同一诉讼标的的二次诉讼。并且，在退赔不能弥补被害人经济损失时再提起附带民事诉讼，不符合诉讼经济原则，在司法资源十分珍贵、紧张的情况下，对犯罪引起的民事赔偿行为的二次审理无疑会对司法机关造成较重的负担。因而本书主张，废除有关司法解释中对于责令退赔和附带民事诉讼受案范围的划分，犯罪行为造成的一切人身损害、财产损害都可以提起附带民事诉讼，在涉案财物金额较小、所有权明晰、涉案财物被公安机关、检察机关、法院追缴的情况下，可以直接返还被害人，但是应当在判决书中予以载明。

（三）附带民事诉讼的调解与刑事和解

除了刑事和解制度以外，附带民事诉讼的调解也是新修订的《刑事诉讼法》新增加的内容，《刑事诉讼法》第 101 条规定，附带民事诉讼案件可以以调解的方式结案，也可以根据物质损失情况作出判决、裁定。即根据现行的《刑事诉讼法》，对于犯罪引起的民事赔偿问题，既可以提起附带民事诉讼以判决的方式结案，也可以对附带民事诉讼进行调解，同时双方当事人也可以在协商沟通的基础上达成和解。而附带民事诉讼的调解与刑事和解在很大程度上具有相通和重合之处，因而，有必要对二者的关系予以澄清。

第一，《刑事诉讼法》对调解与和解规定的不同。从法条规定来看附带民事诉讼的调解和刑事和解制度是具有显著区别的。

其一，适案范围不同。调解可以针对被害人就被告人的犯罪行为造成的物质损失提起的全部附带民事诉讼，不具有案件类型、罪行轻重的限制条件，即只要被害人提起的附带民事诉讼，都能够以调解的方式结案。[1] 而刑事和解制度的适用，在案件类型上具有较为严格的限制，即因民间纠纷引起，涉嫌《刑法》分则第四章、第五章规定的犯罪案件，可能判处 3 年有期徒刑以下刑罚的，以及除渎职犯罪以外的可能判处 7 年有期徒刑以下刑罚的过失犯罪案件，同时累犯不能适用刑事和解。显然，附带民事诉讼调解在案件范围上远远大于刑事和解制度。

其二，适用条件不同。《刑事诉讼法》以及相关司法解释没有

---

〔1〕 当然，对于人民检察院提起的附带民事诉讼能否进行调解则存在争议，通说认为人民检察院是以法律监督机关的身份提起的附带民事诉讼，并且这类案件通常涉及国家利益和公共利益，且被害单位没有提起附带民事诉讼，实践中情形较少，因而否定人民检察院提起的附带民事诉讼案件能够进行调解。

对调解的方式、主体、条件作出规定，只要在自愿、合法的基础上，双方达成调解协议即可。而刑事和解的适用需要被告人真诚悔罪、赔偿损失、赔礼道歉，取得被害人谅解，在此基础上才得适用刑事和解制度。

其三，法律效果不同。附带民事诉讼的调解原则上只是对民事诉讼案件进行的调解，不涉及犯罪人的刑事责任，《刑事诉讼法》也没有对调解的法律后果作出规定，只是根据司法解释的精神，被告人赔偿被害人物质损失的情况应作为悔罪表现的因素，在量刑时予以考虑，即根据《刑事诉讼法》的规定，附带民事诉讼的调解不必然会对犯罪人的刑事责任产生影响。而达成和解协议的案件，根据《刑事诉讼法》第 279 条的规定，可以对被告人从宽处罚，即可能产生从轻处罚、减轻处罚、免除处罚的后果，并且犯罪情节轻微，不需要判处刑罚的，人民检察院可以做出不起诉的决定。可以看出，规定刑事和解制度的宗旨一方面在于化解纠纷、保障民事赔偿及时有效的落实，同时和解的达成对于犯罪人的刑事责任具有显著的影响，甚至可能在事实上产生免予刑事追究的效果，而单就法律规定来看，立法并没有赋予附带民事诉讼的调解这一功能。

第二，附带民事诉讼中和解与调解的实践考察。上述区别仅仅是就《刑事诉讼法》第 99 条、第 101 条以及第 277 条、第 279 条的法律规定而言，然而法律的生命在于实践，“规则只是一件不够锋利的粗糙工具，个案判断则能在更大程度上实现公平和精确”[1]。无论是附带民事诉讼的调解还是刑事和解都与被害人的实体权利以及被告人的刑事责任有着莫大的关系，泾渭分明的法条规定在司法实践中能否得到贯彻，二者的适用条件是否得到了严格的坚持，对此需要对这两项制度在实践中的适用进行考察。

---

〔1〕［美］凯斯·R. 孙斯坦：《法律推理与政治冲突》，金朝武等译，法律出版社 2004 年版，第 229 页。

由于刑事和解制度的适用不以附带民事诉讼的提起为前提，因而和解与调解关系存疑的情况仅存在于附带民事诉讼中，所以笔者对附带民事诉讼案件中调解与和解的适用情况进行了考察，在中国裁判文书网选取了中部地区和东南沿海地区的两个基层法院，以“附带民事诉讼”为关键词检索得到2014年1月1日至2014年12月31日的判决书共133份，其中，以“调解协议”或“和解协议”解决被告人的民事责任的共40个案件。

在这40个附带民事诉讼案件中，其中有25件案件判决书中使用了“达成和解”“和解协议”等表述，可以认为适用了刑事和解制度，另外15个案件则是对民事部分进行了调解。然而在这40份刑事判决书中，关于“调解”或“和解”的表述就有数十种之多，典型的例如：①被害人与被告人达成和解协议。②经本院调解，被告人赔偿××××元，被害人予以谅解。③经本院主持调解，被告人与被害人达成和解。④达成协议，被害人予以谅解。⑤被害人与被告人达成调解协议。⑥被害人与被告人自行协商，达成调解协议。⑦被害人与被告人达成赔偿协议。其中还包括了无法辨别是调解还是和解的情形，例如“达成协议”“赔偿协议”“经调解达成和解”等。从判决书的文字表述来看，和解和调解在附带民事诉讼中都有一定的适用。

但是实际上，对附带民事诉讼的调解与当事人和解并不能完全区分开来。首先，即使在判决书中肯定了和解协议效力的案件，也只有三个案件在判决中援引了《刑事诉讼法》第277条、第279条的规定，其余的22个案件都没有引用《刑事诉讼法》关于当事人和解的条文。其次，在多数判决书中，“调解”“和解”的表述是同时存在的，例如，“调解”可以作为达成和解协议的手段，由法院等国家公权力机关主持，此时，调解是法院作为促成加害人、被害人双方协商解决纠纷的居中调停人，实施的一项具体的活动，而不是制度安排，“和解协议”是“调解”的结果。再次，从后果上看，无论是调解协议或是和解协议，达成协议后通常被告人会即时履行赔偿责任，被害人或原告人表示对被告人的犯罪行为予以谅解，并请求从轻处罚。最后，从协议的效力上来看，对于达成调解协议或和解协议的，法院均对被告人予以从宽处罚，一般情况下被告人都得到了从轻处罚，犯罪情节轻微或者具有其他从轻处罚情节的，予以减轻处罚或免予刑事处罚，非监禁刑的适用也较为普遍。

从“调解”抑或是“和解”的适用并不能看出相应的适用条件或规律，但值得注意的是，在对寻衅滋事罪、妨害公务罪案件提起的附带民事诉讼中，基本上都是以调解协议的方式双方达成一致意见，当然，这可能只是一个偶然现象，但应当允许我们对这一现象是否与刑事和解的受案范围限制有关加以推测。总之，在司法实践中附带民事诉讼调解和刑事和解并没有清晰的区别，对民事赔偿调解还是和解似乎是随意的、混用的状态。

第三，带民事诉讼调解与刑事和解的厘清。本书认为，附带民事诉讼中的调解与刑事和解具有相同的性质和功能。

其一，从法律规定上看，附带民事调解和刑事和解的确存在不同，最主要的差别体现在适用范围上。但是，如果认为二者是完全不同的两种制度，那么在附带民事诉讼中，对不属于刑事和解范畴的案件进行调解，并且从宽处罚的依据何在？如果认为二者是相同的制度，那么对不能适用刑事和解的案件进行调解并从宽处罚，刑事和解制度的必要性何在？对此，笔者认为，之所以存在这样的矛盾，是由于法律在对刑事和解制度、附带民事诉讼调解的探索阶段规定地不成熟所致，这从司法解释的规定也可见一斑。《最高人民法院关于适用〈中华人民共和国刑事诉讼法〉的解释》第155条第4款规定：“附带民事诉讼当事人就民事赔偿问题达成调解、和解协议的，赔偿数额不受第2款、第3款规定的限制。”第504条规定：“被害人或者其法定代理人、近亲属提起附带民事诉讼后，双方愿意和解，但被告人不能即时履行全部赔偿义务的，人民法院应当制作附带民事调解书。”《人民检察院刑事诉讼规则（试行）》第514条规定：“双方当事人可以自行达成和解，也可以经人民调解委员会、村民委员会、居民委员会、当事人所在单位或者同事、亲友等组织或者个人调解后达成和解。”从上述规定可以看出，司法解释的态度是，“调解”是达成和解的手段之一，由公安机关、人民法院、人民检察院或者其他第三方主持、促成，双方达成的协议称为“和解”；不能及时履行和解协议的，人民法院应当制作附带民事调解书，此时，“和解”又成了“调解协议”的方式。总而言之，在司法解释文本中，和解和调解也处于混用的状态，二者互为手段，也互为结果。仅就规范表达来看，司法解释似乎传达了这样一种观念：在附带民事诉讼中，无论是调解还是和解，只要能够解决民事赔偿问题均可以适用，不符合刑事和解条件的案件也可以调解，目的在于对被告人提出“激励”政策，促成被告人对被害人的损害赔偿的落实。

其二，附带民事诉讼调解与刑事和解在功能上具有同质性。附带民事诉讼调解和刑事和解都是我国司法实践中基于实用主义和功利主义自下而上产生并发展的制度。我国的刑事和解起源于轻伤害案件处理方式的改革，对加害方与被害方达成和解的轻微刑事案件作出不起诉、撤销案件等放弃追究刑事责任的决定或者从宽处罚，随着检察机关对“恢复性司法”理念的接受，刑事和解由最初的轻伤害案件扩展为交通肇事、盗窃、抢劫、重伤等案件。[1] 这些案件都有具体的、直接的被害人，通过加害人和被害人就民事赔偿责任的协商达成协议，有效地解决了实践中被害人的经济损失难以补偿的现实问题，可以说，被害人利益最大化是刑事和解制度的价值所在。刑事和解并不是就被告人的刑事责任的和解，而只是对民事

〔1〕 陈瑞华：“刑事诉讼的私力合作模式——刑事和解在中国的兴起”，载《中国法学》2006年第5期。

赔偿责任的和解，其实质是对被害人与加害人之间的民事权利义务的处分，而犯罪人与国家之间的刑事权利义务并不受被害人谅解的制约，只是在法院对和解所体现出的被告人的人格因素进行审查后，认为人身危险性降低而予以从宽处罚。附带民事诉讼本质上仍然是民事诉讼，附带民事诉讼的调解也是就民事赔偿责任进行的调解。无论是刑事和解还是附带民事诉讼调解，都是就民事责任加以协商妥协，从而成为轻缓化处罚的发动事由，二者性质、功能、目的完全相同。从法律效果来看，《最高人民法院关于适用〈中华人民共和国刑事诉讼法〉的解释》第157条规定，“审理刑事附带民事诉讼案件，人民法院应当结合被告人赔偿被害人物质损失的情况认定其悔罪表现，并在量刑时予以考虑”。《刑事诉讼法》第279条规定：“对于达成和解协议的案件……人民法院可以依法对被告人从宽处罚。”可见调解结案和刑事和解都可以得到从宽处罚的效果。

综上，本书认为，附带民事诉讼调解与刑事和解性质相同，可以认为附带民事诉讼调解是刑事和解在附带民事诉讼案件审理阶段的适用。如果一定要将二者区分开来，那么可以说他们所侧重的内容和作用不同。附带民事诉讼调解是在“附带民事诉讼”这一章里面规定的，附带民事诉讼虽然与刑事诉讼密切相关，但本质上仍然是民事诉讼，除刑事诉讼法特别规定的以外，审理附带民事诉讼依据的是民事法律以及民事诉讼法的相关规定，所以相应地规定了“调解”这个在民事诉讼中广泛应用的程序，它所体现的是双方民事权利义务的处分。刑事和解则是立法者对长期以来司法实践中促进民事赔偿、修复双方关系的有益探索，进行制度化而予以专项规定，民事赔偿固然是刑事和解的重要内容，但刑事和解更多的是突出通过被告人赔偿、赔礼道歉，通过双方的对话协商，促进被告人与被害人之间的沟通交流，它更重要的意义在于对犯罪行为所破坏的社会关系的修复，更加强调被告人的人格因素，所以采用了“刑事和解”的称谓。

之所以要对附带民事诉讼调解以及刑事和解的关系进行厘清，目的在于明确对于超出刑事和解所规定的范围的案件，能否进行调解进而对犯罪人从宽处罚。事实上，司法实践中，不仅仅直接适用刑事和解的案件远远超过了《刑事诉讼法》第 277 条所规定的适用范围，而且在附带民事诉讼中调解的广泛适用客观上也起到了刑事和解的效果，例如司法实践中出现的对犯寻衅滋事罪、聚众斗殴罪、妨害公务罪、故意伤害罪致人重伤、死亡甚至故意杀人罪的案件进行调解，并从宽处罚，就是对现有的刑事和解制度的突破。本书认为，犯罪人通过赔偿损失、赔礼道歉，取得被害人的谅解，在实践中已经成为所有具有现实的、具体的被害人的犯罪中的酌定从宽处罚情节，即不限案件类型、不限罪行轻重，《刑事诉讼法》对刑事和解规定的适用范围已经成为摆设，这种突破不仅仅来自于刑事和解制度的实践本身，而且附带民事诉讼调解的规定在客观上也起到了无限制地进行和解的效果。这也从另一侧面印证了，立法对于刑事和解范围的严格限制在一定程度上抑制了刑事和解的价值实现，难以满足司法实践中的需求，因而，适用范围的适度扩大可能是刑事和解制度构建和完善中所需要面对的最为迫切的问题。对此，本书认为，作为从宽处罚情节的刑事和解制度，不应当在案件类型以及罪行轻重上进行限制，原则上有直接被害人的犯罪就具有适用刑事和解的基础，如此也与附带民事诉讼的调解保持协调。但是考虑到刑事和解不仅具有从宽处罚的法律后果，人民检察院还可以作出不起诉的决定，因而可以考虑将《刑事诉讼法》第 277 条规定的案件类型以及罪行轻重的条件，作为“犯罪情节轻微，不需要判处刑罚”的考量因素，当然对于可能判处的刑罚应当再有所降低，如因民间纠纷引起，涉嫌《刑法》分则第四章、第五章规定的犯罪案件，可能判处 1 年有期徒刑以下刑罚的，或者除渎职犯罪以外的可能判处 3 年有期徒刑以下刑罚的过失犯罪案件，当事人和解的，人民检察院可以作出不起诉的决定。

参考文献

一、中文著作

1. 马克昌主编:《刑罚通论》，武汉大学出版社 2007 年版。
2. 刘东根:《刑事损害赔偿研究》，中国法制出版社 2005 年版。
3. 林纪东:《刑事政策学》，台湾中正书局 1969 年版。
4. 唐文胜:《犯罪损害赔偿研究》，中国人民公安大学出版社 2010 年版。
5. 曾世雄:《损害赔偿法原理》，中国政法大学出版社 2001 年版。
6. 杨立新:《侵权损害赔偿》，法律出版社 2010 年版。
7. 李洁:《论罪刑法定的实现》，清华大学出版社 2006 年版。
8. 彭俊良:《侵权责任法论》，北京大学出版社 2013 年版。
9. 郭宁:《现代刑法的生存空间》，知识产权出版社 2013 年版。
10. 周旺生:《法理学》，北京大学出版社 2006 年版。
11. 郎胜主编:《中华人民共和国刑法释义》，法律出版社 2011 年版。
12. 熊选国:《刑法刑事诉讼法实施中的疑难问题》，中国人民公安大学出版社 2005 年版。
13. 金福海:《惩罚性赔偿制度研究》，法律出版社 2008 年版。
14. 陈聪富:《侵权归责原则与损害赔偿》，北京大学出版社 2005 年版。
15. 曾龙兴:《详解损害赔偿法》，中国政法大学出版社 2004 年版。
16. 张明楷:《刑法学》，法律出版社 2011 年版。
17. 陈兴良:《陈兴良刑法学教科书：规范刑法学》，中国政法大学出版社 2003 年版。
18. 于改之:《刑民分界论》，中国人民公安大学出版社 2007 年版。

19. 王卫国:《过错责任:第三次勃兴》,中国法制出版社 2001 年版。
20. 杨立新:《侵权行为法》,复旦大学出版社 2005 年版。
21. 龙宗智:《相对合理主义》,中国政法大学出版社 1999 年版。
22. 程滔:《刑事被害人的权利及其救济》,中国法制出版社 2011 年版。
23. 杨诚、单民主编:《中外刑事公诉制度》,法律出版社 2000 年版。
24. 张鸿巍主编:《刑事被害人保护问题研究》,人民法院出版社 2007 年版。
25. 王平主编:《恢复性司法论坛》,群众出版社 2005 年版。
26. 狄小华、李志刚主编:《刑事司法前沿问题:恢复性司法研究》,群众出版社 2005 年版。
27. 陈晓明:《修复性司法的理论与实践》,法律出版社 2006 年版。
28. 吴立志:《恢复性司法基本理念研究》,中国政法大学出版社 2012 年版。
29. 陈兴良:《刑法的启蒙》,法律出版社 1998 年版。
30. 马克昌:《比较刑法原理——外国刑法学总论》,武汉大学出版社 2002 年版。
31. 梁根林:《刑事政策:立场与范畴》,法律出版社 2005 年版。
32. 杨立新:《侵权法论》,人民法院出版社 2005 年版。
33. 由嵘等编:《外国法制史参考资料汇编》,北京大学出版社 2004 年版。
34. 韩忠谟:《刑法原理》,中国政法大学出版社 2009 年版。
35. (清)沈家本:《历代刑法考》(一),中华书局 1985 年版。
36. 《尚书·吕刑》。
37. 《睡虎地秦墓竹简·法律答问》。
38. (唐)长孙无忌等:《唐律疏议》,中国政法大学出版社 2013 年版。
39. 田振洪:《中国传统法律的损害赔偿制度研究》,法律出版社 2014 年版。
40. 《大明律》卷十九。
41. 王新举:《明代赎刑制度研究》,中国财政经济出版社 2015 年版。

42. 《大清律例·刑律·人命》。
43. 张晋藩:《清代民法综论》，中国政法大学出版社 1998 年版。
44. 沈宗灵:《比较法研究》，北京大学出版社 1998 年版。
45. 孙力:《罚金刑研究》，中国人民公安大学出版社 1995 年版
46. 由嵘主编:《外国法制史》，北京大学出版社 1992 年版。
47. 张明楷:《法益初论》，中国政法大学出版社 2000 年版。
48. 马克昌主编:《近代西方刑法学说史》，中国人民公安大学出版社 2008 年版。
49. 陈兴良、周光权:《刑法学的现代展开》，中国人民大学出版社 2006 年版。
50. 林山田:《刑法的革新》，台湾学林文化事业有限公司 2001 年版。
51. 梁根林:《刑事法网：扩张与限缩》，法律出版社 2005 年版。
52. 陈洪兵:《公共危险犯——解释论与判例研究》，中国政法大学出版社 2011 年版。
53. 佟柔:《民法原理》，法律出版社 1987 年版。
54. 邱兴隆:《刑罚的哲理与法理》，法律出版社 2003 年版。
55. 张明楷:《责任刑与预防刑》，北京大学出版社 2015 年版。
56. 杨春洗、杨敦先:《中国刑法论》，北京大学出版社 1994 年版。
57. 杜宇:《传统刑事责任理论的反思与重构》，中国政法大学出版社 2012 年版。
58. 陈兴良:《当代中国刑法新理念》，中国人民大学出版社 2007 年版。
59. 郎胜主编:《中华人民共和国刑事诉讼法释义》，法律出版社 2012 年版。
60. 孙谦主编:《〈人民检察院刑事诉讼规则（试行）〉理解与适用》，中国检察出版社 2012 年版。
61. 高铭暄:《中华人民共和国刑法的孕育诞生和发展完善》，北京大学出版社 2012 年版。
62. 陈兴良:《刑法疏议》，中国人民公安大学出版社 1997 年版。
63. 姜涛:《宽严相济刑事政策实施的基本原理》，法律出版社 2013 年

版。
64. 马克昌:《宽严相济刑事政策研究》,清华大学出版社 2012 年版。
65. 余永跃:《公共关系学通识教程》,武汉大学出版社 2007 年版。
66. 樊凤林主编:《刑罚通论》,中国政法大学出版社 1994 年版。
67. 高铭暄主编:《中国刑法学》,中国人民大学出版社 2000 年版。
68. 吴宗宪主编:《中国刑罚改革论》(上册),北京师范大学出版社 2011 年版。
69. 高铭暄、马克昌主编:《刑法学》,北京大学出版社、高等教育出版社 2011 年版。
70. 王晨:《刑事责任的一般理论》,武汉大学出版社 1998 年版。
71. 高铭暄:《刑法学原理》(第 3 卷),中国人民大学出版社 1994 年版。
72. 陈兴良:《本体刑法学》,中国人民大学出版社 2011 年版。
73. 储槐植:《美国刑法》,北京大学出版社 2005 年版。
74. 林山田:《刑罚通论》(下册),北京大学出版社 2012 年版。
75. 黎宏:《刑法学》,法律出版社 2012 年版。
76. 苗东升:《系统科学精要》,中国人民大学出版社 2010 年版。
77. 高铭暄、赵秉志主编:《刑罚总论比较研究》,北京大学出版社 2008 年版。
78. 王作富、黄京平主编:《刑法》,中国人民大学出版社 2007 年版。
79. 蒋明:《量刑情节研究》,中国方正出版社 2004 年版。
80. 陈兴良:《罪刑法定主义》,中国法制出版社 2010 年版。
81. 皮勇、王刚、刘胜超:《量刑原论》,武汉大学出版社 2014 年版。
82. 《牛津法律大辞典》,光明日报出版社 1988 年版。
83. 王利明主编:《人格权法新论》,吉林人民出版社 1994 年版。
84. 郭卫华等:《中国精神损害赔偿制度研究》,武汉大学出版社 2003 年版。
85. 张俊浩主编:《民法学原理(修订第三版)(上册)》,中国政法大学出版社 2000 年版。

86. 江必新主编:《最高人民法院关于适用〈中华人民共和国刑事诉讼法〉的解释的理解与适用》，中国法制出版社 2013 年版。
87. 汪渊智:《侵权责任法学》，法律出版社 2008 年版。
88. 徐银波:《侵权损害赔偿论》，中国法制出版社 2014 年版。
89. 常怡主编:《民事诉讼法学》，中国政法大学出版社 1999 年版。
90. 江伟主编:《民事诉讼法学》，复旦大学出版社 2002 年版。
91. [法] 孟德斯鸠:《论法的精神》，张雁深译，商务印书馆 1982 年版。
92. [法] 卢梭:《社会契约论》，何兆武译，商务印务馆 2003 年版。
93. [美] 肯尼斯 · S. 亚伯拉罕，阿尔伯特 · C. 泰特选编:《侵权法重述——纲要》，许传玺、石宏等译，法律出版社 2006 年版。
94. [英] 吉米 · 边沁:《立法理论——刑法典原理》，李贵方译，中国人民公安大学出版社 1993 年版。
95. [意] 恩里克 · 菲利:《犯罪社会学》，郭建安译，中国人民公安大学出版社 2004 年版。
96. [意] 克劳斯 · 罗克辛:《德国刑法学总论》，王世洲译，法律出版社 2005 年版。
97. [日] 大谷实:《刑事政策学》，黎宏译，中国人民大学出版社 2009 年版。
98. [意] 恩里科 · 菲利:《实证派犯罪学》，郭建安译，中国人民公安大学出版社 2004 年版。
99. [德] 李斯特:《德国刑法教科书》，徐久生译，法律出版社 2000 年版。
100. 卞建林等译:《加拿大刑事法典》，中国政法大学出版社 1999 年版。
101. [美] 路易斯 · 亨利 · 摩尔根:《古代社会》，杨东莼等译，中央编译出版社 2007 年版。
102. [英] 亨利 · 萨姆奈 · 梅因:《古代法》，高敏、瞿慧虹译，中国社会科学出版社 2009 年版。

103. ［德］克里斯蒂安·冯·巴尔:《欧洲比较侵权行为法》，张新宝译，法律出版社 2004 年版。

104. ［意］彼得罗·彭凡得:《罗马法教科书》，黄风译，中国政法大学出版社 1996 年版。

105. ［意］朱塞佩·格罗索:《罗马法史》，黄风译，中国政法大学出版社 1994 年版。

106. ［法］勒内·达维德:《当代主要法律体系》，漆竹生译，上海译文出版社 1983 年版。

107. ［英］巴里·尼古拉斯:《罗马法概论》，黄风译，法律出版社 2000 年版。

108. ［法］卡斯东·斯特法尼等:《法国刑事诉讼法精义》（上），罗结珍译，中国政法大学出版社 1999 年版。

109. ［苏］И. М. 贾可诺夫、Я. М. 马加辛涅尔:《巴比伦皇帝哈漠拉比法典与古巴比伦法解说》，中国人民大学国家与法权历史教研室译，中国人民大学出版社 1954 年版。

110. ［意］加罗法洛:《犯罪学》，耿伟、王新译，中国大百科全书出版社 1996 年版。

111. ［意］杜里奥·帕多瓦尼:《意大利刑法学原理》，陈忠林译，中国人民大学出版社 2004 年版。

112. ［美］马库斯·德克·达博:《积极的一般预防与法益理论》，杨萌译，载陈兴良主编:《刑事法评论》第 21 卷，北京大学出版社 2007 年版。

113. ［德］耶塞克·魏根特:《德国刑法教科书》，徐久生译，中国法制出版社 2001 年版。

114. ［日］西原春夫:《刑法的根基与哲学》，顾肖荣等译，法律出版社 2004 年版。

115. ［法］卡斯东·斯特法尼:《法国刑法总论精义》，罗结珍译，中国政法大学出版社 1998 年版。

116. ［法］涂尔干:《社会分工论》，渠东译，生活·读书·新知三联书店 2000 年版。
117. ［德］汉斯·海因里希·耶塞克、托马斯·魏根特：《德国刑法教科书》，徐久生译，中国法制出版社 2001 年版。
118. ［奥］凯尔森：《法与国家的一般理论》，沈宗灵译，中国大百科全书出版社 1996 年版。
119. ［意］贝卡利亚：《论犯罪与刑罚》，黄风译，中国大百科全书出版社 1993 年版。
120. 黄道秀译：《俄罗斯联邦刑法典》，北京大学出版社 2008 年版。
121. 陈琴译：《瑞典刑法典》，北京大学出版社 2005 年版。
122. 徐久生、庄敬华译：《德国刑法典》，中国方正出版社 2004 年版。
123. ［德］英格博格：《法学思维小学堂》，蔡圣伟译，北京大学出版社 2011 年版。
124. ［美］凯斯·R. 孙斯坦：《法律推理与政治冲突》，金朝武等译，法律出版社 2004 年版。
125. 罗结珍译：《法国刑法典》，中国人民公安大学出版社 1995 年版。
126. ［德］汉斯·约阿西德·施奈德：《国际范围内的被害人》，许章润、林进祥译，中国人民公安大学出版社 1992 年版。
127. ［德］恩格斯：《家庭、私有制和国家的起源》，张仲实译，人民出版社 1955 年版。
128. ［美］孟罗·斯密：《欧陆法律发达史》，姚梅镇译，中国政法大学出版社 2003 年版。
129. ［美］罗斯科·庞德：《通过法律的社会控制》，沈宗灵译，商务印书馆 2008 年版。
130. ［古罗马］查士丁尼：《法学总论——法学阶梯》，张启泰译，商务印书馆 1997 年版。
131. ［美］艾伦·沃森：《民法法系的演变及形成》，李静冰、姚新华译，中国法制出版社 2005 年版。
132. ［德］康德：《法的形而上学原理——权利的科学》，沈叔平译，商务印书馆 1991 年版。

二、中文文章

1. 高格:“论刑事损害赔偿制度”，载《法学研究》1984 年第 1 期。
2. 王利荣:“也是犯罪与责任相均衡——对附条件犯罪赔偿的价值分析”，载《法律科学》2009 年第 4 期。
3. 王文华、刘宏武:“‘赔偿损失’对刑事责任的影响——兼论我国刑法中‘赔偿损失’的类型化研究”，载《法学杂志》2014 年第 1 期。
4. 敦宁:“论民事赔偿与刑事责任的实现”，载《山东警察学院学报》2014 年第 5 期。
5. 刘凯湘:“论民法的性质与理念”，载《法学论坛》2000 年第 1 期。
6. 徐安住:“论刑事司法没收”，载《学海》1998 年第 4 期。
7. 谢望原、肖怡:“中国刑法中的‘没收’及其缺憾与完善”，载《法学论坛》2006 年第 4 期。
8. 张明楷:“论刑法中的没收”，载《法学家》2013 年第 3 期。
9. 刘志德、刘树德:“‘判处赔偿经济损失’、‘责令赔偿损失’及‘责令退赔’辨析”，载《法律适用》2005 年第 4 期。
10. 师伟、汤金钟:“追缴或责令退赔不应是刑事判决内容”，载《人民法院报》2005 年 8 月 24 日，第 B04 版。
11. 林振通:“刑事判决中‘责令退赔’内容可作执行依据”，载《人民法院报》2009 年 4 月 17 日，第 006 版。
12. 何芳:“刑事追缴判决不能申请强制执行”，载《人民法院报》2011 年 6 月 16 日，第 007 版。
13. 袁辉:“责令退赔空判现象实证研究”，载《法律适用》2015 年第 1 期。
14. 陈聪富:“美国法上之惩罚性赔偿金制度”，载《台湾本土法学》第 25 期。
15. 周永年、杨兴培、谢杰:“非刑罚处罚方式的现实化路径”，载《法学》2010 年第 2 期。
16. 苏侃:“犯罪民事责任制度质疑——兼对我国刑法功能暨刑事责任

制度的反思”，载《中国刑事法杂志》2012 年第 6 期。

17. 程红：“刑罚与损害赔偿之关系新探”，载《法学》2005 年第 3 期。
18. 马克昌：“刑事责任的若干问题”，载《郑州大学学报（哲学社会科学版）》1999 年第 5 期。
19. 张旭：“民事责任、行政责任和刑事责任——三者关系的梳理与探究”，载《吉林大学社会科学学报》2012 年第 2 期。
20. 姜涛：“犯罪赔偿：刑法实现的另一条道路”，载《黑龙江省政法管理干部学院学报》2007 年第 1 期。
21. 高永明、万国海：“刑事责任概念的清理与厘清”，载《中国刑事法杂志》2009 年第 3 期。
22. 魏彤：“欧美国家犯罪被害人在形式诉讼中的地位”，载《中外法学》1996 年第 4 期。
23. 朱德宏：“恢复性司法及其本土制度化危机”，载《法律科学》2008 年第 2 期。
24. 吴宗宪：“恢复性司法评述”，载《江苏公安专科学校学报》2002 年第 3 期。
25. 刘方权：“恢复性司法——一个概念性框架”，载《山东警察学院学报》2005 年第 1 期。
26. 许春金：“修复性正义的理论和实践——参与式刑事司法”，载《甘添贵教授六秩祝寿论文集》，台北学林出版社 2002 年版。
27. 张朝霞、谢财能：“刑事和解：误读与澄清——以与恢复性司法比较为视角”，载《法制与社会发展》2011 年第 1 期。
28. 唐芳：“恢复性司法的困境及其超越”，载《法律科学》2006 年第 4 期。
29. 姜涛：“刑罚轻缓化与中国刑罚制度改革”，载《四川警官高等专科学校学报》2006 年第 6 期。
30. 储槐植：“认识犯罪规律，促进刑法思想现实化”，载《北京大学学报》1988 年第 3 期。
31. 刘玲梅：“西方国家刑事和解理论与实践介评”，载《现代法学》

2001 年第 1 期。
32. 米健："从人的本质看法的本质"，载《法律科学》1997 年第 1 期。
33. 叶秋华、洪荞："论公法与私法划分理论的历史"，载《辽宁大学学报》2008 年第 1 期。
34. 姜伟："公诉制度的历史沿革和发展趋势"，载《浙江社会科学》2002 年第 4 期。
35. 魏汉涛、张维波："诉前财产调查与控制制度刍议"，载《中国刑事法杂志》2012 年第 5 期。
36. 孙国华："公私法的划分与法的内在结构"，载《法制与社会发展》2004 年第 4 期。
37. 江必新："国家赔偿与民事赔偿关系之再认识"，载《法制与社会发展》2013 年第 1 期。
38. 马怀德："刑事赔偿应当确立有利于受害人原则"，载《法律适用》2015 年第 5 期。
39. 王泽鉴："损害赔偿之目的：损害填补、损害预防、惩罚制裁"，载《月旦法学杂志》2005 年第 8 期。
40. 杨忠民："刑事责任与民事责任不可转换——对一项司法解释的质疑"，载《法学研究》2002 年第 4 期。
41. 刘东根："论刑事责任与民事责任的转换——兼对法释［2000］33 号相关规定的评述"，载《中国刑事法杂志》2004 年第 6 期。
42. 侯国云："交通肇事罪司法解释缺陷分析"，载《法学》2002 年第 7 期。
43. 陈雄飞、张军："非犯罪化思潮及其对我国刑事政策的意义"，载《广西政法管理干部学院学报》2006 年第 2 期。
44. 方泉："犯罪化的正当性原则——兼评乔尔·范伯格的限制自由原则"，载《法学》2012 年第 8 期。
45. 梁云宝、孟红："交通肇事罪刑事被害人国家补偿制度探疑"，载《南京大学学报》2011 年第 6 期。
46. 王立志："人身安全是危害公共安全罪的必备要素——以刘襄瘦肉

精案切入”，载《政法论坛》2013 年第 5 期。
47. 衣家奇：“非犯罪化的途径及我国的选择”，载《华东政法学院学报》2005 年第 6 期。
48. 劳东燕：“罪行规范的刑事政策分析——一个规范性法学意义上的解读”，载《中国法学》2011 年第 1 期。
49. 朱铁军：“民事赔偿的刑法意义”，载《刑事法评论》2010 年第 1 期。
50. 何成兵：“‘赔偿减刑’的法律定位与价值探讨”，载《法治研究》2010 年第 5 期。
51. 高铭暄、张海梅：“论赔偿损失对刑事责任的影响”，载《现代法学》2014 年第 4 期。
52. 黎宏：“判断行为的社会危害性时不应考虑主观要素”，载《法商研究》2006 年第 1 期。
53. 张明楷：“新刑法与法益侵害说”，载《法学研究》2000 年第 1 期。
54. 王正嘉：“刑事司法上被害人保护及其与犯罪人关系”，载《月旦法学杂志》2004 年 7 月。
55. 蔡碧玉：“犯罪被害人之赔偿与刑事司法”，载《律师杂志》1998 年第 6 期。
56. 宋英辉：“公诉案件刑事和解实证研究”，载《法学研究》2009 年第 3 期。
57. 周长军：“刑事和解与量刑平衡”，载《法律适用》2010 年第 4 期。
58. 肖建国：“论财产刑执行的理论基础”，载《法学家》2009 年第 2 期。
59. 陈瑞华：“刑事诉讼的私力合作模式——刑事和解在中国的兴起”，载《中国法学》2006 年第 5 期。
60. 陈光中：“刑事和解再探”，载《中国刑事法杂志》2010 年第 2 期。
61. 马荣春、徐伟：“刑事和解、社会交换及其均衡功能”，载《重庆社会科学》2013 年第 11 期。
62. 王洪宇：“中法比较视阈下我国公诉案件和解程序之再完善”，载

《中国法学》2013 年第 6 期。
63. 于志刚:“论刑事和解视野中的犯罪客体价值——对误入歧途的刑事和解制度的批判”，载《现代法学》2009 年第 1 期。
64. 胡云腾、周振杰:“严格限制死刑与严厉惩罚死罪——当代死刑制度的基本特点与未来走向”，载《中国法学》2007 年第 2 期。
65. 林亚刚、袁雪:“酌定量刑情节若干问题研究”，载《法学评论》2008 年第 6 期。
66. 马克昌:“有效限制死刑的适用刍议”，载《法学家》2003 年第 1 期。
67. 储槐植、张永红:“刑法第 13 条但书与刑法结构”，载《法学家》2002 年第 6 期。
68. 储槐植:“刑法现代化：刑法修改的价值定向”，载《法学研究》1997 年第 1 期。
69. 黎宏:“死刑缓期执行制度新解”，载《法商研究》2009 年第 4 期。
70. 高铭暄:“宽严相济刑事政策与酌定量刑情节的适用”，载《法学杂志》2007 年第 1 期。
71. 赵秉志、彭新林:“论民事赔偿与死刑的限制适用”，载《中国法学》2010 年第 5 期。
72. 陈光中:“刑事和解是否适用于死刑案件之我见”，载《人民法院报》2010 年 8 月 4 日，第 006 版。
73. 王志祥:“对严重暴力犯罪案件能否适用刑事和解的探讨”，载《学习论坛》2010 年第 3 期。
74. 甄贞、郑瑞平:“刑事和解在死刑案件中之适用初探”，载《法学杂志》2014 年第 1 期。
75. 朱文超:“死刑案件中‘积极引导刑事和解’的适用及其限制条件——王锁明故意杀人案”，载《审判前治观察》编辑委员会编:《审判前沿观察》2008 年第 2 辑，上海人民出版社 2008 年版。
76. 左卫民、张建伟、刘仁文、刘京华:“‘赔偿减刑’：怎样理性看待”，载《人民法院报》2007 年 6 月 19 日，第 005 版。

77. 齐聚锋、叶仲耀："刑法认同漫谈"，载《当代法学》2001 年第 11 期。
78. 周光权："公众认同、诱导观念与确立忠诚——现在法治国家刑法基础观念的批判性重塑"，载《法学研究》1998 年第 3 期。
79. 梁根林："公众认同、政治抉择与死刑控制"，载《法学研究》2004 年第 4 期。
80. 雷成："云南省高院：不能以公众狂欢方式判一个人死刑"，《中国青年报》2011 年 7 月 8 日，第 7 版。
81. 周光权："论刑法的公众认同"，载《中国法学》2003 年第 1 期。
82. 陈明："死刑适用中的酌定因素研究——兼议《关于办理死刑案件审查判断证据若干问题的决定》第 36 条"，载《中国刑事法杂志》2010 年第 10 期。
83. 李科："刑事被害人国家救助制度在我国的构建"，载《法治研究》2013 年第 5 期。
84. 黄晓亮："论民间矛盾对暴力犯罪死刑适用的影响"，载《海峡法学》2011 年第 1 期。
85. 徐岱、刘银龙："论被害方诉求与死刑的司法控制"，载《吉林大学社会科学学报》2015 年第 4 期。
86. 张心向："死刑案件裁判中非刑法规范因素考量"，载《中外法学》2012 年第 5 期。
87. 陈兴良："刑罚改革论纲"，载《法学家》2006 年第 1 期。
88. 赵秉志："当代中国刑罚制度改革论纲"，载《中国法学》2008 年第 3 期。
89. 朱俊："论非刑罚处罚方法"，载《武汉大学（哲学社会科学版）》2005 年第 6 期。
90. 黄渝景："刑事被害人国家救助制度刍议"，载《政治与法律》2007 年第 3 期。
91. 赵贵龙："论非刑罚化思想在司法中的价值定位"，载《人民司法》2002 年第 7 期。

92. 陈卫东、李洪江:“论不起诉制度”,载《中国法学》1997 年第 1 期。
93. 陈灿平:“非刑罚处罚措施新议”,载《刑法论丛》2008 年第 3 期。
94. 张京婴:“也论刑事责任”,载《法学研究》1987 年第 2 期。
95. 夏红军:“刑事责任概念刍议”,载《湖北经济学院学报(社科版)》2008 年第 2 期。
96. 曲新久:“论刑事责任的概念及其本质”,载《政法论坛》1994 年第 1 期。
97. 吴宗宪:“试论我国刑法学总论的完善”,载《法学与实践》1987 年第 3 期。
98. 高永明:“刑事责任概念的清理与理清”,载《中国刑事法杂志》2009 年第 3 期。
99. 陈兴良:“从刑事责任理论到责任主义——一个学术史的考察”,载《清华法学》2009 年第 2 期。
100. 黎宏:“关于‘刑事责任’的另一种理解”,载《清华法学》2009 年第 2 期。
101. 许传玺:“行政罚款的确定标准:寻求一种新的思路”,载《中国法学》2003 年第 4 期。
102. 张明楷:“明确性原则在刑事司法中的贯彻”,载《吉林大学社会科学学报》2015 年第 4 期。
103. 张永红、孙涛:“酌定减轻处罚刍议”,载《国家检察官学院学报》2007 年第 5 期。
104. 赵秉志、王东阳:“简论财产刑执行中的权益保障”,载《甘肃政法学院学报》2006 年第 5 期。
105. 储槐植:“现在的罪刑法定”,载《人民检察》2007 年第 11 期。
106. 廖中洪:“论刑事附带民事诉讼制度的立法完善——从被害人民事权益保障视角的思考”,载《现代法学》2005 年第 1 期。
107. 谢鸿飞:“精神损害赔偿的三个关键词”,载《法商研究》2010 年第 6 期。

108. 陈学权:“论死亡赔偿金在我国刑事附带民事诉讼中的适用”,载《法学杂志》2013 年第 8 期。
109. 徐立:“刑事责任的实质定义”,载《政法论坛》2010 年第 2 期。
110. 杨立新、刘洪林:“刑事附带民事诉讼的基础理论问题”,载《国家检察官学院学报》2013 年第 6 期。
111. 曲升霞:“论我国《刑法》第 64 条的理解与适用——兼议我国《刑法》第 64 条的完善”,载《法律适用》2007 年第 4 期。
112. 申柳华:“德国刑法被害人信条学研究初论”,载《刑事法评论》2011 年第 1 期。
113. [美] 丹尼尔·W. 凡奈斯:“全球视野下的恢复性司法”,王莉译,载《南京大学学报(哲学·人文科学·社会科学)》2005 年第 4 期。
114. [法] 马克·安塞尔:“从社会防护运动角度看西方国家刑事政策的新发展”,王立宪译,载《中外法学》1989 年第 2 期。
115. [德] 李斯特:“刑法的目的观念”,丁小春译,载邱兴隆主编:《比较刑法(第二卷·刑罚基本理论专号)》,中国检察出版社 2001 年版。
116. [美] 本杰明·N. 卡多佐:“司法过程中历史、传统和社会学方法的作用”,苏力译,载《中外法学》1997 年第 6 期。

三、博士论文

1. 李长坤:“刑事涉案财物处理制度研究”,华东政法大学 2010 年博士学位论文。
2. 余艺:“惩罚性赔偿研究”,西南政法大学 2008 年博士学位论文。
3. 童伟华:“犯罪客体研究”,武汉大学 2004 年博士学位论文。
4. 刘志刚:“非刑罚处罚制度研究”,武汉大学 2012 年博士学位论文。
5. 田小丰:“论刑事和解”,复旦大学 2012 年博士学位论文。
6. 王晋岳:“论刑事责任的实现”,吉林大学 2013 年博士学位论文。
7. 苏忻:“刑事被害人损害赔偿权保护研究”,吉林大学 2015 年博士学位论文。

8. 董秀婕："刑民交叉法律问题研究"，吉林大学 2007 年博士学位论文。

9. 何洪波："我国《刑法》第 37 条研究"，西南政法大学 2014 年博士学位论文。

10. 侯雪："刑事损害赔偿法律制度研究"，吉林大学 2010 年博士学位论文。

四、外文文献

1. Stephen Schafer, *The Victim and his Criminal*: A Study in Functional Responsibility, Rondom House, New York, 1968, p. 68.

2. Wayne R. Lafave & Austin W. Scott, Jr., *Substantive Criminal Law* (volume1), West Publishing Co., 1986.

3. Rollin M. Perkins & Ronald N. Boyce, *Criminal Law*, The Foundation Press, Inc., 1982.

4. Stephen Schafer, *The Victim and His Criminal: A Study in Function Responsibility*, Random House, 1968.

5. Mireille Delmas – Marty & J. R. Spencer, *European Criminal Procedures*, Cambrige University press, 2002.

6. M. Peggy, Tobolowsky, *Crime Vicitims Rights and Remedies*, Carolina Academic Press, 2001.

7. Mcdonald William, "Towards a Bicentennial Revolution in Criminal Justice: The Return of the Victim", *13 Amer. Crim L. Rev.*, 1976.

8. Aglaia Tsitsoura, "Criminal Justice Responses to Victimizationz", *V Ictimology: An International Joural*, Vol. 10, 1985, No. 1 – 4.

9. Andrew Ashworth, "Victim Impact Statements and Sentencing", *Criminal Law Review*, 1993.

10. John Bound and Timothy Waidmann, "Accounting for Recent Declines in Employment Rates among Working – Aged Men and Women With Disabilities", *the Journal of Human Resources*, Vol. 37, No. 2. Spring, 2002.

11. K. Pranis, "Restorative Justice in Minnesota and The Usa: Development and Current Practice", *Annual Report for* 2003 *and Resource Material Series*, UNAFEL, 2004.

12. Heather Strang & John Breaithwaite, *Restorative Justice: Philosophy to Practice*, Dartmouth Publishing Company Ltd., 2000.

13. Daniel W. Van Ness, "Restorative Justice Around the World", a Paper Prepared for the United Crime Congress: Ancillary Meeting Vienna, Austria, 2000.

14. Jennifer Gerarda Brown, "the Use of Mediation to Resolve Criminal Cases: A Procedural Critique", *Emory Law Journal*, Fall, 1994.

15. Herman Bianchi, *Justice as Sanctuary: Toward a System of Crime Control*, Bloomington: Indiana University Press, 1994.

16. J. Braithwaite, "Restorative Justice: Assessing Optimistic and Pessimistic Accounts", *Crime & Justice*, Vol. 25: 1.

17. Joe Hudson, Et Al., *Family Group Conferences: Perspectives on Policy & Practice*, the Federation Press, Inc. and Criminal Justice Press, 1996.

18. Jan Bellard, "Victim Offender Mediation", the Fall Issue of "The Community Mediator", the Newsletter of the National Association of Community Mediation, 2000.

19. M. Umbreit, "Family Group Conferencing: Implications for Crime Victims", Prepared for the Office of Victims, U. S. Department of Justice, Washington D. C., 1998.

20. [日] 西原春夫:"民事责任和刑事责任",载有泉亨编:《现代损害赔偿法讲座总论》,日本评论社1976年版。

21. [日] 高桥则夫:"刑罚与损害赔偿——刑法、民法中的行为规范与制裁规范",载《现代刑事法》第6卷第6号,现代法律出版社2004年版。

22. [日] 宫泽浩一:"被害人化及其对策",载《刑事法杂志》第32卷第1期。

图书在版编目（CIP）数据

刑法中的赔偿制度研究/刘蕊著. —北京：中国政法大学出版社，2018.5
ISBN 978-7-5620-8057-2

Ⅰ. ①刑…　Ⅱ. ①刘…　Ⅲ. ①刑事责任－国家赔偿法－研究－中国
Ⅳ. ①D922.110.4

中国版本图书馆CIP数据核字(2018)第062227号

出版者　中国政法大学出版社
地　址　北京市海淀区西土城路 25 号
邮　箱　fadapress@163.com
网　址　http://www.cuplpress.com（网络实名：中国政法大学出版社）
电　话　010-58908435(第一编辑部)　58908334(邮购部)
承　印　固安华明印业有限公司
开　本　880mm×1230mm　1/32
印　张　9.25
字　数　237 千字
版　次　2018 年 5 月第 1 版
印　次　2018 年 5 月第 1 次印刷
定　价　42.00 元